장하준, 한국경제 **길**을 말하다

장하준, 한국경제 길을 말하다

지은이 | 장하준
인터뷰 | 지승호
펴낸이 | 김성실
편집 | 최인수·여미숙·이정남
마케팅 | 곽홍규·김남숙·이유진
디자인·편집 | (주)하람커뮤니케이션(02-322-5405)
인쇄 | 중앙 P&L(주)
제책 | 대홍제책
펴낸곳 | 시대의창
출판등록 | 제10-1756호(1999. 5. 11.)

초판 1쇄 발행 | 2007년 11월 19일
초판 9쇄 발행 | 2012년 2월 20일

주소 | 121-816 서울시 마포구 동교동 연희로 19-1 4층
전화 | 편집부 (02) 335-6125, 영업부 (02) 335-6121
팩스 | (02) 325-5607
이메일 | sidaebooks@daum.net

ISBN 978-89-5940-086-7 (03300)
책값은 뒤표지에 있습니다.

ⓒ 장하준·지승호, 2007, Printed in Korea.

• 잘못된 책은 바꾸어 드립니다.

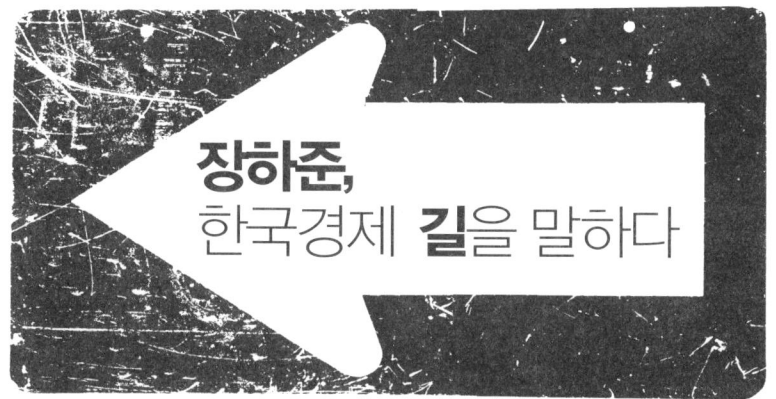

위기의 대한민국, 상생의 대안 '사회적 대타협'

인터뷰 **지승호**

시대의창

| 들어가는 글 |

장하준, '편리한 거짓'에 맞장뜬 '불편한 진실'의 메신저

　　지금 한국에서는 진보건 보수건 간에 장하준이라는 경제학자를 인정하지 않을 수 없다. 그러나 그만큼이나 당혹스러워하는 것 같기도 하다. "재벌들의 경영권을 일정하게 보장해주고, 재벌과 사회적 대타협을 하는 방법까지도 생각해보자"는 그의 제안에 보수진영은 솔깃해하고, 진보진영은 불편해한다. 그리고 "재벌들은 복지를 늘리고, 고용안정을 보장해야 한다"는 그에 주장에 진보진영은 동의하고, 보수진영은 불편해한다. 그리고 "유치산업을 보호하기 위해 일정한 국가의 역할이 필요하다"고 하는 그의 주장에는 보수·진보 양쪽이 고개를 갸우뚱한다. 독재정권을 경험하면서 국가를 부정적으로만 생각하는 민주화 진영은 '군사정권에서 했던 것과는 무조건 반대로 하는 것이 옳은 것'이라고 생각하고, 이른바 개발주의 세력은 규제는 무조건 나쁜 것이라며 공격적인 규제완화를 요구한다. 그 속에서 장하준 교수는 많은 사람들이 실제로 행복해 할 수 있는 경제를 함께 고민해볼 것을 제안하면서 커다란 문제를 던지고 있다. 이 문제에 대해 우리는 "그래, 한번 같이 고민해봅시다"가 되어야 하는데, "너는 누구 편이냐?"는 답을 내놓기 일쑤였다.

《쾌도난마 한국경제》 공저자이자 금융경제연구소 연구위원인 이종태가 "사실 '유치산업 보호론'은 '미국의 아버지' 중 한 명인 알렉산더 해밀턴이 18세기에 이론화한 이후 몇 세대 동안 우여곡절을 거친, 그리 만만한 이론이 아니다. 그러나 장하준을 거친 유치산업 보호론은 신기하리만치 쉽게 읽힌다"고 지적했듯이 장하준은, 어려운 경제학 용어를 써가면서 대중을 호도하고 "경제는 너희들이 관여할 몫이 아냐?"라고 기득권을 옹호함으로써 대중을 체념하게 만드는 그런 경제학자가 아니다.

그렇다고 해서 장하준 교수가 자신의 말만 모두 옳다고 주장하는 그런 꽉 막힌 부류의 사람도 아니다. 그는 이렇게 말한다.

"무조건 제 말이 진리니까 다른 사람은 다 틀렸다고 생각하지 않고요. 제가 하는 얘기가 맞더라도 어떤 부분은 가치관이 다르면 반대할 수도 있거든요. 예를 들어 정성진 교수님 같은 분이 '나는 사회주의자니까 자본주의는 다 틀렸다고 믿는다'고 얘기하는 게 제가 보기에는 무책임한 얘기일 수 있지만, 그 분 입장에서는 그런 얘기할 수 있거든요. 그런 의미에서 말하자면 '내가 복음을 썼으니까 다 들어라' 이렇게 얘기하는 것으로 오해받고 싶지도 않고요. 다만 제가 듣기에도 귀에 거슬리고, '어떻게 저런 얘기를 할 수 있나, 이상한 놈 아냐' 라는 얘기를 들을 것을 알면서도 자꾸 하는 게 세상에는 진실이 하나만 있고, 누구나

다 그렇게 하고, 그렇게 안 하면 다 바보고, 나쁜 놈이고, 이런 태도가 우리나라 사람들뿐 아니라 모든 사람들에게 너무 강하게 있다는 말예요. 그걸 어떻게 하면 깨보고, 다시 사람들이 우리가 알고 있는 것이 꼭 맞지만은 않구나, 하는 생각을 하고, '같은 얘기라도 이렇게 얘기하면 이렇고, 저렇게 얘기하면 저렇구나' 하는 생각을 했으면 좋겠다는 겁니다."

세상이라는 건, 특히 경제라는 건 복잡하고 어려우며, 여러 가지 길과 방법이 있다. 그래서 같이 이야기해보자는 것이다.

장하준 교수는 2003년에 유럽정치진보학회에서 수여하는 뮈르달 상을 받았는데, 이 상은 신고전파 경제학의 대안을 제시한 경제학자, 지난 1년간 출간된 저서 중 가장 뛰어난 경제학 저서에 수여되는 상이다. 그리고 2005년에는 경제학의 지평을 넓힌 경제학자에게 주는 레온티에프 상을 최연소로 수상함으로써 세계적인 경제학자로 인정받고 있다.

그에게 뮈르달 상을 안겨준 명저 《사다리 걷어차기》는 선진국들이 후진국들에게 강요하는 정책과 제도가 과거 자신들이 경제 발전 과정에서 채택했던 정책이나 제도와 얼마나 거리가 먼 것인지, 따라서 후진국들에 대한 그들의 '설교'가 얼마나 위선적인지를 보여주는 책이다.

혹자는 뮈르달 상을 아카데미 경제학 부문상보다 더 높이 치기도 한다. 어쩌면 이 얘기는 아카데미 상이 더 뛰어난지 칸느 영화제 상이 더 뛰어난지에 관한 논쟁처럼 유치한 것일지도 모른다. 하지만 할리우드 영화가 판을 치고, 미국화로 치닫고 있는 세상에서 아카데미 상의 산업적인 위력이 더 뛰어날지는 몰라도 예술로서의 영화에 좀더 가치를 두는 칸느 영화제에 대한 사람들과 관심과 존경 역시 만만치 않다. 어쩌면 획일적으로 치닫는 세계화에 대한 대안으로서의 가치는 더 뛰어날지 모른다. 그런 상을 40대 초반에 수상했으니 보수, 진보, 민주화, 산업화 세력 모두가 "우리도 이제 세계적인 경제학자를 가졌다"면서 그의 존재를 의식하고 있는지도 모르겠다. 그의 메시지를 진지하게 듣는지는 그만두고서라도 말이다.

장하준 교수는 신자유주의 정책과 자본시장 개방을 밀어붙이는 현 정권을 비판하면서 일정한 국가의 개입과 보호정책, 재벌과의 사회적 타협 등을 촉구하고 있다. 그는 스웨덴의 사회적 대타협 모델을 참조해보자면서 이렇게 강조한다.

"고등학교 졸업하고 특별한 기술이 없으면 저는 스웨덴에 살지, 미국에 안 살아요. 미국이라는 나라는 상위 10퍼센트를 위해서 존재하는 나라고, 스웨덴은 100퍼센트는 아니지만 국민의 90퍼센트는 인간답게 살 수 있는 체제를 만들어놓은 건데, 그 두 나라 사이에 분명히 차이가 있거든요. 제가 꼭 우리나라가 스웨덴 같이 되어야 한다고 얘기하는 건 아니지만, 기본적으로 사회주의 체제가 좋은 체제가 아니라고 생각하기 때문에 자본주의적 틀 안에서 뭘 할 수 있을 것인가를 고민하는 거죠. 300년, 500년이 지나면 사회주의가 올지 모르지만, 저는 지금은 그렇지 않다고 생각하거든요. 그러면 지금 있는 상황에서 그래도 더 인간적인 자본주의를 만들 수 있는 길이 뭔가를 생각하는 거죠. 자본주의 다 마찬가지인데, 우리나라가 미국식으로 가건, 한국 모델을 고수하건, 스웨덴식이 되건 아무 상관도 없다고 말하는 건 무책임한 얘기라고 봅니다."

최근에 나온 《나쁜 사마리아인들》에 대해 촘스키는 "이 무시무시한 책은 '현실로서의 경제학'으로 명명되어야 할 것이다. 이 책에서 장하준은 흔히 통용되는 '경제 발전의 원리'라는 것이 산업혁명 이후 지금까지 전개된 역사에 비춰볼 때 얼마나 황당한 교리인지를 폭로한다. 또한 오늘날의 현실이 개선되지 않을 경우 어떤 일이 벌어질지에 대한 장하준의 경고는 오싹하지만 수긍하지 않을 수 없다"고 말한다.

2001년에 노벨 경제학상을 수상한 그의 스승 조셉 스티글리츠도 그 책에 대해 "명석하면서도 생생하고, 호소력까지 갖추었다. 세계화를 바라보는 우리의 시각을 절로 새롭게 만들어 주는 책"이라고 말한다.

그리고 가수이자 빈곤퇴치 운동가인 밥 겔도프는 "세계화와 경제 발전 같은 문제에 관심 있는 사람들에게, 다시 말해 우리 모두에게 일독을 권한다"고 말하고 있다. 그의 말대로 장하준 교수의 글은 우리 모두에게 일독할 가치가 있다.

이 책은 신자유주의자들이 자신들의 이익을 위해서, 또는 몰라서 행하는 거짓말들이 얼마나 허구에 찬 것인가를 보여주고 있다. 장하준 교수는 "몰라서 행하는 독선주의자들이 이기주의자들보다 더 위험하다"고 말하고 있는데, 그것은 명백한 사실이다. 독선주의자들은 자신이 뭘 하고 있는지 모르기 때문에 개선의 여지는 거의 없다. 반면 이기주의자는 자신이 원하는 게 뭔지를 알고 있기 때문에 타협이 가능하다.

그는 "시장은 현재 상태를 강화하려는 경향이 농후하다. 자유시장은 각국이 이미 잘 하고 있는 것에 충실할 것을 지시한다. 이는 단도직입적으로 말해 가난한 나라들에게 현재 하고 있는 생산성이 낮은 활동을 계속하라는 얘기일 뿐"이라고 말한다. 선진국은 늘 자신들이 먼저 사다리를 올라탄 다음 뒤따라 오는 나라들이 오르지 못하게 사다리를 걷어찬다. 한마디로 "니 꼬라지를 알라"는 것이다. 그러면서 "너희들이 게을러서, 문화적으로 후져서 경제 발전을 못한다"고 비아냥거린다.

장하준 교수는 이에 대해 "그런 생산성 낮은 활동을 하고 있는 것이 바로 이 나라들이 가난한 원인"이라고 강조하면서 "만일 가난에서 벗어나기를 원한다면 이 나라들은 시장에 대항하여 더 높은 소득을 올릴 수 있는 보다 어려운 일을 해야 한다. 가난에서 벗어나려면 그 밖에 다른 방법이 없다"고 말한다.

장하준 교수의 책들은 신자유주의자들이 늘 주장하는 그들의 마술이 허구임을 드러낸다. 왕궁에는 폭탄이 떨어지지 않지만, 그 폭탄은 겨우 왕궁에서 멀지 않은 곳에서 동시다발적으로 폭발한다. 고작 그게 신자유주의자들의 마법이다. 90퍼센트는 죽어나가는데, 10퍼센트의 풍요로움을 숫자 장난으로 표현하여 그게 전체의 풍요로움인 양 호도한다.

이 책은 2005년쯤 기획한 책이다. 몇 사람이 모여서 '민주화 세력, 산업화 세력 모두가 경제에 대한 답을 못주고 있는 것 같다. 이런 것에 대한 답을 줄 수 있는 사람이 없을까?' 하고 고민하다가 장하준 교수를 떠올렸다. 혼란스러울 때 본질을 꿰뚫는 질문 내지 문제 제기는 훌륭한 대안일 수 있다는 생각이 들었다. 뭐라도 시작해봐야 하지 않겠나?

그래서 영국까지 날아갈 방법을 고민했었다. 그런데 그 정도를 후원할 사람들이나 선인세를 줄 출판사를 찾을 수 없었다. 그래서 장하준 교수가 귀국하길 기다렸다가 인터뷰를 할 수밖에 없었다. 장하준 교수는 바쁜 일정 중에서도 8월 21, 24일 두 차례에 걸쳐 시간을 내주었고, 나머지는 이메일로 하기로 했다. 그런데 이메일 인터뷰 요청에 장하준 교수는 "보충 인터뷰는 이메일보다는 전화로 했으면 합니다. 지난 번 인터뷰하면서도 느낀 것이지만, 지 선생님 같은 전문 인터뷰어와 이야기를 하니 제가 단순히 질문에 답한다기보다는 진짜 대화가 이루어지고, 그 과정에서 저도 생각이 정리가 되고 발전이 되더라고요"라는 답을 주었다. 세계적인 경제학자로부터 "당신과의 대화가 나쁘지 않았다"는 얘길 들으니 아주 헛살지는 않았다는 생각이 들었다. 아무튼 이 책은 두 번의 대면 인터뷰와 한 번의 국제전화 인터뷰, 그리고 시대의창에서 기획한 '장하준 vs 정태인의 FTA 관련 대담'으로 구성되어 있다.

장하준 교수의 얘기가 하나의 진지한 화두로 논의되었으면 좋겠다는 바람이 있다. 장하준 교수는 "무모하고 불가능한 바람일지도 모르는데, 어쩌면 지금 시기가 사회적 타협을 할 수 있는 마지막이 아닐까 하는 안타까운 생각이 든다"고 말했다.

이 책에 뭔가 부족하고 조급한 면도 분명히 있을 것이고, 장하준 선생의 의견을 제대로, 충분히 전할 수 있을 것인가에 대한 의문도 있다. 하지만 한국이 어떤 경제 모델을 고민해봐야 할 것인지에 대한 일정한 (반복되는 것도 있지만) 문제 제기가 될 수 있을 거라고 믿는다.

공동작업(?)이니만큼 서문을 써달라고 요청했는데, 장하준 교수는 "지금 일이 너무 많아 출간에 맞추어 서문을 쓸 시간도 없지만, 책의 성질상 제가 서문을 쓰는 것은 맞지 않다고 생각합니다. (정태인 선배와의 대담도 있지만) 프로젝트 자체를 기획하고 이야기를 이끌어나간 것이 지 선생인 마당에, 이 책은 '기획·편집 지승호' 라는 식이 되어야 할 것 같습니다"라는 답을 주었다. 이 책의 결과에 대한 부담이 한결 커졌다.

이 자리를 빌려 소탈하고 친절한 태도로 좋은 말씀 많이 들려주신 장하준 교수님께 깊은 감사의 말씀을 드린다. 아울러 장 교수의 후배로서 인터뷰가 성사될 때까지 중간 중간 연락을 취해주고, 스케줄을 잡아준 윤미선 박사님과 인터뷰에 배석하여 경제학에 관한 깊은 질문을 던져주신 빈재익 박사님께도 감사의 말씀을 전하고 싶다.

지승호

CONTENTS

Beyond Economic Growth :
A New Vision for Korean Economy　Ha-Joon Chang

CHAPTER 01
사회적 대타협은 상생의 새 판을 짜는 씨줄

1. '사회적 대타협'이 상생의 미래를 여는 열쇠다 | 016

   우리 사회의 병리현상을 어떻게 치유할 것인가 016 | 사회적 대타협은 미래를 보고 최선의 상생相生분모를 찾는 것 025

2. 가진 사람만 잘 살게 하지 않겠다는 게 민주주의다 | 036

   약육강식의 정글에서 벗어나 상생의 공동체로 가는 길 036 | 노조는 기업가의 적이 아니라 상생 경영의 파트너 046 | 임시방편을 넘어 근본적인 시스템을 고민할 때 055

CHAPTER 02
'약자의 사다리' 걷어차기는 공멸을 부르는 재앙

1. '대세론'은 가치판단을 무시한 무책임한 여론몰이다 | 066

   개방, 상황논리로만 밀어붙이는 건 위험 066 | 한미FTA, 그 논리의 허구와 여론조작 077 | 정치인이 자본가에게 투항하는 건 직무유기 086

2. '장밋빛 미래' 뒤에는 비극의 그림자가 숨어 있다 | 094

   잘못된 전제를 가지고 상황을 판단하는 건 위험 094 | '재주는 곰이 넘고 돈은 되놈이 버는 것'이 바로 세계화의 질곡 101 | 우리 실력으로 보면 '양자간 질서' 보다 '다자간 질서'가 옳은 방식 107 | 인간의 행복은 돈만으로 살 수 있는 게 아니다 111 | 인생에는 정답이 없다 117

CHAPTER 03
현실인식 없는 주의주장은 자가당착의 공염불

1. 사람들은 '옳은' 쪽이 아니라 '쉬운' 쪽을 선택한다 | 128

   '착한 사마리아인'이 결국 선진국으로서도 상책 128 | 결국 방법론이 아니라 사

회 · 경제를 읽는 안목의 문제 136 | 시장만능주의 이데올로기는 기득권자들의 프로파간다 141 | 경제는 정치와 별개가 아니라 권력투쟁의 산물 148

2. 시장은 게임의 영역일 뿐 주체가 아니다 | 155

대상이 처한 현실을 모르는 주장은 탁상공론 155 | 냉철한 현실인식으로 실현 가능한 대안을 찾아야 163 | 자기 자리에서 자기 역할을 다하는 사람이 많아야 175

CHAPTER 04
과대망상과 집단최면에서 벗어나는 것이 선결과제

1. 먼저 '나'를 알아야 문제해결의 열쇠가 보인다 | 186

솜씨 없는 목수가 연장 탓만 한다 186 | '글로벌 스탠더드'라는 허구에 놀아나지 말고 우리 식의 규칙을 만들어야 196 | 과대망상에서 벗어나야 현실적인 대안을 찾을 수 있다 201 | 우리만이 할 수 있는 것을 보여주는 것이 바로 세계적인 경쟁력이자 세계화 207

2. 우선 먹기는 달다고 곶감을 먹어치워선 안 된다 | 214

비용의 효율을 따지는 냉철한 사고가 필요 214 | 여우 피한답시고 호랑이 아가리로 들어가는 어리석음 218 | "이성으로는 비관해도 의지로는 낙관하라" 225

특별대담 : 장하준 vs 정태인
한미FTA 그리고 대한민국의 현실과 미래

1. 대세론의 허구와 사기성 그리고 발효 후의 비극 | 234

'대세론'은 위험하고 무책임한 발상 234 | 우리나라는 이미 세계적으로 손꼽히는 통상국가 239 | 거대 다국적기업만 배불리는 알량한 '선진 금융기법' 248 | 눈가리고 아웅 하는 짓은 이제 그만둘 때 251 | 정책결정자들의 너무도 안일한 현실인식 257

2. 섶을 지고 불길로 뛰어드는 몽매한 배짱 | 261

주제파악도 못하는 친미주의자들의 잠꼬대 261 | 시장주의는 성장주의를 가장한 약육강식의 단기주의 269 | 시장만능주의 늪에 빠져죽는 건 결국 사회적 약자들 278 | 조세저항을 없애려면 복지의 패러다임을 새롭게 짜야 285 | 시장만능주의에서 비롯한 한국사회의 병리현상 288 | 우리나라 재벌들은 국민들에게 큰 빚을 지고 있다 298

지금 우리 문제가 뭐냐면, 과거 독재정권이 개입주의적이고 규제를 많이 했기 때문에 개입을 안 하고 규제를 푸는 게 마치 민주주의 같이 되어 있거든요. 그런 의미에서 재벌 규제 같은 것도 시장의 힘으로 하겠다는 것 아닙니까? 결국 시장이라는 것이 뭡니까? 다른 나라의 돈, 즉 국제 금융자본이 결국 시장의 내용을 규정하는 건데, 그래서 자꾸 문제가 생기고 그런 것인데요. 그런 의미에서 김대중·노무현 정부가 시장을 통한 개혁을 한다는 식으로 했기 때문에 제가 생각하는 문제해결 방법과는 거리가 멀어졌다는 거죠. 시장이라는 것은 말하자면 1원 1표 아닙니까? 아무래도 돈 없는 사람한테는 시장 원리에 따라서 뭘 하면 불리한 거죠.

CHAPTer **01**

사회적 대타협은
상생의 새 판을 짜는 **씨줄**

'사회적 대타협'이 상생의 미래를 여는 열쇠다

우리 사회의 병리현상을 어떻게 치유할 것인가

지승호(이하 **지**)　제가 경제에 대해서 잘 모르는 편이어서, 그걸 감안해주시기 바랍니다.(웃음)

장하준(이하 **장**)　그것을 설명하는 것이 경제학 하는 사람들의 의무죠. 잘 모른다고 해서 죄책감을 느끼실 필요까지는 없습니다.(웃음)

지　그동안 다른 분들이 거기에 대해서 설명을 잘 못해줘서 교수님이 각광을 받고 계신 것 같은데요.(웃음)

장　제가 좀 그런 것을 해보려고 노력하는데, 사실 쉽게 설명하는 게 더 어렵거든요.

지 대통령 자문 정책기획위원회 위원으로 알고 있고, 《쾌도난마 한국경제》가 청와대 필독서였다고 들었는데, 그 메시지를 참여정부가 받아들이지 않았던 것 같거든요.

장 제가 자문위원을 한 것은 이정우 교수님이 청와대에 계실 때 그 분이 저를 좋아하셔서 이름을 올려달라고 요청을 했었습니다. 그런데 저는 영국에 있으니까 "회의도 참석하지 못할 텐데, 괜찮겠냐?"고 했더니 "자료 보고 가끔 이메일이라도 보내주면 되니, 그렇게 해달라"고 해서 이름을 올린 거예요. 정말로 회의에 한 번도 간 적이 없고, 몇 번 자료 오면 이메일로 한두 마디 했었는데요. 저하고 경제에 대한 인식과 방법론이 다르다고 느꼈지만 뭐 비슷하게 하려고 하는 부분이 있었기 때문이죠. 그런데 그것도 한미FTA 추진한 이후로는 저하고 완전히 길이 다르니까 거의 관여를 안했죠.

지 청와대 쪽 사람들과 얘기를 나누신 적은 없나요?

장 없죠. 맨 처음 참여정부 출발했을 때 이정우 선생님하고, 정태인 선배하고(정태인 선배는 어렸을 때부터 알던 사이니까) 가서 몇 번 얘기하고 그런 일은 있는데요. 나중에는 영국에 와버리고, 방향도 점점 달라지고 그러니까요. 그래서 《쾌도난마 한국경제》도 거기서 말하자면 필독서가 됐다고 하지만, 청와대에서 그 방향을 좋아했던 것도 아니고요. 특히 재벌 문제 이런 데서는 의견이 갈리니까요. 그것을 읽기는 하되, 노무현 대통령도 그런 식으로 언젠가 얘기했더라고요. "재밌는 질문은 많이 하는데, 답은 틀린 것 같다." 그런데 그거야 그럴 수 있죠.

지 김대중 정권 이후로 주주자본주의가 강화되었는데요. 이른바 진보주의자들이 김대중 정권을 두고 "전혀 노동자 친화적인 정권이 아니고, 노동자의 삶이 악화되었다"고 하는 주장은 어떻게 생각하십니까? 김대중 정권을 지지하는 입장에서는 "그 당시에는 어쩔 수 없었다"고 항변하지 않습니까?

장 그것은 단순하게 '그렇다, 아니다'로 얘기할 수는 없고요. 결국 실패는 했지만, 처음 외환위기 나고 그럴 때 노사정 합의 그런 걸 한다고 했었고, 그 다음에 김대중 정부가 복지 지출은 거의 늘린 게 없지만, 복지제도는 많이 정비했습니다. 그러니까 주주자본주의 논리를 완전히 따른 것은 아니죠. 하지만 기본적으로 지금 우리 문제가 뭐냐면, 과거 독재정권이 개입주의적이고 규제를 많이 했기 때문에 개입을 안 하고 규제를 푸는 게 마치 민주주의 같이 되어 있거든요.

그런 의미에서 재벌 규제 같은 것도 시장의 힘으로 하겠다는 것 아닙니까? 결국 시장이라는 게 뭡니까? 다른 나라의 돈, 즉 국제 금융자본이 결국 시장의 내용을 규정하고 그래서 자꾸 문제가 생기는 건데요. 그런 의미에서 김대중·노무현 정부가 시장을 통한 개혁을 한다는 식으로 했기 때문에 제가 생각하는 문제해결 방법과는 거리가 멀어졌다는 거죠. 시장이라는 것은 말하자면 1원 1표 아닙니까? 아무래도 돈 없는 사람한테는 시장 원리에 따라서 뭘 하면 불리한 거죠.

지 오늘도 새벽에 나오다보니까, 거의 만원이더라고요. 4시 반쯤에 버스를 탔는데요. 나이 드신 분들이 대부분이었고요. 보니까 그 분들이 아침 일찍 나가야 하는 상황에 내몰린 것 같습니다. 주주자본주의가 강화되다보니까 소득의 불균형이 심화되고 고용이 악화되고 있는데요.

장 그렇죠. 논리가 다 연결되어 있는 건데요. 물론 기계처럼 어느 스위치 하나 누르면 착착 돌아가는 건 아니지만, 주주자본주의가 강화되면서 단기이윤을 많이 내야 하잖아요. 1사분기, 2사분기 이런 식으로 이윤을 발표하니까, 이윤이 떨어지면 당장 주가가 떨어지고, 주가가 떨어지면 (과거에는 여러 가지 제도를 통해서 기업의 인수합병을 어렵게 만들어놨는데, 지금은 그런 상황이 아니기 때문에) 당장 외부에서 경영권을 위협받으니까 단기이윤을 많이 내야 합니다.

거기에서 제일 쉬운 방법은 투자를 안 하는 거거든요. 그래서 산업 전반적으로 투자가 눈에 띄게 줄어드는 거고요. 그 다음에 단기이윤을 낸 것 중에서도 주주들에게 배당을 많이 한단 말예요. 예를 들어서 (전형적인 재벌기업은 아니지만) 포스코도 무조건 50퍼센트 이상 배당, 이런 식으로 정책을 세워놓는단 말이죠. 그러면 결국 거기서 나온 것을 주주한테 많이 나눠주는 만큼 투자할 능력이 떨어지는 거고, 동시에 단기이윤을 많이 내려고 하다보니까 될 수 있으면 비정규직 노동자를 많이 쓰고, 하청단가 깎고 그래서 노동자나 중소기업에 또 압력을 넣는 거죠. 그러니까 그런 것들이 서로 맞물려 있는 거죠.

우리나라 재벌들이 옛날부터 중소기업을 착취한다고 했지만, 요즘 중소기업들 얘기 들어보면 이거는 옛날하고는 차원이 다르다는 겁니다. 옛날에는 같이 컸는데, 그러니까 자기들한테 조금이나마 남겨주고 가져간 건데, 요즘은 있는 것마저 가져가려고 한다는 거죠. 정확한 통계에 따른 얘기는 아니지만, 체제가 바뀌었어요. 재벌이나 대기업들 입장에서는 지금 당장 이런 식으로 해서 단기이윤을 내지 않으면 회사 경영권이 위험한데, 그럴 수밖에 없다고 항변하는 거고요. 지금 우리나라가 외환위기 이전에도 비정규직 비율이 50퍼센트 부근이었는데, 그 이후에 거의 60퍼센트로 늘었거든요. 게다가 정규직도 고용이 예전보다 훨씬 더 불안정해졌잖아요.

지 IMF나 이런 기관에서도 한국의 비정규직 비율이 너무 높아서 그게 사회의 안정성을 해칠 가능성이 있다고 경고하지 있지 않습니까? 정부에서도 만날 그 얘기를 하면서도 정책은 반대로 가고 있지 않습니까?

장 사실 유럽 같은 데도 옛날에 비해서 주식시장의 압력이 세지다보니까 비정규직이 많이 늘어났거든요, 일본도 그렇고. 그런데 유럽 같은 데는 상당히 늘어나도 괜찮은 게 뭔가 하면 복지제도가 잘 되어 있기 때문에 비정규직이 되고, 잘리고 이런 사이에서도 사람들이 밥 굶을 걱정이 없단 말이죠. 우리나라는 복지제도가 잘 안 되어 있는데, 비정규직 비율을 그렇게 늘려버리면 사람들 생활이 너무 불안해지는 거예요. (유럽은 그 정도 되지도 않지만) 예를 들어 비정규직 비율이 같은 40퍼센트라고 하더라도 유럽은 복지제도가 잘 되어 있기 때문에 상대적인 부담은 우리가 훨씬 더 큰 거죠. 게다가 실제 비율은 OECD 최고니까요.

그러니까 그런 식의 고용불안이 계속되면서 사람들이 첫째로 단기적으로는 자기 고용도 불안하고 그러니까 (한때는 크레디트 카드를 풀어서 많이 썼지만) 기본적으로 소비를 줄인단 말예요. 문제는 뭐냐면 (개인 한 사람으로 볼 때는 소비를 줄이는 게 현명한 거지만) 모두 같이 소비를 줄여버리면 시장수요가 줄어들기 때문에 전체적으로는 안 좋은 거거든요.

그게 바로 케인즈 경제학의 기본적인 통찰인데, 고용불안이 높아지면 사실 경제 전체에도 안 좋은 것이지요. 그 결과로 사회가 불안해지는 것은 말할 것도 없고요. 이렇게 비정규직 비율이 높은 것뿐 아니라 정규직 자체도 고용이 불안해지고 그러면서 나타나는 현상이 뭐냐면 이공계 기피현상이라고요.

그게 옛날에는 '내가 과학 공부 해가지고 연구소 들어가서 노벨상 타보겠다, 공대에 가서 공부를 해서 삼성이나 현대 같은데 들어가서 커보겠다' 하는 생각이 있었는데, 요즘에는 그런게 다 불안해보이니까 결국 제일 안전한 의사, 변호사 같은 직업을 선택하는 거죠. 그게 자격증으로 하는 거라서 늙어죽을 때까지 할 수 있으니까요. 세계에 없는 기현상입니다. 어느 나라나 의대가 인기이긴 하지만, 1등부터 1000등까지 줄을 서가지고 걔들은 다 의대로 가고, 그 다음 등수부터 (관련 직업 인기서열에 따라) 나머지 과로 가는 건 우리밖에 없어요. 이런 식으로 되는 것도 그런 병증 가운데 하나예요.

지 그러다보니까 자영업 비율도 많이 늘어나고 있고요. 되는 게 먹는 장사라고, 경쟁이 심해지니까 망할 확률도 높은데, 그렇게 되면 다른 대책이 없는 사람들이 많지 않습니까?

장 그럼요. 자영업 비율이 늘어났다는 게 결국 뭐냐면 직장에서 도중에 잘린 사람들이 퇴직금 가지고 치킨집 같은 걸 차린 건데요. 그게 과잉경쟁이 되서 망해버리면 그 사람들은 정말 생계가 막막한 거죠. 그런 식으로 실직자가 생기면 일단 실업보험 같은 것을 통해서 뒷받침을 해주고, 재교육 제도 같은 것을 만들어서 그 사람들이 다른 일을 할 수 있도록 만들어줄 수 있을 텐데요. 그런 기제가 없기 때문에 그냥 우선 손쉽게 할 수 있는 게 치킨집, 생맥주집 하는 거니까 그게 말하자면 다 얽혀 있는 거죠. 이렇게 자본시장의 변화가 고용 관행의 변화를 불러오고, 고용 관행의 변화와 우리나라 전통의 취약한 복지국가가 결합하면서 자영업이 과잉 비대해진다든가, 아까 말한 대로 모든 능력 있는 이과생들은 의사가 되려고 한다든가 하는 식으로 아주 병리적인 현상들이 나타나는 거죠.

지 이런 상황을 개선하기 위해서는 어떻게 해야 할까요.

장 우선 자본시장을 바꿔야 해요. 그래야 기업들의 행태가 바뀌니까요. 제가 여기저기서 얘기한 대로 기업의 경영권을 안

정시켜주는 그런 여러 가지 조처들이 필요할 거고, 그 다음에 그걸 전제로 해놓고, 어떤 기업들의 고용 관행이라든가 하청업체하고 관계설정이라든가 그런 데 대해서 규제를 도입해야겠죠. 복지국가를 만들어줘야 국민들도 안심할 것 아닙니까?

저는 복지국가를 얘기할 때 흔히 자동차의 브레이크를 비유로 들어요. 브레이크가 있기 때문에 우리가 차를 빨리 운전할 수 있거든요. 예를 들어 브레이크가 없는 차를 몰면 항상 시속 20킬로미터 정도로 몰아야지, 안 그러면 사고가 나서 죽는다고요. 브레이크라는 안정장치가 있기 때문에 100킬로미터 이상으로도 몰 수 있단 말이죠. 그런 식으로 개인이 직업을 선택할 때도, 내가 설령 실직하더라도 최소한 밥은 먹고 살 수 있겠다거나 재교육을 받아서 금세 취업할 수 있겠다는 믿음이 있을 때 과감한 선택을 하지, 안 그러면 방어적으로 '어떻게 하면 무슨 자격증을 따서 쫓겨나는 일 없이 먹고살 수 있을까' 하는 궁리만 하게 되는 거죠.

빈재익(이하 **빈**)[*] 복지국가라는 개념도 어떻게 보면 1960~70년대 대규모 임금노동자를 기반으로 하는 산업이 주류를 이룰 때 가능했던 모델이지, 지금처럼 그러한 작업장이 사라지는 속에서는 어떻게 해야 지속할 수 있을 것인지에 대해서 많은 논의들이 있는 것으로 알고 있는데요.

* 경제학 박사. 한국건설산업연구원 건설정책연구실 연구위원.

장 그런 건 있죠. 옛날식으로 노조 중심의 그러한 게 없기 때문에 말하자면 정치적으로 그런 것을 뒷받침하는 세력이 약해졌다고 할 수는 있지만, 기본적인 복지국가 개념은 사람들이 하는 직업에 관계없이 다 가능한 거죠. 자기가 일하고 있을 때 세금 내서 그걸 나중에 찾아 쓰는 개념이니까요.

빈 유럽에서 이루어지고 있는 연금이나 의료보험 개혁 같은 것들을 두고 봤을 때, 예전에 설계했던 모델이 지금은 적합하지 않으니까 개량작업을 하는 것 아닙니까?

장 그럴 수밖에 없는 가장 큰 원인은 고령화예요. 옛날에는 적당히 애 둘씩 낳고 해서 은퇴하는 사람 수하고 새로 노동시장에 진입하는 사람 수하고 대충 비슷하다는 전제 아래서 설계를 한 건데, 출산율이 확 떨어지다보니까(옛날에는 노동자 한 명이 은퇴한 사람 한 명을 먹여 살리면 됐는데, 지금은 세 명씩 먹여 살려야 하므로, 옛날에 약속한 대로 연금을 줬다가는 기존에 있는 사람들이 너무 세금을 많이 내야 하니까) 자꾸 개혁을 하는 건데요.

물론 유럽 복지국가 모델에도 문제가 없는 건 아니죠. 그런데 그게 바뀌고 있는 이유는 제가 보기엔 기본적으로 고령화 때문이고, 산업구조의 변화라든가 하는 것은 어느 정도 영향이 있겠지만, (영국 정도 빼고는 그렇게 탈산업화가 많이 진행되지 않았으므로) 옛날에 비해서 굴뚝산업 노동자들이 줄었다는 것이지, 그런 게 완전히 없어진 것은 아니거든요. 영향이 있다고 해도 그다지 크지는 않을 것이라는 게 제 생각인데, 복지제도의 세부적인 디자인이 잘못되어 문제를 야기하는 건 충분히 있을 수 있겠죠. 제가 복지제도 전문가가 아니라서 더 이상 자세한 얘기는 못할 것 같습니다.

지 노벨경제학상 수상자 조셉 스티글리츠나 저명한 일본 전문가 찰머스 존스 버클리 대학 교수가 미국 경제의 취약성을 맹비판했다는 말씀도 하셨고요. 스티글리츠 교수가 한국에 대해 스웨덴 형을 참고해야 한다고 충고한 사실도 지적하셨는데요. 교수님도 스웨덴의 사회적 대타협을 모델로 삼아야 한다는 충고를 하셨거든요. 스웨덴 모델은 이정우 전 대통령 자문 정책기획위원회 위원장도 검토했던 것 같은데요.

장 그렇죠.

사회적 대타협은
미래를 보고 최선의 상생相生분모를 찾는 것

지 한국 언론들이 스웨덴 식 복지 모델이 낡아서 바뀌고 있다고 주장하고 있기도 하고요. 조금만 복지 얘기를 해도 한국 사람들은 좌파적인 정책이라고 하지 않습니까?

장 저는 그런 사람들한테 이런 얘기를 많이 하는데요. 20여년 전에 유학을 가서 스웨덴 친구를 사귀었는데, 그때는 스웨덴이 어디 있는 나라인지도 모를 때였어요. 스웨덴 하면 《엄지 소년

닐스의 모험》 같은 걸 읽고 안 나라죠.(웃음) 그 친구가 그러더라고요. 스웨덴의 좌파 정부 때문에 경제가 망하게 생겼대요. 세금 부담이 너무 높다는 겁니다. 그래서 "그러면 너는 뭐냐"고 했더니, 자기는 우파래요. "그래서 어떻게 해야 되냐"고 했더니 "세금 부담이 너무 높다. 지금 국민소득의 한 55퍼센트 정도가 되는데, 50퍼센트 정도로 잘라야 한다"는 겁니다.(웃음)

스웨덴에서 복지국가 개혁하겠다고 하는 것은, 말하자면 그런 정도의 얘기예요. 지금 제일 논쟁이 많이 되고 있는 부분이 실업보험인데요. 실업보험이 스웨덴은 직업 재교육을 받는다는 것을 조건으로 하긴 하지만, 기본적으로 80퍼센트가 나오거든요. 그런데 이번에 들어선 우파 정부가 그게 너무 높아서 재정부담도 크고 그러니까 65퍼센트 정도로 잘라야 한다는 거고요. 좌파에서는 잘라도 좋지만, 70~75퍼센트 정도는 유지해야 한다고 주장하는 겁니다. 이런 논쟁을 하는 건데, 우리나라는 지금 복지 면에서는 거의 체중미달인데도 저기 어디 뚱뚱한 사람이 살 뺀다고 하니까 우리도 같이 빼야 한다며 약 먹자는 얘기거든요.

우리나라의 사회복지비는 GDP에서 차지하는 비율이 1990년대 김대중 정부 수립 전까지는 5퍼센트 정도밖에 안 됩니다. 김대중·노무현 정부를 거치는 사이에 그걸 많이 올려서 7퍼센트가 넘었는데요. OECD 평균이 1990년대 중반 기준으로만 봐도 24퍼센트입니다. 게다가 우리나라보다 고령화도 훨씬 덜 진행되고, 국민소득도 훨씬 낮은 칠레, 브라질 같은 나라도 11~12

퍼센트가 되요. 남미에서도 우루과이 같은 나라는 22퍼센트인가 그렇다고요. 국제적인 기준으로 봐서 우리 소득수준에 비해 복지비 지출이 굉장히 낮은 거거든요. 그런 상태인데, 아까 말씀드렸듯이 뚱뚱한 사람이 살 뺀다고 해서 당장 영양실조 걸리게 생긴 사람이 자기도 살을 빼려고 밥을 안 먹어야 한다는 얘기나 비슷한 거에요.

그리고 좌파정책이다, 이런 것은 한 가지 문제가 뭐냐면, 우리나라가 아무래도 미국 영향도 가장 많이 받고, 사람들이 거길 많이 가지만, 자신들이 그렇게 따르고 싶어하는 미국 모델도 잘 이해하지 못하고 있어요. 미국의 복지정책은 도리어 유럽보다 더 좌파적인 데가 있습니다. 그게 왜 그러냐면 미국 시스템은 기본적으로 사회안전망 개념이거든요. 그러니까 돈 있는 사람들한테 돈을 걷어다가 돈 없는 사람들을 도와주는 제도예요. 그런 의미에서 더 좌파적이라고요. 유럽은 누구나 돈을 내고 (물론 많이 버는 사람이 더 많이 내지만) 누구나 다 혜택을 받거든요. 누구나 대학도 공짜로 가고, 병원도 공짜로 가고 하는데, 미국은 가난하지 않으면 그런 거 공짜로 안 해주거든요. 도리어 좌파적·재분배적인 성격은 (워낙 복지국가 규모가 작아서 잘 드러나지 않지만) 미국식 복지국가가 더 세다고 할 수 있습니다.

이처럼 유럽의 복지제도는 모두에게 거둬서 모두에게 혜택을 주는 국민보험이라는 개념이 있는 반면에, 미국의 그것은 (재분배적인 요소가 있긴 하지만) 돈을 내는 사람에게 혜택이 안 돌아가는 구조이다보니까, 저거 왜 멀쩡한 중산층에서 세금 걷어다가 흑인 미혼모한테 돈 대주냐, 그런 소리가 나올 수 있죠. 그래서 복지제도를 유럽 식으로 모든 사람에게 혜택이 돌아가도록 만들어야 더 지속가능성이 있고, 미국식으로 만들어 버리면 구조적으로 중산층 이상에게는 복지에 대한 거부심리를 심어주는 거거든요. 자기들이 혜택을 못 보니까요. 그래서 그런 것을 가지고 좌파냐 우파냐 하는 것은 모호한 얘기에요.

다른 한 가지 예를 들면, 기업환경지수라고 해서 발표하는 것들을 보면 스웨덴, 덴마크, 핀란드 다 상위권이거든요. 그 나라들은 국민소득 대비 조세부담이 50~55퍼센트인데, 우리나라는 20퍼센트밖에 안 됩니다. 그런데 우리나라보다 그 나라들이 훨씬 더 기업하기 좋은 나라로 꼽힌다고요. 그러니까 그게 뭐냐면, 북구 나라들은 복지국가가 크지만, 돈 많은 사람들한테 빼앗아서 가난한 사람들에게 나눠주자는 개념이 아니라 생산적인 것, 즉 재교육해주고 재취업시켜주는 그런 것까지 다 연결이 되어 있기 때문에 도리어 기업들이 구조조정을 하기가 더 쉽다고요. 왜냐면 노동자들이 자기 직장에서 잘려도 금세 새로운 직장을 얻을 수 있다는 믿음이 있기 때문에 구조조정에 대한 저항을 덜 한다는 것이지요. 우리나라 같은 경우는 잘리면 끝이거든요. 그러니까 더 거세게 저항하는 것이고, 구조조정하기도 더 어려운 거죠. 역설적으로 유럽 식의 복지가 더 좌파 같지만 사실은 기업을 돕는 정책이고, 오히려 미국식의 복지가 더 좌파적이고 기업에도 별 도움이 안 되는 거죠.

지 교수님께서 사회적 대타협 얘기를 많이 하시는데요. 정태인 본부장 같은 경우도 "삼성과 발렌베리는 너무 다르다. 그 차이는 인정해야 한다"고 했는데요. 삼성 같은 경우 무노조 정책도 그렇고, 불법상속이니 하는 반사회적인 행동을 하는 경우도 있는데요. 그런 의식을 가진 사람들과 타협이 가능하겠느냐는 의문이 있거든요.

장 그렇죠. 왜 그렇게들 얘기하는지 알겠는데, 그렇게만 생각하면 세상에 이룰 수 있는 게 하나도 없어요. 스웨덴도 옛날부터 자본가들이 착해서 사회적 대타협을 한 게 아니거든요. 그 나라가 지금은 세계에서 소득세를 제일 많이 걷는 나라지만, 자본가들이 소득세 도입에 거세게 저항해서 그 조세저항이 심하다는 미국보다도 소득세를 20년이나 늦게 도입했습니다. 소득세를 처음으로 도입한 나라가 영국인데, 1842년이고요. 미국이 1913년에 도입했는데, 스웨덴은 1932년에야 도입했습니다. 그 전에는 자본가들이 하도 반대를 해서 소득세를 도입하지 못했습니다. 게다가 1920년대에는 세계에서 노사분규가 가장 많았던 나라거든요. 그 통계는 뭐냐면 파업으로 인한 노동손실 일수를 총노동인구로 나눠서 내는 그런 통계인데, 스웨덴은 세계에서 파업이 가장 많은 나라였습니다.

핀란드는 600년 동안 스웨덴 식민지, 100년 동안 러시아 식민지 하다가 1918년에 볼셰비키 혁명이 난 틈을 타서 독립했는데요. 그때 좌우 내전이 일어나서 서로 죽이고, 우리나라가 옛날에 했던 것보다 더하게 1944년까지 과거에 좌익 경력이 있던 사람은 투표권도 안 주던 나라예요.

 이런 식으로 그 나라들도 지금의 제도를 거저 얻은 게 아닙니다. 어느 나라가 옛날부터 다 (자진해서) 노동자 권익 찾아주고 그럽니까? 스웨덴 같은 나라도 19세기에는 대여섯 살짜리 애들 공장에서 노동 시키고 그런 나라인데요. 그리고 솔직히 말해서 우리나라 재벌들이 다른 나라 자본들보다 특별히 더 나쁜 것도 아니에요. 물론 우리나라 재벌들이 나쁜 짓을 많이 했지만, 외국 재벌들도 캐고 들어가면 더 나쁜 짓들 엄청나게 많이 했거든요. 첫째로 우선 나라 자체가 나서서 다른 나라 땅 빼앗고, 제국주의 했고요. 거기서 장사하면서 돈 다 벌었어요. 심지어 멀쩡한 사람들 잡아다가 노예로 부리고 사고팔기도 했잖아요. 지금 영국에서 유명한 HSBC(홍콩 상하이 뱅크) 같은 데는 옛날에 아편전쟁 일어났을 때 거기 돈 대서 거금을 벌었다고요.

 그런 식으로 연원을 따지고 들어가면 깨끗한 자본이란 것은 없습니다. 지금 상황에서 그래도 누구하고 어떻게 판을 짜야 더 많은 국민에게 도움이 될 건가 하는 생각에서, 저는 그래도 생판 모르는 외국 금융자본보다는 우리나라 재벌들하고 타협하는 게 더 쉽고 의미 있을 거라는 얘기를 하는 거지, 제가 그걸 (재벌이 나쁜 짓 많이 했다는 걸) 몰라서 하는 얘기가 아니거든요.

 예전에 《한겨레》에다가 사회적 대타협 얘기를 한번 썼더니 독자 댓글에 어떤 분이 "이 교수가 외국에 오래 살아서 잘 몰라서 그런 모양인데, 삼성이 어떤 놈들이냐고, 옛날에 사카린 밀수했던 놈들"이라고 하는 거예요. 제가 원래 독자 댓글에 대꾸를 안 하는데, 그 다음 주에 칼럼을 쓸 때 지금 한 그런 얘기를 썼거든요. 그런 식으로 따지고 들면 특별히 깨끗한 자본이라는 것은 거의 없어요. 지금 내 얘기는 과거를 들춰서 하자는 게 아니라 앞으로 좋은 방향으로 나아가기 위해서 어떤 그림을 그려야 하느냐는 얘긴데, 과거 다 들춰서 도덕성 따지기 시작하면 옛날에 많이들 하자던 대로 사회주의혁명밖에 할 게 없죠.

지 교수님 말씀은 일단 현실을 제대로 인식하고 해결점을 찾아나가자는 것 같은데요.

장 '제대로'라고 하면, 남들은 잘 모르고 나만 안다는 식으로 들리니까, 그 표현은 좀 그렇고요.(웃음) 현실에서 가능한 게 뭔가 하는 것을 생각해봐야 한다는 거죠. 좀 단순화해서 얘기하자면, 자본주의라는 것을 없애기 전에는 어차피 자본하고 일을 해야 하는데, 그 자본 가운데 전체 국민경제로 보면 그래도 가장 나은 자본이 뭐냐, 그런 식으로 보는 거죠.

지 여러 가지 복잡한 문제를 한꺼번에 해결해나가야 할 텐데요. 사실인지 어떤지는 모르겠지만, "우리나라 지배계급의 노블리스 오블리제가 유럽에 비해서 굉장히 부족하다"고 사람들이 인식하고 있지 않습니까? 돈과 권력을 가진 사람들에 대한 불신감이 크기 때문에 그것도 걸림돌이 될 것 같은데요.

장 글쎄요. 옛날에 노블리스 오블리제 얘기한 것은 진짜 귀족계급들 얘기거든요. 그 사람들은 말하자면 이 땅과 이 사람들이 자기 소유물이라는 가부장적인 인식에서 그런 생각을 한 것이지만, 어쨌든 그래도 "내가 이 사람들을 책임져야 한다"는 게 있었다는 겁니다. 우리나라도 옛날에 지주계급이 있을 때는 그런 사람들이 꽤 있었죠. 그래서 6.25 같은 때 소작인들이 앞장서서 지주들 목숨을 구해준 얘기도 들었는데요. 지금은 없는 게 당연한 것이, 일제강점기, 6.25, 토지개혁을 거치면서 지주계급이 없어지고 이제 다른 지배계급이 태어나기 시작하거든요. 아직도 조금 유동적이죠. 그러니까 그런 사람들이 그런 의무감을 느끼기까지는 시간이 걸릴 거고요. 그런 게 다른 나라보다 부족한 것은 사실인데, 그런 반면에 다른 나라들과는 달리 위아래 할 것 없이 고단한 세월을 함께 부대껴온 공통의 역사가 있기 때문에 그런 면에서는 어떤 국민적 합의라는 게 다른 나라보다 더 쉬울 수 있다고 봅니다.

영국 같은 경우는 다른 계급들이 완전히 다른 세상에서 사는 거예요. 제가 처음에 가서 사회계급에 관한 다큐멘터리를 보고 충격을 받았는데요. 탄광촌에서 광부 출신인 노부부를 인터뷰하는 장면이 나와요. 그 사람들 아들이 열심히 공부해서 대학을 나와 고등학교 선생님이 됐어요. 우리 같으면 틀림없이 "그 놈 자식 잘 먹이지도 못했는데……" 하면서 앞치마로 눈물 찍고 할 텐데, 그게 아니에요. 아들이 자신들을 배반했다는 겁니다. "어떻게 노동자계급의 자식이 중산층이 될 수 있느냐"는 거예요. 영국 사람이라면 축구 다 좋아하는 것 같죠? 워낙 세계적으로 인기가 높은 스포츠가 되다보니까 계급의 벽을 뚫고 조금씩

널리 퍼졌지만, 축구는 원래 노동자계급의 운동입니다. 저보다 예닐곱 살 많은 영국인 얘긴데요. 이튼 같은 최고급 기숙학교도 아닌 사립학교를 다녔는데, 거기에서도 학교 다닐 때 축구 하면 선생님한테 혼났다고 그래요, 상놈들이나 하는 운동을 한다고. 그런 식으로 계층간 분리가 확실하게 되어 있거든요. 그래도 우리나라는 계급 분화가 완전히 이루어지지 않은 상태라서 같은 국민이라는 의식이 좀 있다고요. 그러니까 우리나라 같은 사회가 타협이 더 쉬울 수 있는 거죠.

지 영국도 축구라든지, 록 음악이라든지, 이런 것이 예전에는 하층계급의 유대감을 만들어주는 것이었지만, 지금은 그것들도 많이 자본화되고 하이칼라 계층들도 즐기게 되었지 않습니까? 우리도 빠른 속도로 그렇게 변하고 있는데요. 예전에는 부자들이나 재벌을 보더라도 문화적으로는 촌스럽다는 생각을 했었는데, 지금 재벌 2,3세나 부자들은 세련되어 보이기까지 하거든요. '없는 것은 촌스럽다'는 인식이 젊은 사람들 사이에 퍼지고 있는 것 같습니다.

장 맞아요. 그러니까 우리나라가 진정한 계급사회가 되어가는 거죠. 지금까지는 사실 그게 아니었거든요. 그런데 제가 말씀드리는 것은 말하자면 깊이의 차이가 상대가 안 된다는 거죠. 영국 같은 경우는 1066년에 노르만 정복 하고 나서 (일제강점기 조선총독부에서 토지조사를 한 것처럼) 호구조사를 한 게 있어요. 프랑스에 정착해 있던 바이킹들이 들어와서 점령을 한 거니까요. 《둠스 데이 북》이라고 유명한 책인데, 거기 어디에 보니까 이런 얘기가 나와요. 그 책에 대지주 집안으로 기록된 900여 집이 있는데, 지금도 그 가운데 절반 이상이 그때 갖고 있던 땅의 일부라도 갖고 있다는 거예요. 거기는 계급사회가 1000년이 된 거고, 우리나라는 한 세대가 될까 말까 한 거니까요. 그런 의미에서 정도 차이가 있다는 겁니다. 우리나라도 이젠 그런 식으로 바뀌고 있는 거죠. 1970년대 무렵까지만 해도 가난한 집 애들이 공부를 더 잘한다고 했는데, 지금은 반대잖아요.

윤미선(이하 **윤**)* 그 부분은 우리나라에서도 논쟁이 많이 되고 있는데요. 〈디워〉 논쟁도 그렇고, 결국 자기도 아직 올라갈 수 있다고 생각하기 때문에 극복할 수 없는 문제에서 타협해야 할 사회적 문제로 생각하지 않는다는 거죠.

장 상당히 설득력 있는 얘기네요. 말하자면 개념을 그런 식으로 바꿔줘야 하는 거죠. 누구나 올라갈 수도 있지만, 누구나 떨어질 수도 있기 때문에 그것을 약자에 대한 배려가 있는 사회를 만들어야 된다고 설득해야겠죠.

지 로또도 마찬가질 거고요. 숨통을 틔워줘야 사람들이 '나도 그렇게 될 수 있다'고 믿고 살아갈 텐데요. 심형래도 그렇고, 황우석도 그렇고, 로또 맞을 확률보다 더 낮은 가능성을 제시

---

* 케임브리지 대학 영어영문학 박사. 정기간행물과 문학에 관한 연구논문 집필중.

하는 것 아닙니까? 사람들은 나도 그렇게 될 수 있겠다는 환상을 갖게 되니까, 만인이 만인과 경쟁하는 사회가 유지되는 게 아닌가 싶습니다.

장 그런 문제는 이런 식으로 접근해야지요. 물론 부모 잘 만나서 편하게 살고 공부도 잘하게 되는 케이스가 있고, 능력은 있는데 부모 잘못 만나서 고생하는 케이스도 있을 거고요. 사람이 어느 환경에서 태어날지 모르는 거 아닙니까? 최소한 의료, 복지 같은 기본적인 제도들이 잘 정비되어서 누구나 다 보장받은 상태에서 경쟁하는 게 공정한 경쟁이지, 한 놈은 발에 납덩이 달고 걷고 있는데 한 놈은 자동차 타고 달려가면서 "뒤떨어진 놈은 낙오자"라고 말하는 건 말이 안 되죠.

지 굉장히 당연한 얘기고, 그렇게 가야 할 것 같은데요. 한국에서는, 특히 그런 정책의 결정에 영향을 미칠 위치에 있는 사람일수록 이런 얘기에 대해 좌파적이라느니 과격하다느니 얘기하고, 심지어 친북적이라고 얘기하는 사람들도 있지 않습니까?

장 오히려 북한은 세습제니까 부모 잘 만난 사람이 잘 되는 사회죠. (웃음)

가진 사람만 잘 살게 하지 않겠다는 게 민주주의다

약육강식의 정글에서 벗어나 상생의 공동체로 가는 길

윤 요새 느끼는 것은 옛날처럼 그렇게 몰아붙여서 안 먹히는 게 아니고, 문화적으로 그 얘기가 잘 안 먹히는 뭔가가 있어요. 그걸 인터넷 같은 것을 보면서 생각해보는데, 정확하게 설득해서 얘기할 수 있는…….

장 어떻게 보면 미국식 경쟁문화 같은 게 들어와서 "안 된 놈은 다 제 잘못"이라는 의식이 많이 퍼졌고, 역설적으로 민주화가 되면서 정부 자체가 사회평등에 대한 의식이 도리어 더 약화되었어요. 옛날에 군부정권들이 사회적 위화감을 조성한다고 해서 해외여행을 못하게 한다든지 그런 걸 했는데, 이제 민주정부가 되니까 뒤가 켕기는 게 없거든요. 100년 전에 친일親日했다고 그 재산을 몰수하는 정부가 지금 국민들한테 "너 가진 거 조금밖에 없지만 부자들한테 더 줘야 해" 하면서 "노동시장 유연성 더 키워야 하고, 한미FTA 해야 한다"고 말한다고요. 완전히 정신분열증이에요. 도리어 역설적으로 민주화가 되서 정당성의 문제가 없어졌기 때문에 그냥 힘센 놈이 이기면 그만이라는 의식이 더 퍼진 게 아닌가 생각합니다.

지 극단적인 예를 들자면 노조에 대한 식칼 테러가 있으면 "저런 건 너무 한 거 아냐?" 하면서 언젠가는 반동이 올 수 있겠지만, 지금 사람들은 삼성이 노조를 비열한 방법으로 탄압하는 것을 보면서도 "어쨌든 월급은 많이 주잖아" 하는 식으로 시큰둥한 반응을 보이고 마는 것 같거든요.

장 한편으로는 자꾸 살기 어려워지면서 내 앞가림하는 게 중요하다는 의식이 많이 퍼지고 있는 것 같고요. 또 한편으로는 시장주의, 미국 영향 이런 것으로 약육강식의 논리가 자꾸 퍼지는 거예요. 그런 식으로 해가지고 옛날보다 사회적인 유대감도 없어지고, 약자에 대해서 더 잔인해지는 그런 사회가 되어 버린 것 같아요. 그런데 그런 변화라는 게, 또 한국은 특히 사람들이 기분파라서 그런 게 확 바뀌면 바뀌거든요. 그것을 어떻게 하면 되느냐 하는 것은 저 같은 교수들이 할 수 있는 게 아니고 정치인들이 해야 하는데요. 어떻게 하면 사람들의 마음을 돌릴 수 있는지가 문제겠죠. 조금 다르게 보면 다르게 볼 수도 있는 건데요. 그런 식으로 시각을 돌려주고 새로운 세력을 결집하느냐 그런 것을 생각해야겠죠.

지 영화 한 편 가지고 호들갑을 떠는 건지 모르겠지만 〈화려한 휴가〉를 그렇게 많이 보는 것을 보니까 '아직도 사람들에게 그런 것에 대한 분노가 남아 있다'는 생각이 들더라고요.

장 그럼요. 남아 있죠.

지 그렇지만 그런 것들이 많이 줄어든 건 사실인데요. 예전에는 전두환 얘기 나오면 80년 광주 얘기로 끝이었거든요. 그런데 지금 '전사모'들이 목소리를 높이면서 반론을 하는 것도 사회 분위기의 일정한 변화 같은 것을 보여주는 것 같습니다. 그들도 수세적인 입장에서 공세적으로 변했고, 나름의 논리를 만들어내고 있는 것 같거든요.

장 그런 건 옛날부터 있었죠. 그런 거 얘기하면 "폭도들인데, 다 쓸어버려야지" 하는 식으로 얘기했다고요.

지 그런데 문제는 민주화 정부가 그런 분위기를 만드는 데 일조한 게 아닌가 하는 생각이 들거든요. 보수세력이 진짜로 원하지만 하기 힘든 한미FTA 같은 것도 밀어붙여서 강행하고 있는데요. 만약 정권이 바뀌면 이런 토대를 가지고, 정말 돈 있는 사람들을 위한 정책을 펼 텐데요.

장 글쎄, 그러니까 이게 어떻게 보면 서글픈 얘긴데, 죽 쒀서 개 준 거죠. 그렇게 감옥 가고, 고문당하고, 투쟁해서 민주화를 쟁취했는데요. 사실 돈 있는 사람만 잘 살게 하지 않겠다는 게 결국 민주주의잖아요. 왜냐하면 시장이라는 것은 1원 1표고,

민주주의는 1인 1표니까 시장에서는 내가 당신에 비해 1억분의 1밖에 영향력이 없지만, 투표장에 가면 당신도 한 표, 나도 한 표라고요. 구조적으로, 돈 있는 사람한테 상대적으로 불리한 게 민주주의고요. 그런데 여러 가지 역사적인 이유, 개인적인 잘못, 이런 걸로 해서 민주화 이후에 옛날보다 더 불평등하고, 약자에 대해 더 잔인한 사회가 되어버린 거죠.

지 아까 미국의 복지정책이 유럽에 비해 더 좌파적인 부분도 있다고 하셨는데요. 결과적으로 미국은 국력에 비해서 빈부격차가 너무 심하지 않습니까? 40퍼센트가 의료보험 혜택을 못 받는다는 얘기도 있고요. 미국과 FTA를 맺은 멕시코의 경우, 응급환자가 앰뷸런스를 부르는데 현찰로 1000달러를 주지 않으면 차를 운행하지 않는다는 얘기를 들었습니다. 우리도 그렇게 되지 않는다는 보장이 없을 듯합니다.

장 미국의 유아사망률에 문제가 잘 반영되고 있습니다. 유아사망률이라는 게 돈으로 따질 수 없는 의료라든가 어머니 교육 수준이라든가 그런 것을 다 종합적으로 반영해주는 지표 가운데 하나인데요. 미국의 유아사망률이 쿠바와 같습니다. 잘 사는 데는 잘 살지만, 저기 미시시피 시골 같은데 보면……

지 카트리나 왔을 때도 미국의 허점을 보여준 거고요.

장 미국은 돈 많고 능력 있으면 제일 살기 좋은 곳이에요. 그래서 어느 나라든지 엘리트들은 미국을 좋아합니다.

지   돈 많으면 한국이 더 살기 좋은 나라 아닌가요?(웃음)

장   아니, 그렇죠. 그런데 한국 같은 경우는 그래도 (부자들에게 일정한) 물리적인 제약들이 있기 때문에 (아무리 한국이 불평등해졌다고 하지만) 미국에 비하면 상대가 안 되거든요. 미국은 상당히 문제가 많은 나라죠. 많은 사람들이 잘 인식하지 못하는 건데, 미국의 노동시간이 선진국으로서는 굉장히 길어요. 유럽하고 비교하면 10~30퍼센트나 일을 더하기 때문에 노동시간당 소득으로 따지면 미국이 그렇게 잘사는 나라가 아니거든요. 오히려 경제가 안 된다고 하는 프랑스 같은 나라가 노동시간당 소득으로 하면 미국보다 높아요.

유럽 사람들은 "뭐 돈 좀 더 벌려고 아등바등 일할 필요 뭐 있냐. 그래봤자 식구들끼리 만나서 이야기할 시간도 없는데, 텔레비전 하나 더 사면 뭐 하냐. 우리는 일 좀 덜 하는 대신 가족들끼리 잘 지내고 재밌게 살겠다"는 건데, 국민소득 통계 이런 것을 보면 돈만으로 보니까 미국이 굉장히 잘 사는 나라 같지만, 삶의 질을 따지면 건강지표, 예를 들어 평균 수명, 평균 신장 이런 거 다해도 유럽에 비해서 떨어지는 사회거든요. 사람마다 가치관이 다르니까 어떤 사람은 '나는 조금 일찍 죽고, 일도 많이 하고, 돈 많이 벌어서 내가 사고 싶을 때 좋은 차 사고, 화끈하게 살다 죽겠다'고 생각할 수도 있겠죠. 그게 꼭 그르다는 건 아니지만, 그런 식으로 가치관이 달라서 다른 사회를 만든 건데, 우리나라 사람들은 돈만 가지고 주로 미국식 기준으로만 판단하니까 미국이 제일 좋은 나라 같고, 유럽 얘기하면

"그런 후진 데를 뭐 하러 얘기하느냐?"고 하는 거죠.

지 어떤 통계를 보면 미국의 결식 국민이 10~20퍼센트에 이른다고 하던데요. 미국은 나름대로 자기네들의 경제 규모가 있고, 달러를 찍어낼 수 있다든지 이런 점들이 있지 않습니까? 그런데 한국이 그런 시스템을 따라하게 되면 빈부격차 같은 것은 엄청나게 생길 텐데요. 또 한국 사람들의 평등의식이 만만하지 않아서 그게 문제가 될 수도 있을 것 같습니다.

장 빈부격차가 미국보다 커질지는 모르겠지만, 기본적으로 인식해야 할 게 미국이나 남미 같은 나라는 처음에 정복과 약탈로 나라를 세운 거거든요. 볼리비아에서 작년에 에보 모랄레스가 대통령이 됐는데, 처음으로 원주민 대통령이 생긴 거라고요. 500년 남미 역사에서 처음으로 원주민 대통령이 된 겁니다. 거기 가서 처음부터 다 뺏고 죽이고 그들만의 나라를 세웠기 때문에 기본적으로 500년 동안 불평등한 사회가 유지된 거죠. 그래서 불평등을 받아들이는 게 우리나라보다 훨씬 더 큽니다.

우리나라는 복닥복닥 모여 살면서 일제식민통치, 6.25, 토지개혁 이런 것을 통해서 한번 싹 쓸고 시작했는데, '저 친구도 30년 전에 우리 동네서 배추밭 했는데, 지금 벤츠 타고 다닌다'고 생각하면 용납이 안 되는 거죠. 뭐를 할 때 기본적인 토양이 다른데, 그것을 같은 것으로 전제하고 하면 안 되니까 우리나라 같은 경우는 진짜 한미FTA가 제대로 되서 미국식으로 가고 그러면 훨씬 더 반발이 심하겠죠.

율 그걸 바꿀 수 있는 희망으로 볼 수 있는 건가요?

장 그게 누가 나와서 잘 생산적으로 조직을 해야지, 안 그러면 계속 갈등만 증폭되고 해결이 안 될 테니까요.

지 한국의 상황을 극명하게 보여준 게 지난번에 있었던 한화 김승연 회장 사건인 것 같은데요. 다른 나라 같으면 계급이 다르면 술도 다른 데서 먹을 텐데, 재벌 2세와 웨이터가 같은 데서 술을 먹다가 싸움이 난 것 아닙니까?(웃음)

장 그렇죠. 맞아요. 다른 나라에서는 상상할 수 없는 일이죠.

지 해결 방법도 굉장히 한국적이었지 않습니까?

장 그렇죠. 재벌 회장도 웨이터와 동일한 방법으로 문제를 해결했죠.(웃음)

지 그것을 한동안 경찰이 수사를 하지 못했고요.

장 부자들을 경찰이 비호하는 일은 비단 우리나라에만 있는 건 아닌데요. 맞게 지적하신 대로 우리나라에만 있는 것은, 재벌 회장 아들이 웨이터하고 같은 데서 술을 먹고, 문제해결에서도 양쪽이 똑같은 방법을 쓴다는 거죠. 그러니까 그만큼 사회 분화가 안 된 거예요. 그것 때문에 말하자면 조금 지나치게 부당한 평등의식도 생기는 거고, 긍정적으로 보자면 그런 게 있기 때문에 함께 하면서 범국민적 차원에서 뭘 만들 수 있는 그런 것도 가능한 거죠.

지 말씀하신 대로 누군가가 나서서 좋은 방향으로 이끌면 좋은데, 만약 그게 안 되면 없는 사람은 평등의식은 큰 반면에 '나라고 저렇게 못 살라는 법 없잖아' 하는 욕심이나 가진 자에 대한 적개심 때문에 범죄가 늘어날 수 있을 텐데요. 지존파나 막가파 예를 들지 않더라도 그런 식의 사회적 범죄는 늘고 있지 않습니까? 옛날 같으면 몇 명 죽이면 신문에 대문짝만하게 났지만, 요즘은 웬만한 살인은 신문에서도 크게 다루지 않는 것 같더라고요.

장 제가 항상 하는 얘기 중 하나인데, 인간도 그렇고 사회도 그렇고, 장점하고 단점이 대개 같은 뿌리에서 나오거든요. 예를 들어 우리나라 사람들이 성질이 급한데, 그게 단점으로 나타날 때는 엉터리로 공사해서 다 무너지고 하는 재앙이 되는 반면, 그게 장점으로 나타날 때는 뭐 한번 해야겠다고 마음먹으면 기가 막히게 잘 한다는 거죠.

우리나라 옛날에 번호판 바꾼다고 "언제 어디로 와서 어떻게 세우라"고 해서 순식간에 모든 차의 번호판을 바꾼 일이 있는데, 다른 나라에서는 상상도 할 수 없는 일입니다. 그런 식으로 장단점이 같은 뿌리에서 나오는데, 아까 말씀드린 대로 그런 분화되지 않은 계급사회, 평등의식 같은 것들이 건강하게 나타나면 어려운 환경에 있는 사람도 "나도 저기까지 올라갈 수 있어. 나도 해볼 거야" 이런 식으로 갈 거고, 부모들도 "우리는 밥 굶어도 너는 열심히 공부해서 학교 선생 되라"고 하지, 영국 부모들 같이 "저 새끼, 우리 배반했다"고 하지 않잖아요.(웃음) 그런 식으로 나타날 수 있는 거고, 그게 불건강하게 나타나면 아까 말씀하신 대로 범죄행위라든가, 다 똑같아야 하니까 무조건 끌어내리자는 식으로 표출될 수도 있는 거죠. 그런 것들을 잘 정리해주는 게 정치인들의 의무인데…….

지 한국의 장점 하면 치안이 잘되어 있다는 건데요. 지금도 겉으로 보기에는 그런데, 사실은 이유를 알 수 없는 범죄가 굉장히 늘어나는 것 같습니다. 카드빚이나 사채 같은 것 때문에 생기는 범죄도 많지 않습니까? 그러다보면 있는 사람들은 보안이나 이런 데 투자를 하게 될 텐데요. 그런 건 불신 때문에 생기는 사회적 낭비라는 생각도 듭니다. 사회가 그렇게 가다보면 점점 타협 같은 게 멀어지지 않을까 하는 생각도 드는데요.

장 미국 같은 경우에는 땅도 넓고 그러니까 먼데 가서 철조망 치고, 기관총 든 경비원도 세워놓고 사는 걸로 해결하죠. 그런데 우리나라는 어디 가서 살 거냐고요, 갈 데도 없어요. 그러면 머리 맞대고 해결해야 할 거 아니에요.

지 일본이 '화和'를 중요시하는 게 전쟁나면 어디 갈 데도 없는 섬나라이기 때문이라는 분석을 본 적이 있는데요.

장 그런 역사적·지리적 조건들이 영향을 미치기도 하는데요. 반면에 예를 들어 일본이 2차 세계대전 전에는 소득분배가 (식민지 이런 데는 수탈을 하니까 빼고요) 독립된 나라 중에서는 세계에서 가장 불평등한 나라 중 하나였거든요. 그러니까 일본의 화합 이런 것도 전통적으로 한 게 아니에요. 세계대전 거치면서 깨달아서 '우리가 이래서는 안 되겠다'고 해서 한 거죠. 그래서 마쓰시타 회장이 방 두 개짜리 목조건물에 사는, 그런 행동을 한 거지, 무슨 일본 문화가 전통적으로 꼭 그랬던 것은 아니거든요. 문화 전통이라는 것도 다양하거든요. 그러니까 그 가운데 어떤 것을 살려야 우리한테 좋은가 그런 생각을 해봐야죠. 우리나라가 전통적으로 그런 식으로 화합을 잘 못하고, 그런 전통이 있는가 하면 (어떻게 보면 유치한 예라고 할 수 있지만) IMF 외환위기 났을 때 금 모으기 운동 같은 거, 다른 나라는 못해요. 그런 식의 국민적인 결집력이 또 있거든요. 그것도 우리의 전통이고, 사색당파 나눠서 싸운 것도 우리의 전통이고, 그 중에서 어떤 것을 살릴 거냐는 생각을 해봐야죠.

지 그것도 어떻게 보면 식민사관이라는 생각이 드는데요. 최상천 선생 같은 분은 조선시대에 대해서 "그 시절에 세계 어느 나라가 말과 글로 싸웠느냐"고 하면서 수준 높은 문화민족이라고 하거든요. 실제로 사화가 있었지만, 500년 동안 정적을 제거한 큰 사건은 네 번밖에 없었고, 그 시절의 일본이나 중국, 유럽과 비교해도 '분열의 역사'라고 볼 수 없을 것 같습니다. 일본이 화합을 강조한다고 하지만, 사무라이들끼리의 전쟁에서 수많은 희생자들이 발생했고요.

장 그럼요. 우리는 전라도 탱자나무 있는 데 보내서 가둬놓고 하는 경우가 많았죠.(웃음) 뭐든지 이렇게 보면 이렇고, 저렇게 보면 저렇고, 굉장히 다양한 전통들이 있기 때문에 그 가운데 특별히 어떤 것만 부각해서 일반화해버리면 안 되겠죠. 아까 말씀드린 대로 스웨덴 같은 나라가 처음부터 문화적으로 화합하고 그런 게 있어서 대타협을 한 것 같지만, 절대 그런 게 아니거든요. 과연 우리가 나가야 할 방향이 뭐고, 그렇게 나가려면 국민들의 어떤 성향과 어떤 전통을 살리고, 어떤 것을 죽일 것인가, 이런 식으로 생산적인 논쟁을 해야죠.

노조는 기업가의 적이 아니라 상생 경영의 파트너

지 그런 면에서는 사실은 금 모으기 운동 같은 것을 보더라도 계급적으로만 생각하면 "위엣놈들이 망쳐놓은 것을 왜 서민들이 책임을 져야 하냐?"고 할 수도 있고요. 임진왜란이나 이럴 때도 (지배층이 잘못해서 외침으로 나라 전체가 쑥대밭이 되자) 결국 그들(지배층)한테 수탈당하고 핍박받던 민중들이 일어나 외적과 맞서 싸워 물리친 것도 그런(금 모으기) 맥락으로 볼 수 있겠고요. 사실 일반국민들로서는 "그들이 나한테 해준 게 뭔데, 그들이 망쳐먹은 나라 구하려고 내가 왜 금반지 내놓고, 목숨 내놓고 싸워야 해?" 할 수 있는데도 막상 그런 상황이 닥치면 스스로 나라를 지키겠다고 싸운 그런 전통들이 있는 것 같거든요. 그런 전통이 민주화 정부 들어서 혼란스러워진 데다가 생산적인 논쟁이 이루어지지 않고 있기도 한 것 같습니다.

장 그렇죠. 김대중 정부가 잘못한 것도 많지만, 특히 노사정 하자고 한 것은 그때 우리나라 상황에서 현실성이 없었다고 할 수 있을지는 모르겠지만, 그런 식의 의도는 좋은 거죠. 어떻게 하면 모아서 같이 얘기하고 풀어볼까 그런 건데, 그거 처음에 깨진 이후로는 그런 시도가 별로 없었으니까요. 타협 이런 얘기하면 양쪽에서 다 욕하죠. 저 같이 얘기하면 재벌은 재벌대로, 민노당은 민노당대로 욕하거든요. 물론 한쪽 시각에서 보면 저 같이 얘기하는 게 말이 안 되는 거지만, 어떻게 보면 우리나라처럼 계급 분화가 안 되고, 아직도 다 같은 국민이라는 의식이 있는 것을 이용해서 뭔가 만들어봤으면 더 좋은 결과가 나올 수도 있었지 않을까요? 지금 상황이 그런 거 아닙니까?

재벌 통제를 해야 한다는 것이 결국 다른 나라 재벌 도와주는 거잖아요. 재벌 통제라는 게 결국 금융시장 통해서 이루어지는 건데, 금융시장이 개방이 되어 있고 우리나라 금융 규모가 선진국에 비해서 상대적으로 작기 때문에 결국 재벌을 통제하는 것은 국제 금융자본이라고요. 사모 펀드니 뭐니 하는데, 그 펀드들 대부분은 우리나라 재벌보다도 더 나쁜 자본들이죠. 다 조세 도피처에 만들어놓아서 세금도 안내고 투명성도 하나도 없고, 거기에 들어온 돈이 마약 밀매로 만든 돈인지, 인신매매로 만든 돈인지 알 길도 없는데요. 말하자면 진보적이라는 사람들이 그 놈들이 재벌 때려주는 것을 좋다고 박수를 치고 있단 말예요. 물론 그 놈들은 못 보던 놈들이고, 재벌들은 지난 수십 년 동안 미운 털이 박힌 놈들이니까 감정적으로는 그게 더 시원할지 모르지만, 그렇게 되면서 우리가 진짜 경제적으로 이득을 얻는 것은 둘째치고라도 도덕성에서라도 우월한 자본을 들여왔느냐 하면 그것도 아니거든요.

  우리의 현재 상황이 모두 자기 입장만 틀어쥐고 있다고요. 재벌들도 노조 같은 것을 인정해주고, 생산적인 채널을 만들어야죠. 재밌는 얘기가 있어요. 외환위기 때 삼성중공업 중장비 부문을 팔았거든요. 그것을 볼보에서 샀습니다. 그런데 볼보에서 삼성중공업 직원들한테 "제발 노조 좀 만들어달라"고 부탁했다는 겁니다. 스웨덴에서는 노조를 통하지 않고 회사를 경영해본 일이 없기 때문에 노조 없는 회사를 운영할 수가 없는 거예요. 그런 식으로 생산적인 노조를 통해서 잘되는 나라도 있는데, 그것을 무노조주의로 일관하니까요. 누가 그러더군요. 삼성이 노조 생기는 것을 막으려고 쓴 돈을 가지고 노조를 도와줬으면 굉장히 좋은 노조들이 많이 만들어졌을 거라는 겁니다. 그런 식으로 전근대적인 사고에 사로잡혀 있거든요. 그건 삼성이 악독해서 그렇다기보다는, 삼성 사람들을 만나보면 마치 노조를 인정해주는 것은 부모가 자식을 잘못 키워서, 정부에서 "당신이 자식을 양육할 능력이 떨어지기 때문에 우리가 강제로 보모를 보내겠다"는 식으로 듣는 측면도 있는 것 같더라고요.

지   이병철 회장이 유언으로 "절대 노조만은 안 된다"고 했다는데, 그게 종교적 신념 같은 것으로 남아 있는 것 같아요. 노조를 막기 위해서 사우협의회 같은 것을 만들었는데, 노조에서 그

간판을 때려부수니까 그 회사 사장이 당황해서 "이걸 만드느라고 120억 원이나 들였는데, 이걸 때려부수냐?"고 했다더군요.(웃음) 그 사장은 그동안 들였던 돈, 공력 그런 것들이 통째로 부서지는 것 같아 그 과정이 주마등처럼 머릿속을 스쳐가면서 순간 당황해서 한 행동일 텐데요. 그걸 보는 다른 사람들도 황당하지 않습니까? '그런 돈 있으면 사원 복지에나 쓸 일이지' 하는 생각도 들 수 있고요. "자식들 잘못 가르친 부모의 심정이 있는 것 같다"고 말씀하셨는데요. 사원들을 감시하는 것도 보면 '자식들이 어디 가서 사고치지 않을까?' 하면서 휴대폰을 추적하는, 그런 수준의 봉건적인 사고방식을 가지고 있는 것 같습니다. 그런 사고방식을 지금 시대에 적용해서는 곤란하지 않습니까?

장 그럼요. 맞아요. 옛날에나 가능한 얘기지, 지금은 종업원들의 사고방식 자체도 다른데요. 그런 식으로 계속 갈등이 생기면 기업 입장에서는 노사관계 귀찮으니까 외국으로 나가든지 아니면 웬만하면 노동자 안 쓰고 기계를 사버리겠다, 이런 식으로 가버리는데요. 그렇게 하면 결국 기업으로서도 좋을 게 없죠. 숙련된 노동인력, 뛰어난 연구인력을 풍부하게 확보한 게 선진국이고 그렇지 못한 나라가 후진국인데요. 그렇잖아요. 지금 우리나라 자본가들이 하는 접근법은 "중국 가면 더 싸게 하는데, 너희도 중국만큼 돈 받고 일해라" 그런 거잖아요. 거의 이런 식인데, 그렇게 30년 고생해서 경제 발전 한 다음에 그런 임금 받으려면 경제 발전 왜 한 겁니까? 그럴 거면 아예 옛날부터 지금의 중국만큼 생산성 낮은 일 하면서 낮은 임금 계속 받고 살면 되지, 그런 식으로 양쪽이 다 자기 틀에 사로잡혀서 그렇게 하다가 같이 망하는 거죠.

지 자주 말씀하시는 암묵지暗默知, 이런 부분에서도 손해가 될 거고요. 신뢰라든지 이런 문제가 굉장히 클 텐데요. 신뢰가 깨지면 굉장히 많은 비용이 발생하지 않습니까? 지금 한국사회가 노조에 대해서 신뢰하지 않는 면도 있는 것 같은데요. 특히 대기업 정규직 노조에 대한 비판이 많이 있지 않습니까?

장 그렇죠. 노조들도 반성할 점이 많죠. 우선 지적할 수 있는 것은 최근에도 밝혀진 거지만, 몇 노조에서는 취업 장사 같은 부정행위를 일삼기도 했고요. 그걸 떠나서 착한 노조들도 문제가 있는 게, 자기 위주로만 생각을 해요. 최근에야 비정규직 같은 걸 얘기하기 시작했지, 지금까지는 작업장에서 자기 임금 많이 받고, 작업 재배치 같은 것을 많이 안 하고, 그런 것만을 목표로 싸웠단 말예요. 예를 들어 프랑스는 노조 조직률이 스웨덴에 비해서 상대가 안 되게 낮지만, 그래도 노조가 아직도 상당한 정치적인 영향력이 있는 게, 거기는 노조가 항상 전국적인 이슈를 얘기하거든요. 예를 들어, 실업 문제(프랑스에는 실업자 노조도 있다고 하긴 하던데) 같은 것이죠. 하여튼 노조가 온 국민을 묶을 수 있는 이슈를 자꾸 제기하니까, 국민들이 '쟤들은 자기 잇속만 챙기진 않는다'는 의식을 갖고 있어서 노조가 뭐라고 하면 말발이 먹히는데, 우리나라 노조는 그러지 못했단 말이죠. 그러니까 그런 일부 부패한 노조 이런 것을 떠나서도 그런 식으로 다른 국민들이 보기에는 '쟤들은 8000만 원 받는데 파업하고, 나는 뭐냐?'는 생각이 드는 겁니다. 물론 8000만 원 받아도 파업할 일이 있으면 해야죠. 그런데 문제는 뭐냐면 그런 노조들이 파업을 할 때 자기 이슈만 가지고 계속했기 때문에 노조에도 가입하지 못하고 열악한 조건에서 노동하는 사람이 보기에는 배부른 소리로만 들린다고요. 그런 면에서는 노조도 반성할 점이 있는 거죠.

지 노조들 입장에서는 어려운 게, 다른 얘기를 하면 정치적인 파업으로 몰아붙이지 않습니까? 정치권이나 언론에서요. 그리고 대부분의 파업을 불법으로 규정하는 부분도 한국에서 노조를 하기 힘든 조건일 텐데요.

장 구조적으로 지금까지 기업별 노조 체제였기 때문에 구조 자체가 그런 것을 조장하는 면도 있었어요. 제가 말씀드린 것은 노조들이 안 그러기가 쉬웠는데, 생각을 못해서 그랬다는 얘기는 아니고요. 여러 가지 구조적·역사적 조건도 있고, 모든 일에는 인간의 판단이라는 게 개입되니까 같은 조건에서도 다르게 할 수 있었는데, 그렇지 못한 면이 있지 않았나 하는 얘기거든요. 그리고 신뢰 문제 같은 것도 중요하죠. 현대자동차 같은 경우도 계속 노사관계가 안 좋은 중요한 이유 가운데 하나가 외환위기 때 해고를 많이 했거든요. 그 전까지는 암묵적으로 (일방적인) 해고는 안 한다는 게 있었는데, 그게 깨졌기 때문에 그것을 노조 측에서는 계속 걸고넘어지면서 문제를 삼는 거고요. 그만큼 신뢰를 깨면 그 비용이 큰 거죠. 보통 개인관계도 그렇잖아요. 실수였건 아니면 의도적이었건 신뢰 관계를 한번 깨면 그걸 복구하는 데 굉장히 많은 시간이 걸리잖아요. 다만 바라는 것은 그게 깨졌다고 해도 어떤 수를 써서든지 그것을 회복시켜야 뭔가 돌아갈 텐데, 한번 깨졌으니까 "저 놈은 끝까지 죽일 놈, 타협이란 없다"고 하면 결국 누가 이익을 보느냐는 거죠.

지 운동의 어려움일 텐데, 그때 사실은 현대자동차 노조가 막판에 비정규직 노동자들의 정리해고를 받아들임으로서 불신이 싹 튼 면이 있을 텐데요. 다 어려워지는 것보다는 몇 사람을 잘라서 자신들의 신변보장을 원한 것을 무조건 비난만 할 수도 없을 것 같은데요.

장 그렇죠. 그런 것을 용인할 수도 있지만, 뭔가 조건을 만들어서 '이렇게 해서 회사가 정상화되면 저 사람들에게 우선적으로 혜택을 달라'는 제스처라도 취할 수 있었는데, 그때는 워낙 상황이 어려워서 그랬는지는 몰라도 그런 노력들이 부족했던 것 같습니다.

지 노사관계에 문제가 생기면 중재를 하는 것이 정부의 역할일 텐데요. 그런 중재에 실패한 것이 아닌가 하는 생각이 들고요. 노무현 대통령은 노조에 대해서 심한 얘기를 하기도 하지 않았습니까? "분신을 해서 자기 의견을 주장하는 시대는 지났다"는 말이 옳은 얘기일 수는 있을지 몰라도 한 나라의 최고통치자 입에서 그런 얘기가 나온다는 것은 노동계에 엄청난 상처를 주는 말일 텐데요.

장 그럼요. 감정을 자극할 것까지는 없었죠. 그 사람들이 오죽했으면 분신을 했겠나, 하는 생각을 해봐야 하는데요. 그런 게 부족했죠. 자기는 어려운 환경에서 성공했으니까 다른 성공 못한 놈들은 노력 부족이라고 생각했는지는 모르지만, 그런 식의 접근이 다른 사람들한테 상처를 많이 줬죠.

지 최고권력자니까 그 말을 돌이킬 수도 없는 거고요. 요즘은 달라졌다고는 하지만, 시위를 진압하는 방법도 위에서 어떤 지시를 하느냐, 어떤 성명을 내느냐에 따라서 달라지지 않습니까? 되도록이면 조심하라고 하는 것과 엄단하겠다는 건 현장에서 판이하게 달라지거든요.

장 탄핵하고 그랬을 때 길거리에 10만 명씩 쏟아져 나온 거는 경찰이 가만히 보고 서 있었고, 한미FTA 반대한다고 500명만 모이면 때려잡았잖아요. 그러니까 그건 다 위에서 지시가 있었으니까 그런 거지, 10만 명은 봐주고, 500명은 봐주지 말라는 그런 규칙은 없거든요. 시위는 다 같은 건데.

지 노무현 정부의 노동정책에 대해서는 어떻게 생각하십니까?
장 제가 노사 문제 전문가가 아니라 뭐라고 정확히 말하진 못하겠지만, 그거는 조금 문제가 있었던 것 같아요. 무슨 문제가 터지면 일단 "법대로 한다"고 하는데요. 정치인으로서 이것처럼 무책임한 얘기가 없거든요. 물론 판사나 검사는 법대로 해야죠. 그 사람의 직업이자 소임이니까. 하지만 정치하는 사람들은 말하자면 법을 만드는 사람들 아닙니까? 그러면 항상 그 사회의 문제를 생각하고, 이런 일이 터지면 왜 이런 일이 터졌을까, 저 사람들은 왜 몸에 불을 질렀을까, 그런 것을 생각해보고, 그러면 '법이 뭔가 잘못됐을 수도 있겠구나. 법을 바꿀 수도 있다'는 태도로 임해야 되는 것 아닙니까? 그러니까 최소한 이런 식으로 얘기해야죠. "우리가 생각하기에 법이 문제가 있을 수도 있지만, 현재는 법이 이러니까 현재는 이런 식으로 해야 한다." 이렇게까지는 얘기할 수 있지만, 그게 아니라 "법대로 해야 한다"고 하면 그 법은 누가 만든 거예요. 그 법은 국민들이 간접적이나마 정치인을 뽑아가지고 그들을 통해 만든 국민 합의의 산물 아닙니까? 국민들이 생각할 때 그게 옳지 않다고 생각하는 면이 있다면 그걸 바꿀 수도 있는 거거든요. 그런데 마치 법이라는 게 하늘에서 내려온 것처럼 해가지고, 특히 교통속도 위반을 10킬로미터 했냐, 20킬로미터 했냐, 그런 게 아니라 노사관계 문제는 굉장히 미묘한 인간감정 같은 것도 섞여 있는 것이고, 작업장에 따라서 굉장히 여러 가지 서로 독특한 역사도 있고 하니까 무 자르듯 이건 이렇고 저건 저렇고 하기 힘든 건데, 그런 것을 "법대로 한다"는 식으로 접근해버리면 그것은 정치인으로서는 직무유기죠. 관료로서는 할 수 있는 얘기지만 정치인은 그렇게 얘기하면 안 되는 겁니다.

지   교수님 말씀 듣고 보니까 생각나는 건데, (대통령이) 변호사 출신이라서 그런 걸까요?(웃음)

장   하하하. 글쎄요.

임시방편을 넘어 근본적인 시스템을 고민할 때

지   정치라는 것은 이해당사자가 있으면 서로간의 어떤 의견이나 이해관계를 조율하는 거잖아요. 어떤 여자가 스토킹을 당해서 힘들다고 하는데, 그렇다면 스토킹당했다는 증거를 보여달라고 말하는 것은 관료나 법관의 태도지, 정치인의 태도는 아니라는 생각이 듭니다.

장   영국 같은 경우도 정치인 전력 중 제일 많은 것이 변호사인데, 거기는 그렇게는 안 하거든요. 우리나라 특유의 법조문화가 그런지 모르겠지만, 변호사라는 직업 자체가 사람을 꼭 그런 식으로 만드는 것은 아닌 것 같아요.

지   영국은 불문법이라서 좀 다른 게 아닐까요?

장   법관들 자체도 좀더 정치적으로 생각하게 되죠. 법 해석의 여지도 다양해지고.

지   노무현 정부의 경제지표나 이런 것에 대해서 정부와 야당이 얘기하는 게 다르지 않습니까? 야당은 "노무현 정부의 경제

운영이 실패했다"고 규정하고, 정부는 "나쁘지 않다. 주가지수도 괜찮고 수출도 잘되고 있다"고 얘기하지 않습니까?

장   주가지수는 국민생활하고는 아무 관계가 없는 거죠. 그거는 외국인 투자자가 다수인 상황에서 그 투자자들이 우리 주식시장에 돈을, 그것도 장기적으로 투자하는 것도 아니고 넣었다 뺐다 하면서 단기차익을 보는 건데, 그러니까 시세차익을 얼마나 볼 수 있나 하는 그들의 판단에 따라 주가지수가 결정되는 것인데 주가지수가 높다고 해서 경제가 좋다고 말하는 것은 웃기는 거죠.

또 경제성장률 같은 것도 어떤 기준으로 판단하느냐에 따라 다른 거예요. 우리나라가 말하자면 최근에 1인당 기준으로 하면 3,4퍼센트 성장을 하는데, 옛날에는 분명히 6,7퍼센트 했거든요. 그러면 왜 그렇게 못하느냐고 할 수 있는 거고, 현 정부의 변호는 "다른 나라보다 성장률이 높다. OECD에서 몇 번째로 높다" 하는 식으로 얘기하는데, 그거는 제가 언젠가 이런 식으로 표현한 적이 있습니다.

둘 다 맞긴 맞는데, 아들이 만날 평균 90점을 맞다가 어느 날 갑자기 성적이 70점으로 떨어지니까 아버지가 불러다가 "무슨 문제가 있느냐, 학원이 마음에 안 드느냐, 아니면 여자친구랑 싸웠느냐"고 하니까 아들이 버럭 화를 내면서 "60점 맞는 애들도 많은데 왜 그러느냐"고 하거든요. 바로 그거예요. 지금껏 90점을 맞다가 느닷없이 70점밖에 맞지 못한 까닭을 묻는 건데, 그런 식으로 대응한다는 거죠.

국제적인 기준으로 보면 성장률이 좋은 것은 사실이죠. 그러나 그것도 다른 선진국하고 비교했을 때 얘기지, 예를 들어서 중국하고 비교하면 훨씬 낮은 거잖아요. 그래서 그런 건 판단하는 기준 문제예요. 그러니까 제가 항상 얘기하는 것은 우리가 가진 역량이나 조건을 가지고 과연 그만큼 하고 있느냐 하는 기준으로 얘기해야지, 국제 기준이라고 하는 것은 우리의 삶을 얘기하는 데는 무의미한 거거든요. 그리고 성장 자체도 문제지만, 일자리의 비정규직화, 고용불안 이런 것들 때문에 사람들이 공포감에 휩싸여 있고, 아까 말씀드린 대로 능력 있는 이과생들이 죄다 의대를 지망한다는 건 정말 병리적인 현상이거든요.

그런 얘기 하니까 제 여동생이 우스갯소리로 "옛날 북한에서 전군의 간부화를 했던 것처럼 우리나라에서도 전 국민의 자기 주치의화를 하려고 모두 의사만 하려는 게 아닌가" 하더라고요. 그러니까 이게 병리적인 현상인데, 이런 게 다 고용불안이라든가 하는 문제 때문에 생기는 거거든요. 그러니까 성장지표만 봐도 옛날에 비해 반 토막 났으니까 상당히 불만스러워졌고, 소득분배도 더 불평등해졌고, 그 다음에 이런 식으로 고용도 불안해졌거든요. 그러니까 사람들이 느끼기에는 경제가 좋지 않은 겁니다. 물론 옛날보다 부자가 된 사람이 있긴 하지만, 대다수 국민은 생활이 어려워졌다는 느낌을 갖는 게 당연한데 그것을 부정하면 안 되죠.

지 지금 가장 큰 문제는 얼마가 있든지 간에 미래가 불안하다는 것 같은데요.

장 그럼요.

지 예전에 10억 모으기 열풍이 불어서 누구나 그렇게 하면 모을 수 있겠다는 환상을 심어준 적이 있는데요. 그래서 부녀父女가 죽어라고 10억 모으기에 나섰다가 도저히 안 될 것 같으니까 동반 자살한 사건도 있었는데요. 지금은 10억도 어중간한 돈 아닙니까? 30평형대 아파트 한 채에 자동차 한 대 사고, 그걸 유지하는 데 쓰면 남는 게 별로 없는 돈인데요. 그래서 10억 가지고도 내 미래가 보장되지 않을 거라고 생각하는 사람이 많은 것 같습니다. 유명 개그맨이 광고에 나와서 보장자산 얘기까지 하는데요. 내 미래를 보장할 수 있는 자산, 이런 개념까지 등장하지 않습니까?

장 예를 들어 많은 사람들이 수익 높은 거 한다고 주식, 펀드 같은 데 돈을 많이 묻어놨는데요. 주식시장은 유연하게 왔다 갔다 하는 데니까, 그러면 그것도 불안한 거예요. 주가가 폭락하면 자기 노후도 한순간에 박살이 나는 셈이니까, 구조적으로 자꾸 불안한 시스템이 된 거죠.

지 엄청난 평가를 받던 종잇조각이 어느 날 휴지가 될 수도 있는 거니까요.(웃음) 물론 요즘은 인터넷으로 왔다 갔다 하지만, 그게 결국 서민경제와는 전혀 상관이 없는데, 그런 지수가 경기의 지표인 양 선전하고 있지 않습니까?

장 말하자면 그런 문제에 대해서 신경쓰고 여론을 주도하는 사람들한테는 중요하죠. 자기들은 그런 데 돈이 많이 들어가 있으니까요. (웃음)

지 자기들의 관심사를 기사화하고 여론화하는 거군요. (웃음)

장 물론 돌고 돌면 간접적으로나마 주식시장에서 일어나는 일이 국민경제 모든 부분에 관련되어 있지만, 오늘 주가지수 100포인트가 올라갔다고 국민들 생활이 당장 좋아지는 것도 아니까요. 그런 것을 지표로 내세우면서 "우리가 경제 운용을 잘했다"고 하는 것은 정말 웃기는 거죠. 그리고 시장주의 경제학을 하는 사람들 사이에서조차 주가지수가 경제의 펀더멘털을 반영하는 게 아니라는 걸 인정하거든요. 주가가 높다고 경제가 잘 된다고 하는 건 한마디로 코미디예요.

지 영미식 주주자본주의에 대한 비판이 많아지는데요. 빌 게이츠나 워렌 버핏 같이 거액의 기부금을 내는 사람들 사례를 인용하면서 "그래도 저 나라에는 건강성이 있다"고 주장하지 않습니까? 저는 그게 더 모순이라는 생각이 들 때가 있는데, '그렇게 내는데도 불구하고 저 나라는 왜 그렇게 불평등한가?' 하는 생각이 들거든요.

장 그렇죠. 그런데 문제는 그것을 내는 사람은 얼마 안 되고, 불평등 문제는 크고 그러니까요. 기부하는 것은 훌륭한 일이에요. 다만 100만 원이라도 남한테 주는 것은 쉬운 일이 아니거든요. 저는 그런 사람들이 칭찬받아야 한다고 생각하는데, 문제는 기부 같은 것은 완전히 개인의 선택이 되다보니까 어떤 사람들은 많이 내고, 어떤 사람들은 하나도 안 내고 이렇게 되어버리면 제대로 된 사회복지를 유지할 수가 없는 거죠.

지 이런 식의 논리도 많지 않습니까? '이런 사람들은 돈을 많이 벌어서 사회에 대해서 좋은 일을 하고 있다. 너희는 이렇게 할 수 있냐?'고 하는데, 사실 사회에 대해서 문제를 제기하는 사람들은 돈을 많이 벌거나 돈을 낼 수 있는 가능성이 많지 않은데요. 그런 문제를 제기하는 사람을 실천하지 않는 사람, 시대에 뒤떨어진 사람으로 규정하는 경우가 있지 않습니까? "넌 누굴 살려본 적이 있니?" 할 수도 있고요.

장 그렇죠. 문제가 있는 게, 예를 들어 빌 게이츠가 말라리아 퇴치에 도움을 준다고 돈 내고 이런 걸 하는데요. 말라리아 문제 같은 것은 사회운동가들이 얘기 안 하면 부각이 안 되는 문제입니다. 왜냐면 (물론 옛날에는 미국에서도 말라리아 때문에 사람들이 많이 죽었지만) 이제는 선진국에서 없어진 병이기 때문이죠. 무슨 재밌는 통계가 있냐면 빌 게이츠가 돈을 줘서 그 돈이 많이 늘었겠지만, 말라리아 약 개발에 투입되는 연구비가 살 빼는 약에 투입되는 연구비의 20분의 1이에요. 그런데 말라리아에 걸려 해마다 최소한 100만 명이 죽고, 수백만 명이 (말라리아는 한번 걸리면 죽지는 않아도 재발하고 그래서 평생 몸이 약해지니까) 후유증에 시달리고 있습니다. 그러니까 가난한 나라에서는 건강이 안 좋으면 당장 수입에 크게 영향을 미치니까 건강 악화는 빈곤의 한 원인이 되어 영양실조 등으로 이어져 수명을 단축할 수 있습니다.

 사실 살이 쪄서 '죽는' 사람은 거의 없거든요. 물론 미국에서는 가끔 300킬로그램 정도까지 살이 쪄서 움직이지도 못하는 사람이 생기기도 하지만, 그런 사람은 다이어트 약 먹어가지고 살 빠질 그런 게 아니잖아요. 보통 살 빼려고 약을 먹는 사람들은 살 찐 것 자체가 생명에 거의 지장이 없는 사람들이에요. 그래도 다이어트 약 연구에다 20배나 많은 돈을 쏟아붓는 건 다이어트 약을 먹는 사람들은 (그 약을 소비할) 돈이 있고, 말라리아에 걸려서 그 약을 먹어야 할 사람들은 아프리카, 베트남, 남미 이런 데니까 돈이 없거든요. 그래서 그렇게 되는 거라고요. 그런 것을 사회운동가들이 얘기했기 때문에 빌 게이츠 같은 사람이 그걸 듣고 '저런 문제가 있구나' 해서 돈을 준 거죠. 그런 면에서는 사회운동가들이 개인적으로는 단돈 10원도 기부하지 못했는지는 모르지만, 그 사람들은 어떻게 보면 더 중요한 역할을 했다고 할 수 있는 거죠.

 모든 것을 돈으로 환원해서 '돈 많은 사람이 최고다' 하는 식으로 돈 갖고 따지자고 하면 거기에 대고 '그럼 그렇게 돈 번 사람들이 남 안 해치고 돈 벌었느냐'고도 따지기 시작하면 그것도 알 수 없는 일이거든요.

지 어떻게 보면 (약간 극단적으로 얘기하자면) 빌 게이츠 같은 사람들이 미국의 엉터리 시스템을 공고하게 만드는 애국자가 아닌가 하는 생각이 듭니다. 착취당하는 사람들 입장에서는 더 얄미운 면이 있을 수 있거든요. 저런 사람들 때문에 미국이 선전되고, 일정하게 건전하게 유지된다고 생각할 수도 있는데요. 부시 같은 인간들만 있으면 금방 망할 것 같거든요. (웃음)

장 어떤 사람들은 (기부를) 주로 조세회피 수단으로 쓰는 거지만, 안 그런 사람들도 많고요. 미국에는 소득세율의 누진세를 없애고 누구나 다 똑같이 내자, 그런 운동을 하는 사람도 있고, 상속세 폐지하자는 사람도 많거든요. 그런데 가령 빌 게이츠의 아버지 같은 사람은 공식적으로 "나는 상속세 폐지에 반대한다"고 합니다. 훌륭한 사람들이죠. 그런 행동들이 궁극적으로 좋지 않은 시스템을 유지시키는 면이 없는 건 아니겠지만, 그렇다고 그 사람들한테 그런 책임까지 물으면 안 될 것 같아요. 그 사람들이 신도 아니고, 대통령도 아니고.

지 책임까지 묻자는 건 아니고요. (웃음) 월드비전에 2만 원을 내면 제3세계의 한 아이를 살릴 수 있다고 하는데, 그런 실천도 중요할 것이고, 그런 고민과 비슷한 무게로 '왜 이런 구조가 됐느냐'를 고민해야 할 것 같거든요. 아이 하나 살린 데 만족하지 말고, 그 구조를 깨기 위해서 노력해야 할 것 같은데요. 쉽지 않겠지만요.

장 그렇죠. 그래서 제가 《사다리 걷어차기》 같은 그런 책에서 하는 얘기가 그런 건데요. 사실 그런 돈 내기도 쉽지 않습니다. 저도 잘 못내요. 근데 그렇게 해서 정말 우리가 커피 한 잔 사먹지 않으면 애 하나가 학교를 가고 하는 일도 의미가 있지만, "왜 그 나라들이 그렇게 가난하며, 가난에서 못 벗어나고 있는가" 하는 얘기를 또 해야 하거든요. "선진국들이 자유무역을 강요하고 그런 것들이 그 나라 경제발전에 도움이 안 된다"는 얘기를 해야 하는 거죠. 그 두개가 서로 양립 불가능한 것은 아닙니다. 그것을 같이 해야 하는 건데요. 그걸 단순히 개인의 자선 차원에서만 끝내버리면 안 되죠. 그렇게 되면 애들 사진 보여주고, 1년에 얼마씩 돈을 대라고 할 때 어떤 애는 예쁘니까 누가 돈 댄다고 하고, 어떤 애는 못 생겼다고 누가 돈 안 대주거든요. 못 생긴 애는 못 생긴 죄로 더 힘들게 살아야 하는 거고, 그것도 불공정한 거란 말입니다.

지 장애가 있으면 더 힘들 거고요.

장 그런 구조적인 해결책이 필요한 게, 이런 개개인이 선택을 하게 되면 모든 것을 다 할 수 없고, 선별적이 되다보니까 개인의 편견이나 이런 게 들어가거든요.

전체적으로 이익이 있다고 해도 거기서 잃는 사람이 있습니다. 한 산업이 없어지면 거기서 자원이 다른 산업으로 그냥 이동하고 그런 것은 교과서에서 설명하는 시장경제에서나 통하는 얘기지 (현실에서는 그렇게 되는 게 아니죠). 예를 들어서 우리나라 농업이 망해가지고 농민들이 실업자가 되고, 그 후 자동차 수출이 늘어난다고 했을 때 그 농민들이 자동차 공장에 취직할 수 있나요? 그런 보상의 문제가 따르기 때문에 이런 거 하려면 유럽처럼 복지국가 제대로 만들어놓고 해야죠. 그러면 어느 산업이 흥하건 망하건 별 관계가 없는데, 이건 보상이 안 되거든요. 농업 개방하니까 돈 주고 어떻게 한다지만, 말하자면 그건 근본적인 보상이 아니죠.

CHAPTer **02**

'약자의 사다리'
걷어차기는 공멸을 부르는 **재앙**

'대세론'은 가치판단을 무시한 무책임한 여론몰이다

개방, 상황논리로만 밀어붙이는 건 위험

지 교수님께서 《사다리 걷어차기》에서 얘기했던 핵심적인 것 중의 하나가 특허권·저작권 보호제도의 문제점일 텐데요. 다국적 제약회사의 횡포 같은 것을 개선할 방법은 어떤 게 있을까요? 의약품 같은 경우 훨씬 싼 가격에 에이즈 치료약의 카피약이 나올 수 있을 텐데요. 다국적 제약회사들이 그것을 개발 못하게 막지 않습니까?

장 제일 좋은 예가 뭐가 있었냐 하면요. 에이즈 환자의 병을 아직 완전히 고치는 것까지는 안 되지만, 약을 먹으면 수명은 연장시킬 수 있잖아요. 그게 이른바 정품 약을 사서 먹으면 1년에 1만 달러에서 1만 2000달러가 듭니다. 그런데 인도나 브라질에서 만든 복제약을 사서 먹으면 1년에 300~500달러면 되거든요. 30~40분의 1밖에 안 되는 가격이죠. 그래서 아프리카의 에이즈가 많은 나라에서 그런 약을 사다먹는데요. 2001년에 서구 제약회사들이 남아공 정부를 본보기로 해서 소송을 했어요. 헌법재판소에 제소를 해서 남아공 정부가 복제약 수입을 허가하는 게 사유재산을 존중한다는 헌법에 위배된다는 식으로. 그래서 난리가 났죠. 사실 남아공이 못할 짓 한 거 아니거든요.

미국을 포함해서 어느 나라나 특허법에 특허권이 공공이익과 배치되는 경우에는 그것을 정부가 무시할 수 있다는 공공이익 보호 조항이 있습니다. 그리고 미국도 써먹었어요. 2001년 9.11이 난 다음에 탄저병 균이 든 가루를 편지봉투에 넣어 보내서 세 명인가 죽고 그래서 한참 그것에 대해서 공포가 있었는데요. 미국 정부가 탄저병 약(싸이프로)을 비축해서 비상시에 쓰겠다고 했어요. 그 약의 특허를 갖고 있는 곳이 아스피린을 만든 독일의 바이에르 그룹인데, 미국이 바이에르 그룹한테 "그 약을 많이 살 테니 깎아달라"고 했더니 바이에르에서 "50퍼센트 깎아주겠다"고 했습니다. 그랬더니 미국 정부에서 "시중가격 4.5달러, 인도에서 수입하면 20센트인데, 더 안 깎아주면 특허 취소한다"고 했어요. 그래서 바이에르가 울며 겨자 먹기로 80퍼센트 깎아줬습니다. 그런 식으로 자기네도 써먹는 거거든요. 그런데 자기네가 아니라 다른 나라 일이 되면 그런 식으로 특허권을 밀어붙이면서 비싼 약을 사먹으라고 강요하는 거죠. 한미FTA가 되면 우리나라에 그런 영향이 미칠 거고, 의약품 문제는 정말 중요한 게, 우리나라는 그래도 조금 먹고살 만하니까 돈 더 내고(그것도 부당하지만) 정말 그 약 사먹는다고 밥 굶지는 않겠지만, 많은 가난한 나라에서는 그 약값을 제대로 내고 약을 먹으면 밥을 못 먹습니다. 그러니까 그건 죽으라는 얘기거든요.

지   약을 살 돈도 없고.

장   그렇죠. 약을 살 돈 자체도 없고. 그러면 죽으라는 얘긴데, 과연 그게 정당한 거냐 하는 거죠. 그게 왜 그러냐면 특허라는 것은 사회에서 만들어준 거거든요. 복제약이 그렇게 쌀 수 있는 것은 화학식만 있으면 다 만들 수 있단 말이에요. 그것을 억지로 법으로 보호해가지고 복사하면 안 된다고 하니까 그런 식으로 해서 부르는 것을 값으로 매길 수 있는 건데요. 사회에서 혜택을 받았으면 생명에 관계된 약이라든가 이런 것에서는 자기네들이 욕심을 덜 부리고 사회적 책임을 어느 정도 져야 하는데, 받을 것만 받고 줄 것은 안 주겠다는 얘기니까요.

지   제약회사 입장에서는 자기네들이 개발할 때 비용이 많이 들기 때문에 보호받을 수밖에 없다고 얘기하는데요. 이게 생명에 관련된 문제이기도 하고요. 어떻게 보면 일종의 인종주의도 있지 않나 싶습니다. 서양 사회에 희귀병이 돌면 아시아나 아프리카의 문제보다 훨씬 심각하게 받아들일 것 같거든요.

장   그것은 무슨 인종주의적인 문제보다도 돈이 웬수예요.(웃음) 아무리 후진국에 팔 약을 만들어도 거기서는 사먹을 돈이 없으니까요. 기업은 이윤을 추구하는 거니까 당연히 그렇게 될 수밖에 없고요. 연구개발비가 많이 들기 때문에 보호를 안 해주면 투자를 안 한다는 것도 일리는 있지만, 정확히 얘기하면 맞지 않는 얘깁니다. 미국만 해도 제약회사에서 부담하는 연구개발비가 총 연구개발비의 40퍼센트 밖에 안 되거든요. 공공투자라든가 자선단체에서 내는 돈이 60퍼센트 가까이 됩니다. 제약회사들만 약품 개발에 투자한 거 아니거든요. 그런 식으로 해서 자기네가 사회적인 보호를 받아서 독점권을 행사할 수 있으면 사회에서 지나치다고 얘기하면 깎아야죠. 그것을 마치 신이 내린 권리처럼 코에 걸고 행동하면 안 되는 거죠.

지 물론 닭이 먼저냐 달걀이 먼저냐 하는 것도 될 수 있고요. 서양이 잘 살게 되서 일정하게 소비할 수 있게 된 부분도 있지만, 서양에 전염병이 생기면 대응하는 방법이 다를 것 같거든요. 백인이 죽어가는 것하고 흑인이 죽어가는 것에 대한 서구사회의 태도는 분명히 다를 것 같은데요.

장 그런 건 있죠. 에이즈 같은 것도 아프리카에만 있었으면 약도 안 나왔겠죠. 에이즈는 몇 안 되는 선진국과 후진국이 같이 앓는 병이기 때문에 약이 있는 거고요. 도리어 그래서 문제가 생기는 건데요. 우리도 있는 거지만, 자기와 다른 사람들에 대한 편견이라는 것이 누구나 다 있고, 그런 것을 없애자고 할 수는 있지만, 없는 것처럼 전제하고 행동하는 것은 멍청한 짓이죠. 그리고 그 약 문제에 들어가면 후진국 약 안 만들어주는 것뿐 아니라 후진국의 민간요법을 훔쳐다 쓰거든요. 민간요법은 무슨 특허권도 없으니까요. 아스피린도 원래 민간요법이었어요. 유럽의 민간요법 중에서 버드나무 껍질을 끓인 물을 열 날 때 먹으면 열이 내린다는 민간요법에 착안해서 바이에르에서 성분을 추출한 거거든요. 지금 보면 다국적 제약회사에서 아프리카, 동남아, 남미 이런 데 보내서 산골에 들어가서 거기 민간요법 하는 사람들한테 물어보고 원료 채집해오고, 그래도 몇몇 회사는 조금 착해서 특허 나오고 약 나오면 자기들한테는 푼돈이지만, 그 마을이나 그런 데로서는 큰돈인 수백만 달러를 돌려주기도 합니다. 물론 자기네들이 번 돈은 수백억 달러고요. 대부분의 경우에는 그냥 입 씻는 거죠. 후진국 입장에서는 그 약이 나왔는지 잘 알지도 못하고요. 두 번째로는 소송할 능력도 없고, 소송해봤자 지는 거지요, 거기에 무슨 특허권이 없었기 때문에.

지 입증할 방법도 별로 없을 거고요.

장 그럼요. 재밌는 예가 있어요. 카레 가루에 보면 '강황'이라고 노란색이 나는 게 있잖아요. 영어로 '터머릭turmeric'이라고 하는데요. 이 강황이 인도 민간요법에 따르면 상처 치료에 좋대요. 그래서 상처가 나면 그걸 바르고 그러는데요. 인도 친구 둘이 미국 대학 연구실인가 제약회사인가 거기서 일하면서 거기에 착안해서 그걸 가지고 특허를 낸 거예요. 인도가 발칵 뒤집힌 거야. "저게 우리가 옛날부터 알고 써온 건데, 저것들이 어떻게 특허를 낸 거냐?"고 해서 소송을 했어요. 산스크리트어 하는 교수들까지 불러서 옛날 경전을 읽으면서 "여기에 이렇게 나왔다"고 해서 이겼는데요. 인도 같은 나라는 덩치도 크고 엘리트들이 서양 교육을 많이 받아서 그런 거 할 수 있지만, 아프리카나 동남아의 자그만 나라들은 눈뜨고 당하는 거죠.

지 인도 같은 경우 인구도 많고, 시장도 크고 그러니까.
장 건드리지 못하는 거죠. 무시하지 못하고.

지 예전에 그런 말씀도 하셨지 않습니까? "서세동점西勢東占의 가혹한 파고에 중국과 인도가 의연히 버텨준 것이 1960~70년대 '동아시아의 기적'을 이루는 한 요소가 되었다"고 풀이하셨고요. 그리고 급속한 성장을 보이고 있는 두 거대 신흥개도국인 중국과 인도에 대해서는 "그들은 부분적으로는 경제를 자유화했지만, 전적으로 신자유주의를 수용하는 것은 거부했다"고 하셨는데요. 우리가 거기서 어떤 점들을 배울 수 있을까요?
장 자유와 개방 이런 것에 대해서 사람마다 좋다, 나쁘다고 하는 느낌이 다르긴 하지만, 그 나라들이 한 것을 보면 옛날 우리나라가 한 것과 똑같아요. 자유화와 개방을 하긴 하되, 지금 우리 단계에 뭐가 제일 필요한 거냐를 고민해서, 예를 들어 "무역자유화는 좀 하지만, 자본자유화는 하지 않는다"는 식으로 한 건데, 그런 얘기를 하면 "그 나라들은 힘도 세고 덩치도 크고 해서 누가 하라고 해도 안 듣고, 안 들어도 잘못 건드리고 이러니까 그런 거 아니냐"고 하지만, 우리나라가 사실 지난 10년 동안 한 것을 보면 해야 하는 것보다 훨씬 더 했거든요.

　외압으로만 설명할 수 없고, 내부에서 그런 것을 주도하는 사람들이 자기들이 보기에 자기들의 집단이익과 자기들이 보는 우리 국익에 부합하다고 해서 굳이 안 해도 될 자유와 개방까지 다 한 거죠. 그러면 우리나라를 이끌어가는 사람들이 옛날에는 그런 식으로 우리 전체 국민의 이익에 부합하는 일들을 했는데, 왜 요즘은 그러지 못하고 있는지에 대한 질문들을 해야 하는 거겠죠. 그게 한편으로는 미국식 시장주의의 이데올로기를 맹목적으로 받아들여서 하는 면도 있고요. 또 한편으로는 그런 거 하면 자기들한테 좋으니까 하는 면도 있을 거고요. 여러 가지가 있지만, 하여튼 그런 식으로 인도나 중국 얘기를 하면서 결국 제가 물어보고 싶은 것은 지금까지 일어난 일들이 과연 일부에서 얘기하는 대로 상황논리로만 설명될 수 있느냐는 겁니다. "할 수 없이 개방을 한 거다" 또는 "잘못됐다고 하지만, 개방이 대세니까" 하는데, 저는 대세론처럼 싫은 게 없어요. 대세론이 옳다면 친일파는 왜 처벌합니까? 오히려 그 사람들 칭찬해야죠, 대세를 따랐는데. 그런 예를 보면서, 나라를 이끌어가는 사람들이 그만큼 중요하고, 그만큼 책임감을 갖고 생각해야 한다는 거죠.

지　복거일 씨의 《비명을 찾아서》를 보면 "만약 이토 히로부미가 암살되지 않았다면"이라는 가정을 가지고 소설을 전개하지 않습니까? 그러면 일본과 합병이 되서 지금은 더 잘살고 있지 않을까 하는 부분이 그 소설을 영화화한 〈2009 로스트 메모리스〉 도입부에 나오는데요. 지금 상황도 우리가 미국하고 일정하게 경제적 통합을 이루어서 잘살게 되면 모르겠지만, 그렇지 않고 힘든 상황이 됐다가 그 이후에 경제적 독립을 한다고 하면 똑같이 《친미인명사전》 같은 것을 만들자고 할 수도 있지 않겠습니까?

장 하하하. 그러겠죠.

지 지금 똑같은 정치세력이 친일파는 단죄하자고 하면서 자신들도 비슷한 행동을 하고 있는 것 같은데요.

장 그렇죠, 친일파는 단죄하자고 하면서. 이해를 못하겠어요. 사실 그래요. 저는 제 자체가 민족주의자라고 자부하고 있고요. 저희 집안도 굉장히 항일운동을 많이 한 집안이고 그런데요. 솔직히 100년이 지났는데, 그것을 파헤쳐서 그 재산 빼앗으면 뭐합니까? 지금 당장 우리나라 국익에 해가 되는 일을 하고 있는 사람들이 있고, 당장 국민들 생활이 어려운데, 지금 한가하게 100년 전 일을 추적할 시간이 있어요? 저는 그 멘탈리티를 이해하지 못하겠거든요. 완전히 정신분열증 같이 '역사 바로 세우기' 그런 걸 하면서 한편으로는 그거와 배치되는 행위를 하면서도 그걸 바로잡아야 한다는 생각이 전혀 없는 거죠.

지 이런 모순들이 문제 해결을 어렵게 하는 것 같습니다. 문제가 뭔지 알아야 해결이 되는 것 아니겠습니까? 지금 가장 혼란을 초래한 것이 노무현 대통령이 얘기한 '좌파 신자유주의' 같은 개념이거든요.

장 그렇죠.

지 그렇게 규정을 해놨는데, 도저히 같이 붙을 수 없는 얘기 아닙니까?

장 말이 안 되는 거죠. 신자유주의라는 것은 근본적으로 좌파가 될 수 없는 건데, 말하자면 그래도 뭔가 좌파다 진보다 이런 말을 해야 때깔이 나고, 고정 지지층을 끌어들일 수 있다고 생각해서 그런 말을 한 것 같은데, 그건 기본적으로 성립이 안 되는 개념이거든요.

빈 마찬가지로 유럽도 어떻게 보면 제도적 환경이나 역사적 배경이 다른 나라들이 모여서 하나의 경제권을 형성하는데요. 겉으로 보기에는 국경의 의미를 허무는 정치적인 결정이 주도적인 역할을 하는 것처럼 보이지만, 국경을 넘어서는 자본과 상품의 유통 논리가 그러한 정치적 결정의 밑바탕에 있다고 봅니다. 그런데 프랑스나 스페인 등 유럽연맹 건설에 앞장선 것은 자본 위주의 유럽 통합에 맞서, 사회주의자들이 정치적 의도를 가지고 노력해서 사회적 관점에서 노동자나 사회적 약자를 유럽 건설의 중심에 세울 수 있는 소셜 유럽을 건설하자는 생각이 작용하지 않았나 생각합니다. 마찬가지로 한미FTA 조문 같은 경우에는 ILO나 미국에서 사용되고 있는 노동 기준이나 환경 기준을 적용하는 기업에게 미국시장 진입 기회를 준다는 규정을 포함한다든지, 한-EU FTA 같은 경우에도 마찬가지로 유럽에서 적용되는 노동 기준이나 환경 기준을 적용하는 기업에게 유럽시장 진입 기회를 준다는 규정을 포함할 것 같습니다. FTA 협상에 임할 때 우리나라는 교역에서의 규제를 없애자는 점이 부각되는데, EU 같은 선진국과 우리나라의 관련 규제의 하모나이제이션(평준화)이라는 관점에서 보편적인 노동 기준이나 환경 기준을 시장진입의 조건으로 규정하는 방식으로 FTA 협상을 보다 적극적으로 수용해서 사회진보 쪽에서 활용할 수 있는 여지도 있을 거라고 생각하는데요.

장 그런 면이 있기는 있죠. 그런데 제 견해는 그렇게 해서 10을 얻을 수 있으면 잃는 게 100이 되니까 합쳐보면 전체적으로 안 좋은 거라는 거죠. 유럽 통합 같은 경우에는 그런 경제적 논리와 또 하나 생각해야 할 것은 독일과 프랑스가 전쟁을 하면 안 된다, 그 의식이 핵심에 있거든요. 그게 있기 때문에 뭐가 삐걱거려도 밀고 나가고, 서로 타협도 하고 그러는 건데요. 우리나라랑 미국간의 관계에서 그런 게 있는지, 그렇게 되면 약육강식의 논리가 되고요. 프랑스와 독일은 크기도 서로 비슷하고요. 독일이 역사적인 죄를 졌다고 인정을 하고 굽히고 들어가는 면이 있으니까 타협도 되고 하는 건데요. 미국은 그런 것도 없잖아요. 미국은 도리어 우리가 너희한테 해줬는데, 너희가 우리 말을 들어야지 하고 윽박지르려고 합니다. 그래서 그런 식의 관계가 되기는 어려운 것 같아요. 그런 노동 기준 이런 것은 잘된 일이라고 생각해요. 문제는 그것을 얻기 위해서 그렇게 많이 희생을 치러야 하느냐, 그리고 더 중요한 것은 그건 우리가 하면 되지, 꼭 미국이 윽박질러야 할 수 있는 건 아니잖아요.

윤 좌파 신자유주의 얘기할 때 기존의 좌파적 대안들은 다 망했다고 하는 게 일종의 중론처럼 되어 있고요. 그러나 완전 우파는 아닌데, 아무리 말로는 모순이어도 그렇게 말하는 사람들이야말로 새로운 것을 찾아내는 거지, 옛날식 이름의 카테고리에 맞춰서 생각하는 사람들이 오히려 생각이 굳은 거라고 큰소리치거든요.

장 좌파의 기준이 뭐예요? 옛날에 글에다가도 썼는데, 어떤 기자가 저한테 물어보더라고요. "장 교수님은 좌파입니까? 우파입니까?" 그래서 제가 좀 생각을 하다가 이런 식으로 답을 했거든요. 좌파도 되고 우파도 되는데, 문제는 뭐냐면 좌우를 가르는 기준이 하나가 아니거든요. 제가 얘기할 때는 (다른 분야까지 들어가면 모르겠지만) 경제에서는 세 가지 기준이 있을 텐데요. 우선, 노동자 편이냐, 자본가 편이냐, 아니면 돈 있는 사람 편이냐, 돈 없는 사람 편이냐는 기준이 있을 수 있습니다. 저는 그 부분은 둘이 타협해야 한다고 생각하니까 거기서는 중도고요. 또 하나는 국가냐, 시장이냐는 건데 저는 국가가 시장을 규제해야 한다고 생각하니까 그 면에서는 좌파고요. 또 하나의 기준은 뭐냐면 온건과 급진이 있거든요. 전통적으로 우파는 온건이고 좌파는 급진이에요. 프랑스 혁명 때부터 좌파는 사회질서라는 것은 의식적으로 빨리 바꿀 수 있다고 얘기하는 거고요. 우파는 프랑스 혁명 비판으로 유명한 영국 사상가 버크를 필두로 해서 이런 사회질서라는 것은 빨리 바뀔 수 없는 것이므로 천천히 바꿔야 한다고 하는 거고요. 그런데 이게 헷갈리기 시작한 게 뭐였냐면 대처를 비롯한 신자유주의 때문에 헷갈리기 시작한 겁니다. 이건 우파는 우파인데, 급진우파라는 거죠. 빨리 바꾸겠다는 거니까. 그래서 섞이긴 했지만 전통적으로 보면 우파는 점진이고 좌파는 급진인데, 저는 그런 면에서는 우파거든요. 저는 점진주의자예요. 그러니까 어디에 축을 두느냐에 따라 좌우가 헷갈리는 건데요. 예를 들어 '국가냐, 시장이냐'를 기준으로 해서 좌파라는 딱지를 붙이면 신자유주의자는 정의상 좌파가 될 수 없습니다. 유일하게 될 수 있는 것은 급진주의를 좌파라고 규정할 때 '좌파 신자유주의'라는 말이 가능하죠. '자본편이냐, 노동편이냐'를 기준으로 할 때도 신자유주의는 좌파가 될 수 없고요.

한미FTA, 그 논리의 허구와 여론조작

지 노무현 정부가 한미FTA를 밀어붙이는 이유가 뭐라고 생각하십니까?

장 글쎄요. 제가 생각할 수 있는 유일한 해석은 퇴임 전에 뭔가 큰 건수를 해야 한다는 해석밖에는 안 되거든요. 왜냐하면 전체적으로 신자유주의적인 흐름으로 가기는 했지만, 그전에 했던 것을 보면 미국에 투항한다는 의식을 갖고 있는 사람은 아닌데, 그렇게까지 무리를 해가면서 사람들을 때려잡아 가면서 해야 하느냐 하는 생각이 드는 거죠. 그 밑에 있는 통상관료 이런 사람들은 아까 얘기하신 것처럼 친미파니까 그렇게 되는 것이 좋다고 생각해서 추진하는 것이겠지만, 노무현 대통령 자신은 그런 정도까지 생각을 갖고 있다고 보진 않거든요. 그러면 자기 임기 끝나기 전에 뭔가 하나 해놓고 나가야 하지 않느냐고 해서 마지막 카드로 잡은 게 그게 아닌가 싶습니다.

지 장밋빛 미래를 얘기하는 건 막연한데, 공포를 느끼는 부분은 구체적인 것들이 있지 않습니까? 지금 한나라당도 못할 것들을 밀어붙이고 있는데요.
장 한나라당이었으면 국민들의 저항을 생각해서 못했겠죠.

지 지금 미국과 FTA를 맺은 멕시코를 모델로 이런 저런 얘기를 하고 있지 않습니까? 멕시코와 우리와는 입장이 굉장히 다른 것 같은데요.
장 아주 단순화해서 얘기하면 수준이 비슷한 나라끼리는 자유무역을 하면 좋은 점이 더 많아요. 시장도 커지고, 서로 자극이 되기도 하고요. 그런데 수준이 차이가 날수록 이걸 하면 점점 더 가난한 나라의 비용이 커집니다. 자유무역을 하면 단기적으로는 덕을 보는 경우가 많습니다. 후진국 입장에서도 지금 당장은 관세 없이 좋은 물건 사다 쓸 수 있으니까요. 하지만 장기적으로 보면 그런 식으로 해서는 후진국은 영영 경제 발전을 할 수 없으니까 좋지 않죠. 예를 들어 우리나라가 1960년에 미국하고 자유무역을 체결했다고 하면 지금 우리나라에 삼성전자와 현대자동차가 있겠어요? 없죠.

그래서 제가 얘기하는 것은, 예를 들어 5등 정도 하는 친구들 몇을 1등짜리들만 모아놓은 학원에 보내놓으면 (모두가 그렇게 되지는 않겠지만) 그 중에 어떤 친구는 자극이 되서 1등짜리가 될 수 있다고요. 지금 얘기하는 것은 그런 논리거든요. 그걸 더해서 정부에서 광개토왕이 칼 차고 가는 그런 선전을 하는가 하면 5등짜리가 자극을 받아서 그 학원에서만 1등을 하는 게 아니라 전국 1등을 한다는 얘긴데요. 그건 말도 안 되는 거고요. 두 번째 논리도 어느 정도 수긍할 수는 있겠죠. 5등 정도 하는 친구가 자극을 받아서 전국 1등을 할 수도 있죠.

그런데 문제는 우리나라가 과연 5등짜리 나라냐는 겁니다. 상대적으로 보면 우리나라는 국민소득이 미국의 3분의 1 수준입니다. 우리나라가 잘살게 된 것 같지만, 아직도 전 세계의 국민소득 순위를 내보면 40등에서 왔다 갔다 하잖아요. 우리나라 사람들이 유럽 관광하면서 "뭐 별로 잘 사는 것도 아니네" 하면서 우습게 보지만, 우리나라가 서유럽에서 제일 가난한 포르투갈하고 1인당 국민소득이 같아요. 우리나라는 말하자면 아까 말한 학생 성적 순위로 하면 5등짜리가 아니라 15등 정도 되는데요. 15등짜리를 1등 그룹에 넣어두면 아무리 자극이 되도 그 친구가 1등을 하겠냐는 거죠. 못하거든요. 멕시코 같은 경우는 30등짜리니까 완전히 가서 졸고 있는 거고. 우리는 멕시코 정도는 아니니까 멕시코 같이 경제가 황폐화될 정도는 아니지만, 멕시코는 나프타 체결한 이후에 경제가 거의 성장도 못하고 비실비실하고 있거든요. 정부가 묘하게 이상한 숫자 갖다 대면서 잘됐다고 하지만.

지 수출이 늘었다든지…….

정 수출이 늘면 뭐해요, 국민소득이 늘어야지. 수출은 소득을 늘리기 위한 수단일 뿐이에요. 그래서 그냥 수출만 느는 건 아무 의미가 없어요.

지 마킬라도라(면세 부품과 원료를 수입·조립해 완제품을 수출하는 멕시코 내 공장)에서 나오는 수출은 정확하게 봐야 할 것 같은데요.

정 그럼요. 마킬라도라에서는 고용도 늘고 생산도 늘고 그랬지만, 다른 제조업 분야에서는 고용은 줄고 임금은 떨어졌죠. 제가 지금 그 데이터를 일일이 드릴 수는 없지만, 성적이 아주 형편없거든요. 우리나라는 30등짜리가 아니라서 그렇게까지는 되진 않겠지만, 15등짜리가 1등짜리 그룹에 가서 공부하면 잘 알아듣지도 못하고, 힘들고, 스트레스 쌓여서 도리어 성적이 더 떨어질 수도 있다는 거죠. 말하자면 우리나라 주제를 알고 그걸 해야 하는 거지, 어떻게 광개토왕이 칼 차고 가서 미국을 정복해요. 말도 안 되는 일이지. 그러니까 그게 말하자면 한미 FTA를 추진하는 그룹들이 '정치'를 잘한 거예요. 국민들의 묘한 민족주의 감정을 자극한 거고요.

지 월드컵 4강에 가지 않았냐, 그런…….

장 월드컵, 축구 얘기 하도 하기에 (제가 SBS 텔레비전 칼럼할 땐데) 제가 이런 식으로 비유했거든요. 그러니까 옛날에 차범근 시대에 아무리 좋은 팀하고 경기를 하면서 자극을 받아도 못 이깁니다. 선수들이 기본 체력이 안 되기 때문에 후반 되면 뛰지를 못해요. 그래서 우리나라가 그동안 월드컵에서 못 이긴 거구요. 4강에 들어갈 수 있었던 것은 경제개발이 되고, 체력이 강한 선수들이 주축이 된 세대가 대표 팀이 됐기 때문에 그 선수들을 자극하고, 외국 코치 데려오면 할 수 있다는 거예요. 그럼 과연 지금 우리나라가 차범근 시대냐, 박지성 시대냐 묻는다면, 저는 경제적으로 볼 때 아직 박지성 팀보다는 차범근 팀에 아직도 가깝다고 생각하거든요.

한편으로는 국민들 윽박질렀죠. "개방이 대세인데, 북한이나 쿠바 같이 되자는 얘기냐?" 말도 안 되는 얘기입니다. 지금 우리나라가 세계에서 제일 개방이 많이 된 나라 중 하나인데, 어떻게 그것을 완전 폐쇄경제하는 쿠바나 북한에 비교를 합니까? 이게 자유무역론자들이 많이 쓰는 수법입니다. "(필요한 부분은) 약간 보호하고 가야 한다"고 하면 대뜸 북한을 들먹이면서 쇄국 하자는 얘기냐고 받아치는데, 지금은 쇄국 하려고 해도 할 수가 없어요. 국민경제 35퍼센트가 무역인데, 그런 나라에서 한미FTA 안 한다고 무역량이 0퍼센트로 줄어듭니까? 그런 식으로 말도 안 되는 비유를 들어가면서 국민들을 협박한 거예요. 그런데 많이 성공했죠. 사람들이 '그렇게 안 되어야 할 텐데. 그래, 우리도 가서 하면 할 수 있어'라고 생각하게 됐잖아요. 나중에 이렇게 되어가지고 우리나라가 잘 안 되고 국민들 생활이 어려워지면 노무현 대통령이 책임질 건가요? 그때 교섭했던 사람들이 책임질 건가요?

지 청문회 하게 될 것 같은데요.

장 청문회 해도 늦죠. 정말 양심 있는 사람들이라면, 최소한 이런 조약을 맺으면 시한이라도 둬야 합니다. 예를 들어 옛날에는 그런 조약들이 많았어요. 1860년에 맺었던 영불자유협정을 비롯해 19세기 대부분의 양자간 자유무역협정은 20년짜리였거든요. 20년 시한으로 맺어놓고 보고, 그 다음에 생각대로 안 되면 바꿀 수도 있단 말이에요. 그런 반면에 한미FTA는 영원히 하자는 조약 아닙니까? 뒤늦게 청문회 해서 노무현, 김현종 족쳐봤자 돌이킬 수 없는 것 아네요. 그래서 제가 최소한 국민투표라도 한번 하고 해야 되는 것 아니냐고 했더니 민노당에서 조금 받아서 몇 마디 했지요. 그런데 다른 사람들은 신경도 안 쓰더라고요.

지 국민투표를 하더라도 지금은 통과될 것 같거든요.

장 여론조작을 워낙 많이 해놨으니까요.

지 엄청난 비용을 들여서 홍보할 거고요. 이 상황에서 투표하면 완전히 추인해주는 셈이 될 우려도 있지 않습니까?

장 그런 면이 있죠. 뭔가 팽팽히 맞서 있을 때 제가 그런 얘기를 한 건데요. 지금 현재는 우리나라 국민들이 그런 성향이 있어서 그런지 '기왕 했는데, 어떻게 물리냐' 이런 의식이 있는 것 같아요. 그래도 (사인 전에는) 찬성 40퍼센트, 반대 40퍼센트, 모르겠다 20퍼센트 하는 때도 있었는데, 사인 후에는 찬성 60퍼센트가 되어버렸잖아요. 지금 같으면 투표해도 막을 수 없겠죠.

지 그쪽 입장에서는 유리할 때는 국민투표 하자고 하고, 불리할 때는 그런 얘기 안 하냐고 할 수도 있을 것 같은데요. (웃음)

장 그렇죠. 그러나 그렇다고 반대파가 주눅들면 안 되고, 찬성하는 측에다가 "그 동안 당신들이 여론조작 한 것은 다 물어낼 자신이 있느냐, 제대로 된 정보도 주지 않고, 말도 안 되는 광개토왕이니 이런 얘기한 것 다 나와서 잘못했다고 하고 처음부터 깨끗이 해서 캠페인 기간 동안 찬성, 반대 똑같이 방송에서 에어타임 주고, 신문지면 주면서 할 수 있느냐"는 것을 요구해야죠, 뒤늦게 국민투표 하자고 자기들이 유리할 때 그렇게 나온다면. 그리고 연구 결과라고 나온 것들을 학술적으로 따져보면 거의 조작이라고 할 수밖에 없어요.

지 어떻게 보면 박정희나 노무현이나 깔려 있는 멘탈리티는 '하면 된다' 같은데요. 그러니까 영화 하는 사람들한테도 "그렇게 자신이 없냐?"고 밀어붙이고 있는 건데요. 교수님 말씀은 박정희 시대는 다른 건 몰라도 경제에서만큼은 최소한 우리 수준이 어느 정도인지는 알고 조치를 취했다는 것 아닙니까?

장 그렇죠.

지 그런데 지금은 반대로 전혀 그런 조치가 없다는 거 아닙니까?

장 박정희는 "하면 된다"고 하고, 그거 하라고 도움을 줬는데, 지금은 그걸 하지 않으면서 "하면 된다"는 거거든요. 아니 그리고 자기들 논리를 적용해도 말이 안 되는 게, 예를 들어 "우리나라 재벌들 독과점이다, 뭐다" 하면서 그렇게 들들 볶는데, 할리우드 영화처럼 세계적인 독과점이 없습니다, 세계시장 점유율이 80퍼센트예요.

　의지만 있다면 자기들(노무현 정부)이 좋아하는 독과점 논리를 가져와서라도 우리나라 영화를 보호해줄 수 있는 거예요. 그런데 안 하거든요. 그러면서 (영화계를 향해) "그렇게 자신이 없냐"는 얘기만 하고요.

지 저는 언론개혁에 찬성하지만 언론개혁만 하더라도 세 개 신문이 50퍼센트를 넘으면 안 된다고 하는 논리와 지금 시장에 맡기자는 논리는 전혀 상반되고, 모순된 태도 아닙니까?

장 옛날에 우리나라 사람들이 많이 갖고 있던 미국에 대한 동경인지, 옛날에 그런 얘기했잖아요. 미국 가면 거지도 양담배 피고, 애들도 영어 한다고요. 미제면 무조건 좋고, 그런 사고에서 나온 건지는 몰라도 아니 어떻게 할리우드 영화는 미국이 아니라 전 세계 시장점유율이 국가에 따라 80퍼센트 이렇게 나오는데, 우리나라 신문 얘기 나오면 세계 점유율도 아니고, 동네 점유율이 30퍼센트만 되면 안 된다고 하고, 앞뒤가 하나도 안 맞는 거죠.

지 유시민 전 장관조차 최근에 낸 《대한민국 개조론》에서 "박정희가 만들어놓은 수출주도형 경제 모델을 벗어날 수 없기 때문에 한미FTA를 추진할 수밖에 없다"고 했는데요. 그게 잘못된 진단 아닌가요?

장 그 기사는 본 것 같은데요. 그것도 논리적으로 말이 안 되는 게, 지금까지 우리나라가 그 모델을 가지고 한미FTA 없이 엄청나게 수출을 잘하면서 경제발전을 했어요. 박정희 모델을 해야 한다고 해서 한미FTA를 해야 하는 건 아니거든요. 그러니까 그것은 자기가 찬성하는 것을 뒷받침하기 위해서 하는 논리적 비약이죠. 심지어는 박현채 선생까지 들먹이던데요. 저는 솔직히 박현채 선생의 글을 많이 읽었지만, 박현채 선생의 민족경제론을 찬성하는 사람은 아니거든요. 그런데 박현채 선생을 별로 좋아하지도 않는 제가 봐도 화나는 것이 뭐냐면, 유시민 씨가 "박현채 선생도 찬성했을 것"이라는 말도 안 되는 얘기를 하고 있거든요.

지   말씀하신 대로 유시민 전 장관은 "박현채 선생이 살아 있었다면 한미FTA를 찬성했을 것"이라고 했는데, 좀 억지스러운 태도라는 생각이 들더라고요. 정태인 씨는 그 얘기를 일고의 가치가 없는 얘기라고 일축했는데요. 김대중 정권도 그렇고, 지금도 그렇고, 상황론을 펴는 것 같습니다.

장   자기 정치적인 입장 강화를 위해서 수단 방법을 가리지 않는다고밖에 말할 수 없는 건데요. 아니 박현채 선생님은 저보다 훨씬 더 민족주의적이고 좌파적인 사람인데, 저도 반대하는 한미FTA를 그 분이 찬성할 리가 없습니다. 그리고 유시민 씨는 박현채 선생 책을 안 읽어본 것도 아니고, 분명히 그 논리를 아는 사람이 그렇게 얘기하는 것은 자기 정치적 목적을 위해서 수단 방법을 가리지 않는 거라고 얘기할 수밖에 없는 거죠. 정태인 선배는 무식의 소치라고 했지만, 무식의 소치가 아니에요. (유시민은 그걸) 모르는 사람이 아니거든요. (웃음)

정치인이 자본가에게 투항하는 건 직무유기

지   우리 경제의 수출의존도가 외환위기를 겪고 경제개혁을 추진하고 난 후 오히려 상승했다고 말씀하셨지 않습니까? 그걸 봐도 유시민 전 장관의 진단은 틀린 것 같은데요.

장 그렇죠. 수출주도형이라는 말 자체가 잘못됐습니다. 옛날 시스템은 뭐냐면, 산업발전을 위해서 수출을 한 거거든요. 물론 수출을 엄청나게 강조하긴 했지만, 수출의 궁극적인 목적은 우리가 외화를 벌어서 좋은 기계를 사오고, 좋은 부품을 사와서 우리도 자동차산업을 만들고, 철강산업을 만들자는 목적에서 수출을 한 겁니다. 수출 자체가 목표는 아니거든요. 그런 식으로 해서 새로운 산업, 이른바 유치산업 만들어 보호하면서 그걸 키워나간 겁니다. 말하자면 유치산업을 보호하기 위해서 수출을 한 것이지, 수출을 하기 위해서 유치산업을 보호한 게 아니거든요. 그런 면에서 보호주의와 자유무역이 섞여 있는 거예요. 그걸 마치 자유무역 체제였던 것처럼 말하면 안 됩니다. 옛날 박정희 시대에 우리나라 평균 관세율이 40퍼센트 이랬는데, 그게 어떻게 자유무역이에요. 정부가 외환 통제해가지고 사람들 사고 싶은 거 마음대로 못 사게 했는데요. 표면상으로는 관세율이 10퍼센트로 되어 있는데, 은행에 가면 돈 안 주거든요. "정부의 외화 관리 지침에 따라 이런 사치성 소비재는 수입할 때 돈 못주게 되어 있다"는 식으로 한 건데, 마치 자유무역 체제처럼 호도하면서 현재 한미FTA가 그것의 논리적 귀결이라고 얘기하는 것은 옛날 체제도 제대로 모르는 거고, 사실 안다면 더 나쁜 거죠, 거짓말을 하는 거니까.

지 교수님 얘기 가운데 독특한 것 하나가 "동아시아에서 일정하게 경제에 성공한 독재자들이 경제 정책에서 일정하게 마르크스주의의 영향을 받았다"고 하신 건데요. 그 동안은 박정희가 남로당에 들어간 것을 민주화 진영에서는 전적으로 기회주의였다고 해석하고 있지 않습니까?

장 그 사람이 왜 그런 행동을 했는지는 제가 정치사 하는 사람이 아니니까 잘 모르겠지만요. 그때 한 정책을 보면 알아요. 그때 한 정책이 무슨 신고전파 시장주의에 따라서 개방경제를 하고 이런 게 아니거든요. 기본적으로 자본 축적을 해야 하고, 노동자를 쥐어짜서 잉여가치를 생산해야 하고, 기술개발을 해야 하고, 이런 것에 마르크스주의적 시각이 들어 있는 거거든요. 물론 마르크스뿐 아니라 유럽 대륙의 경제학적 전통인데, 그런 것을 보고 얘기하는 것이지 그 사람이 남로당에 들어갔다 안 들어갔다 그거 가지고 얘기하는 건 아닙니다.

그리고 경제개발 계획을 세웠다는 자체가 사회주의적 영향을 받은 거란 말입니다. 물론 사회주의적인 계획은 아니었지만, 뭔가 정부가 계획을 해서 자원을 배분하고, 선도가 가능하다는 생각을 한 것은 신자유주의적인 사고에서 보면 말이 안 되는 거죠. 그런 나라는 다 망한다고 하는 게 신자유주의거든요. 그런 정책을 보고 얘기하는 거지, 그리고 박정희뿐 아니라 김종필 씨도 옛날에 공산주의자였고, 그런 식으로 한 명만이 아니라 집단에 여러 그런 사람들이 있었기 때문에 얘기하는 거고요. 예를 들어 일본 같은 경우도 전후 경제부흥을 이끈 관료들이 젊었을 때 (일본이 마르크스 경제학이 워낙 강했기 때문에) 그런 영향을 강력하게 받았고, 실제로 그런 공산주의 활동을 했던 사람도 있고, 그런 한두 명 얘기가 아니라 집단의 얘기입니다. 또 행한 정책을 보면 그런 영향을 받았다는 걸 안다는 얘기지, 박정희 개인이 여순반란 사건으로 해서 남로당 조직책으로 사형선고를 받았다는 것만 가지고 하는 얘기는 아니죠.

지　계획경제 말고도 사채동결 조치 같은 것도 그런 정책인 것 같은데요.

장　그럼요. 그건 시장주의적 시각에서는 있을 수가 없는 얘기죠. 사유재산권을 침해해도 어떻게 그렇게 침해를 합니까? 우리나라뿐 아니라 싱가포르 같은 나라도 이광요 수상이 원래 노동 변호사거든요. 자기 당도 인민행동당이라고 사회주의 정당으로 출발한 거고, 처음에 집권할 때도 공산당하고 연정을 했어요. 우연히 영국 라디오에서 들었는데, 당시 영국 고위 외교관이 자기네는 싱가포르에서 이광요가 집권했다고 해서 싱가포르가 공산화하는 거 아니냐고 걱정했다고 하더라고요. 그 사람도 그 지식을 자본주의 발전을 위해서 썼다고 하지만, 싱가포르는 국민소득의 22퍼센트를 공기업이 생산하거든요. 토지가 다 국유화되어 있고, 85퍼센트의 주택을 우리나라의 주택공사와 같은 공기업에서 만들어 공급합니다. 우리가 만날 보는 싱가포르 에어라인도 국영기업이고, 은행이나 반도체 같은 분야에도 국영기업이 엄청나게 많아요.

　　대만 같으면 대만국민당 강령 자체가 소련공산당 강령을 베낀 거라는 얘기가 있을 정도로 그런 영향을 많이 받았고요. 옛날에 국공합작 이런 것 할 때도 국민당이 그런 영향을 많이 받았습니다. 장개석 아들인 2대 총통 장경국은 소련공산당 학교를 졸업한 사람이거든요. 부인도 러시아 사람이고, 그 사람은 국민당 내에서도 말하자면 좌파입니다. 그런 식으로 갈래가 있고, 한 짓을 보면 대만도 싱가포르 정도는 아니지만, 국민소득의 15퍼센트 이상을 공기업들이 생산하는데, 세계 평균이 10퍼센트 정도 되거든요. 평균보다 더 사회주의적인 나라고, 그런 여러 가지 하는 행동을 보고 얘기하는 거죠.

지 민주화 운동 세력도 마찬가지고, 박정희 전 대통령이 경제를 발전시켰다고 주장하는 한나라당도 다른 의미에서 얘기를 하고 있지 않습니까?

장 그렇죠. 그런 면에서 보면 한나라당이 진짜 엉터리죠. 박정희를 계승한다고 하는데, 진짜 박정희가 한 일은 모르는 거죠. 박정희는 규제완화, 시장주의 같은 거 하지 않았거든요. 자기들이 제대로 알았다고 하면 하다못해 박정희의 발전적 계승이라도 해야 하는데, 그런 식으로 보지 않으니까 박정희가 노조 때려잡고, 기업들 도와주고 했으니까 그게 말하자면 신자유주의 코드하고 맞는다고 생각하는 건지 모르겠지만, 제대로 알지 못하고 하는 얘기입니다. 박정희가 진짜 어떤 사람이었는지 제대로 모르는 거죠.

그런 게 있죠. 누가 훌륭하다고 하는 의식이 있으면 자기가 어떻게 됐든 갖다 붙이는 거 아녜요. 유시민 씨가 박현채 선생을 갖다 붙여서 한미FTA 옹호하는 거나, 한나라당이 박정희 얘기하면서 규제완화하자고 하는 거나 똑같은 거예요.

옛날 우리나라의 규제가 어느 정도였냐 하면요. 박정희 시대가 지났을 때인 1992년에 외국 비즈니스 잡지 가운데 (요즘은 없어진 것으로 알고 있는데) 《파 이스턴 이코노믹 리뷰》라는 게 있었습니다. 그걸 1992년에 보니까 어떤 얘기가 있냐면 "한국은 공장을 하나 열려면 최고 300개까지 인허가를 받아야 한다"는 겁니다. 그런 정도로 규제가 많던 나라인데, 이 나라는 계속 사람들이 공장을 열고, 경제 성장을 하는 게 신기하다고 했거든요. 그런 정도로 규제가 많던 나라인데, 규제완화를 앞장세우는 한나라당에서 하다못해 자기네가 왜 규제완화로 바꾸었는지에 대한 설명은 해야 할 것 아닙니까?

지 박정희 시대에는 노동자뿐 아니라 재벌들도 일정하게 통제를 했다고 하지 않으셨습니까? 경제적인 선택도 제어하고 그런 게 있었는데요.

장 그렇죠.

지 지금은 국가가 전혀 기업을 통제하지 못하는 상황인 것 같습니다. 노무현 대통령이 예전에 "이제 권력은 시장으로 넘어갔다"고 했는데, 그때는 뭔가 싸워보려고 아젠다를 설정하는 가보다 하는 생각을 했거든요.

장 정반대였죠.

지   지금 생각해보니까 그게 항복 선언이었던 것 같습니다.

장   그렇죠. 그것은 사실 정치인으로서는 직무유기적인 발언이었죠. 시장을 통제하라고 만든 게 정부인데, 그렇게 하려면 정부가 있을 필요가 뭐 있어요. 정부 부처 다 없애서 매킨지에 맡겨서 위탁경영을 하면 되죠. 그런 식으로 우리 멘탈리티가 왜곡되어 있는 겁니다. 과거 '독재=정부 개입' 하는 식으로 등식이 되다보니까 마치 자유방임이 민주적이고 진보적인 것처럼 잘못 인식이 되어 있는 거죠.

지   처음의 선의를 의심하고 싶지는 않은데요. 자기가 믿었던 게 그르다는 생각을 하지 않고, 옳았다고 믿으려고 하니까 자꾸 반대쪽으로 가게 되는 것 같거든요.

장   저도 그렇게 생각해요. 맨 처음에는 그럴 의도로 집권한 사람이 아닌데, 자꾸 주변의 영향도 있고 하다보니까 어떤 이유에서인지 모르겠지만, 생각이 바뀐 거죠.

지   이런 상황이라면 사회적 대타협은 점점 더 어려워지는 것 아닐까요?

장   특히 재벌 문제 이런 것은 조금 지나면 할 수도 없을 거예요. 물론 세계 금융시장이 요동치고 있기 때문에 의외로 외국 자본이 많이 빠져나가면 그림이 바뀔 수도 있지만, 지금 현재는 주요 재벌기업들 주식 대부분을 외국 자본이 가지고 있습니다. 그렇게 되면 재벌가들도 지금은 어떻게든 경영권 지켜보려고 하겠지만 너무 힘들어지면 '우리도 배당이라도 받아먹고 살자'는 식으로 나가떨어질 수도 있어요. 말하자면 그러기 전에 해야 하는데, 어떤 분은 저한테 "장 교수님 말씀에 전적으로 동의하지만, 이미 정치적으로 늦은 거 아닙니까?" 하는 얘기를 하더군요. 저는 정치인이 아니니까 그 판단을 할 수는 없고요. 정치인의 임무는 안 되는 것도 되게 만드는 것 아닙니까? (웃음) 그러라고 뽑아놓은 건데요.

지 그런 정치 세력이 힘이 없는 것 같아서……

장 없죠, 사회라는 게 한 방향으로만 가는 게 아니니까. 예를 들어 유럽 같은 경우도 1968년 학생혁명이 났을 때는 계속 좌파로 갈 것 같았는데, 갑자기 신자유주의 같은 것으로 해서 우선회로 가고, 한때 1980년대 유럽에서 우파 세력들이 많이 집권하면서 "유럽 좌파는 끝났다"고 했는데, (물론 옛날보다는 더 온건한 좌파지만) 1990년대에는 대부분 좌파 정당이 집권했거든요. 한 방향으로 가면 끝까지 가는 건 아니니까 바뀔 수도 있는 거고요. 여러 가지 상황이 바뀌니까, 예를 들어 국제 금융시장 문제라든가 이런 게 크게 터져버리면 신자유주의, 주주자본주의 옹호하던 사람들의 목소리가 쏙 들어갈 수 있죠.

'장밋빛 미래' 뒤에는 비극의 그림자가 숨어 있다

잘못된 전제를 가지고 상황을 판단하는 건 위험

지　현재 상황으로 볼 때 한국은 문화에서는 일정하게 유럽에 호의를 가진 부분도 있는데요. 그러니까 '유럽도 괜찮은 것 같은데' 하는 게 있는데, 미국의 영향을 워낙 많이 받고 있는 탓인지 경제 같은 경우에는 미국에서 공부하지 않으면 아예 인정조차 해주지 않는 풍토가 있지 않습니까?

장　그런 것도 있죠. 근데 사실 미국이라는 나라도 자체 내에서 진화를 하니까, 미국에서 1980년대 이후에 공부한 사람은 신자유주의 영향을 많이 받았겠죠. 하지만 그 전에는 케인즈주의 이런 게 강했기 때문에 미국에서 공부하고 온 사람이라도 그런 식의 시장주의를 다 추종하는 건 아니거든요. 그것도 바꿀 수 있습니다. 하지만 지금 당장은 특히 미국에서 경제학 공부를 하고 온 사람들이 시장주의에 대한 신념이 굳은 것은 사실입니다.

지 그 분들이 내는 이론을 언론에서 받아쓰다 보니까 다른 상상력을 못하는 것 같고, 그래서 교수님이 주목을 받는 부분이 있는 것 같습니다. 그런데 서울대에 세 번이나 지원했다가 떨어지셨다면서요. "미국 주류경제학 입장에서는 나 같은 사람은 경제학자로도 안 본다. 우선 미국 저널에 논문을 실어야 하는데, 그러려면 방법론적으로 수학과 통계학을 많이 쓰고 깔린 생각도 시장주의여야 한다. 나는 둘 다 아니"라는 말씀도 하셨는데요.

장 세 번 지원해서 세 번 다 안 됐죠. 지원해서 안 될 수도 있고 될 수도 있는 건데요.(웃음) 아니 근데, 기본적으로 저 같은 식의 경제학에 대한 편견이 많긴 많죠. 사실 저같이 하는 게 진짜 미국 경제학입니다. 원래 신고전파, 시장주의 경제학은 영국 경제학이고요. 19세기에 보면 제도학파, 역사학파 나오는데, 이런 게 미국 경제학이거든요. 진짜 미국 경제학이 뭔지도 모호한 거지만, 최근 미국의 흐름으로 보면 저같이 얘기하는 것을 별로 달갑게 생각지는 않겠죠.

지 교수님께서는 박정희 시대 경제 정책에서 잘한 것은 평가하고 계승하자는 건데요. 그걸 정치적으로 해석하는 사람들은 오해를 하기도 하고요. 박정희 정권 전체에 대해서는 어떻게 평가하십니까? 박정희 정권이 아니었어도 일정하게 경제 성장을 할 토대가 되어 있었다거나 경제개발 계획 자체도 장면 정권이 수립해놓은 것을 베낀 데 불과하다는 얘기도 있지 않습니까?

장 　역사에서 가정이라는 건 좀 어렵잖아요. 박정희가 아니었으면 누가 했을 수 있을까, 없을까 하는. 뭐 했을 수도 있겠죠. 저는 박정희가 시대의 산물이지 하늘이 내린 영웅은 아니라고 생각해요. 하지만 그 얘기는 할 수 있죠. 박정희가 한 그대로 하지 않았으면 경제발전이 불가능했다는 것은 아니지만, 전체적인 방향을 박정희 식으로 안 했으면 경제발전이 힘들었겠죠. 그런 것을 안 하거나 못하기 때문에 다른 나라들이 경제 발전을 못하는 거구요. 그러나 구체적으로 들어가면, 예를 들어 박정희가 YH 사건을 그런 식으로 다뤘어야 하느냐, 쌍용 회장을 데려다가 수염을 뽑았어야 하느냐, 그런 얘기로 들어가면, 안 했어야 하는 일을 많이 했죠. 모르겠어요. 어쨌든 인정할 것은 인정해야 한다고 생각해요. 예를 들어 박정희가 그런 위치에 있었던 독재자치고는 사회적인 책임감도 있었고, 비교적 덜 부패한 편이었고, 그런 얘기는 할 수 있겠죠. 그러나 악랄한 면도 많았고, 그런 거니까 모든 인간이 복잡하지 않습니까? 한마디로 좋은 놈, 나쁜 놈이라고 평가하기 힘들거든요.

이승만 같은 사람도 전체적으로 보면 굉장히 무능한 인물이라고 할 수 있지만, 유명한 얘기 있잖아요. "우리나라에 쌀이 부족한 게 사람들이 (쌀만 먹고) 고기나 빵을 안 먹어서 그렇다"고 했다는데, 그게 '한국의 마리 앙트와네트'거든요. (웃음) 프랑스 혁명 때 사람들이 빵 달라고 데모하니까 (마리 앙트와네트 가) "그럼 케익 먹으면 되지" 하고 얘기했다는 거 아닙니까? 그런 식의 한계는 있지만 나름대로 일본에 대해서 자주 노선도 지키고, 그 시대에 78퍼센트이던 문맹률을 30퍼센트까지 낮춰놓고 했으니까 공이 없던 것도 아니고요.

지 그런 부분은 지도자의 힘도 필요하지만, 문맹 퇴치 같은 것은 민중의 상승욕구와 교육열에 기인한 게 아닐까요?

장 그렇죠. 방학마다 대학생들이 농촌으로 가서 사람들 한글 가르치고 그랬잖아요. 온 국민이 같이 한 거죠. 박정희 얘기를 하다보니까 그런 식으로 이승만 때 일어난 일을 얘기한 거죠. 정말 일부 독재자들이 하는 대로 이승만이 그런 것을 아예 못하게 막아버렸을 수도 있잖아요, 우민화 정책을 쓰기 위해서. (실제로는) 그런 것을 안 했으니까 이승만도 어느 정도 공이 있다고 하는 거고요. 그러나 그런 식으로 한 사람이 다 했다고 하는 것은 말이 안 되는 거죠.

지 민주화 운동 세력이 언뜻 듣기에는 "그럼 우리가 민주화 운동 한 건 뭐냐?"고 할 수 있을 것 같은데요. (웃음)

장 민주화 운동은 좋은 거죠, 저도 민주주의를 하는 게 좋다고 생각하니까. '박정희가 그렇게 꼭 유신까지 하면서 했어야 우리나라 경제 발전이 가능했겠느냐' 하면 저는 그렇게 생각지 않거든요. 그러니까 그런 면에서 사람들 탄압하고 말 못하게 가두고, 고문하고 한 것은 분명히 잘못한 거고요. 그러니까 거기에 반대해서 싸운 것은 잘한 거죠. 그런데 제가 한 가지 아쉽게 생각하는 점은, 그런 식으로 박정희라는 인물의 그림자가 크다보니까 (그 뒤에 전두환도 있었지만) 그것을 타도하는 게 민주화가 되다보니까 일부에서는 무조건 '박정희랑 반대로 하는 것=민주화'라는 식이 되어버렸잖아요. 제일 좋은 예가 중앙은행 독립인데, 유럽에서 중앙은행 독립에 대해 좌파는 반대하고 우파는 지지하거든요. 좌파의 논리는 뭐냐면 (중앙은행의 성향이 구조적으로 금융산업의 이익에 가깝기 때문에) 중앙은행을 민주적으로 통제하지 않으면 주로 고용 창출이나 보통사람들에게 이익이 되는 것보다는 통화가치를 유지하고 이런 식으로 해서 구조적으로 금융자본가 이익에만 도움이 되도록 되어 있기 때문에 정치적으로 통제해야 한다는 겁니다. 그런데 우리나라 좌파는 반대로 중앙은행 독립을 주장했거든요. 그 당시 상황에서는 옳을 수도 있어요. 그 당시에 재경부가 하는 짓과 한국은행이 하는 짓을 비교해봤을 때 "그래도 한국은행을 독립시키는 게 낫지 않겠느냐"는 결론을 내릴 수도 있지만, 그런 식으로 생각한 게 아니거든요. 그런 여과 과정이 없었어요. 박정희가 관치금융을 했으니까 이것을 깨기 위해서 중앙은행을 독립시켜야 한다, 그런 논리였거든요. 제가 지금 말한 대로 "중앙은행을 독립시키는 것이 장기적·구조적으로는 진보적인 게 아니지만, 지금 우리나라 상황에서는 필요하니까 해야 한다"는 게 아니라 그냥 "관치금융 나쁘니까, 관치금융 안 하려면 중앙은행 독립시켜야 한다"는 거였거든요. 그뿐 아니라 전반적인 정부 개입 문제도 그런 식으로 보는 면이 있는 건데요. 그게 좀 아쉬운 거지만, 박정희가 잘한 게 있다고 해서 민주화 운동한 게 잘못됐다고 말하는 건 말이 안 되죠.

지 지금 기득권들의 386 비판이 대개 그런 부분 아닙니까? 쟤네들은 운동 하느라고 공부 안 했기 때문에 국정을 운영할 경륜이 부족하다는 건데요.

장 기득권들은 뭐 공부했나요?(웃음)

지 박정희 시대에 대한 반대 자체가 너무 정당한 것이었기 때문에 그 나머지에 대해서 심각한 고민을 안 했고, 경제에 대해서 잘 모르니까 박정희를 넘어설 수 없는 거 아닌가요?

장 공부를 꼭 안 했다고는 할 수 없죠. 하면서 종속이론 책 많이 읽었죠. 그게 종속이론 자체의 문제인데, 저도 종속이론 책 많이 읽었지만, 문제가 뭐냐면 일단 마음속 깊이 이런 주변부에서 자본주의의 발전이 불가능하다는 것을 전제로 하고 시작하기 때문에 그때 한국 같은 경우 확 발전하니까 내놓은 해석이 "아, 이게 원래는 안 되는 건데, 미국에서 원조 많이 주고 그래서 된 거"라고 했거든요. 그것을 자꾸 말하자면 기본적으로 최소한 주변부 국가에서 사회주의가 낫다는 전제를 가지고 계속 얘기를 했기 때문에 이런 게 일어난 것을 곱게 보지를 못하는 거예요. 그걸 진지하게 연구하지 않고, 시장주의자들이 자기 시각에 맞게 왜곡되게 해석한 것들, 즉 한국이나 대만 같은 곳의 경제 발전이 자유무역, 자유시장, 수출주도형 구조 덕분이라는 식으로 해석해놓은 것을 그대로 가져다 쓰면서 그게 나쁘다고만 한 겁니다.

저임노동에 기초한 경제 발전이었다고 하는데, 우리나라처럼 실질임금 빨리 상승한 나라도 없습니다. 물론 미국이나 스웨덴하고 비교하면 저임이지만, 노동자들의 생활 향상 하나도 없이 한 것은 아니거든요. 그런데 그런 식으로 얘기하는 것은 그런 걸 잘 보지 않고, "이 나라는 노조 같은 것을 너무 세게 안 하고, 임금 같은 것을 잘 컨트롤해서 자유 시장경제를 잘했기 때문에 성공했다"는 시장주의적 해석을 무비판적으로 받아들인 겁니다. 그런데 분석은 그걸 쓰면서도 도덕적으로 이게 나쁜 거라고 해버린 거죠. 그래서 제가 옛날에는 한국에 대해서 신고전파 자유무역론자들하고 종속이론가들이 싸우는 것을 비교하면서 "그게 용어는 다르지만 결국 해석은 똑같다"고 비판한 적도 있는데요. 말하자면 공부를 안 한 것은 아니고, 공부를 할 때 말하자면 그 당시의 분위기 자체가 '이것을 무조건 부정하는 게 옳은 것'이라는 시각을 가지고 공부를 하다보니까 내용이 그렇게 나온 거죠. 나중에 안 했는지는 모르지만, 그때 운동할 때는 공부 열심히 했죠.

'재주는 곰이 넘고 돈은 되놈이 버는 것'이 바로 세계화의 질곡

지 IMF구제금융 사태의 원인에 대한 해석도 그동안 "지나친 정부의 규제와 비효율적인 재벌들의 방만한 경영이 IMF를 불러왔다"는 거였는데요. 교수님 진단은 달랐지 않습니까?

장 그렇죠. 저는 제일 큰 원인으로 무리한 자본시장 개방을 들었는데요. 그러니까 거기서 묘하게 맞아떨어진 거죠, 좌파하고 우파가. IMF 같은 데서도 미국식 기업이 아니니까 재벌을 공격하고, 좌파는 재벌이 미우니까 "방만한 경영을 하고, 이윤이 낮다"고 얘기했는데요. 일일이 설명드릴 수는 없지만, 보는 시각에 따라서 다른데, 우리나라 기업들이 이윤율이 낮다고 해서 비효율적이라고 그런 얘기를 그때 많이 했습니다.

그런데 자료를 좀더 꼼꼼히 살펴보면 그때 말하는 이윤이라는 것이 기업이 금융비용을 다 지불한 이후의 이윤을 얘기하는 거거든요. 그때 우리나라 기업들이 부채가 많았기 때문에 이자비용을 내고나면 남는 이윤이 별로 없었다고요. 그렇다고 우리나라 기업들의 생산이 비효율적이라는 건 아니거든요. 다만 금융구조가 그랬다는 얘기죠. 그런데 이게 주주 시각에서 보면 '저 놈들이 저렇게 빚이 안 많으면, 저게 다 나한테 배당으로 올 텐데' 하고 생각하는데, 저게 은행으로 간단 말이죠. 그 사람들은 그래서 싫은 거고, 반대쪽에서는 재벌이라는 게 미운데, 저렇게 비효율적이라고 얘기해야 앞뒤가 맞는 거니까 그런 식으로 얘기하는 겁니다.

　그게 묘하게 맞아떨어지면서 마치 재벌 기업에서 소액주주 권한 강화가 민주화 운동의 일환이라는 식으로 되어버린 겁니다. 사실 민주주의와는 아무런 관계가 없는 거거든요. 기업 내에서의 의사결정은 1원 1표인데, 그게 무슨 민주주의와 관계가 있어요. 무슨 토론회 나갔을 때 이정우 선생님이 그걸 두고 "기업 민주화"라고 표현하셨던 것 같은데요. 진짜 기업 민주화 얘기하려면, 종업원 경영 참여라든가 지역 사회에 대한 책임이라든가 그런 것을 얘기해야죠. 그게 의도적인 것은 아니지만, 그런 식으로 혼용이 되면서 서로 다른 의도에서 그런 거지만, 재벌들을 공격하고, 그래서 그런 게 퍼지기 시작한 거죠.

지　그때도 김대중 정권을 옹호하는 입장에서는 "어쩔 수 없었고, 그래도 IMF 빨리 졸업한 게 아니냐?"고 하는데요.

장　맨 처음에는 어쩔 수 없었던 면이 있죠. 일단 파산을 했는데, 그거 말고는 아르헨티나가 그랬던 것처럼 자의반 타의반으로 독하게 마음먹고 "배 째라" 하고 나오지 못할 바에야 그 수밖엔 없었습니다. 그것은 맞지만, 그 다음에 한 일들이 피치 못할 상황에 따라 어쩔 수 없이 한 거냐 하면 아니거든요. 예를 들어 대우자동차를 GM에 파는데, 기아보다도 규모가 큰 기업을 기아의 3분의 1 값으로 팔았어요. GM의 요구로 나중에 손실이 나면 은행에서 돈 더 꿔주고 하는 식으로 리스크 다 보장해주고 팔았거든요. 과연 그렇게까지 했어야 했느냐는 겁니다.

지 왜 그렇게 했을까요? 공기업을 외국기업에 넘겨주는 일도 대단히 위험한 일 아닙니까? "공적자금이 17조 원 가량 투입된 제일은행을 5000억 원에 팔았다. 이는 매각 후 1년 반 동안 올린 이윤 정도에 불과하다. 대우차는 4800억 원에 GM에 넘긴 것도 모자라 지속적인 대출을 정부가 보증했다. 훨씬 작은 기아차를 사들인 현대차가 1조 2000억 원이나 내고도 보증을 받지 못했던 것과는 대조적"이라고 지적하시면서 공적자금 조기 회수가 사실상 회수 포기를 의미한다면 정부의 직무유기라는 말씀도 하셨지 않습니까?

장 개인적으로 그런 것을 하면서 뇌물을 받은 사람이 있는지는 모르지만, 일단 그런 것은 아니라고 믿는다면 그 당시 그 사람들의 판단은 그런 식으로라도 해서 우리가 외국 투자자들을 환영한다는 것을 보여줘야 장기적으로 돈이 많이 흘러들어 와서 우리한테 좋을 거라고 생각한 거겠죠.

지 참여연대 경제개혁연대 김상조 소장은 "재벌의 역할을 긍정했던 박정희 식 산업정책은 공정한 위치에서 국가 전체의 이익을 고민하는 관료의 존재가 뒷받침돼야 실효를 거둘 수 있다. 1960~70년대에는 이런 유형의 경제관료가 꽤 있었다. 하지만 지금은 그렇지 않다. 관료집단 자체가 하나의 기득권 세력"이라고 표현했는데요.

장 그것은 100퍼센트 동의해요. 지금 관료집단의 문제가 많죠.

지 민주화 운동을 한 사람들 입장에서는 맥이 빠지는 게, 그때 관료들은 민주화 운동에 상관없이 자기 일을 열심히 한 애국자들이었는데, 지금 관료들은 친미적이고 그렇다는 것 아닌가요?

장 그 사람들만 애국자였다고 할 수 있습니까? 자기 입장에서 나름대로 나라를 위해서 최선을 다한 거라고 생각하니까, 두 집단이 다 나름대로 그런 의미에서 애국자라고 생각하지, 어느 집단은 애국자고 어느 집단은 아니라고 생각지는 않아요. (웃음) 정부 관료들 가운데는 열심히 하고, 애국적인 사람들이 아직도 많아요. 하지만 그렇지 않은 많은 관료가 있죠. 어떤 식으로 얘기해야 할까요? 자기가 정책을 수립하고 발언을 하는 과정에서 어떻게 하면 외국인 투자자들 듣기 좋은 소리를 하고, 그 사람들한테 좋은 일을 해가지고 나중에 그런 명성을 얻어서 그런 회사 고문도 하고, 펀드도 만들려고 한다는 겁니다. 아니 근데 저는 꼭 우리나라 사람들이 나빠서 그렇다고 생각진 않고, 이런 식의 시장 개방을 먼저 한 나라들의 수순을 보면 이게 그렇게 간다는 겁니다. 남미를 보면 이미 그게 많이 진행되어 있어요. 재무부 장차관을 한 사람들은 자리에서 물러나면 대개 그런 외국 기업의 고문을 하든지, 아니면 자기 펀드를 만들어서 그 명성을 이용하여 돈을 번다든가 하는 게 정해진 수순이거든요. 우리나라 관료들이 특별히 비애국적인 것은 아니고요. 모르겠어요. 예전에는 다른 나라보다 특별히 더 애국적이었는지 모르겠는데, 이제는 다른 나라보다 특별히 비애국인 것은 아니지만, 그렇다고 특별히 애국적인 것은 아니게 됐죠.

지 정치를 하는 사람이 자기 힘을 이용해서 기업의 경영진이 된다든가 하는 것이 미국식인데요.

장 그럼요.

지 그게 이른바 '글로벌 스탠더드'가 되고 있다는 건가요?

장 그렇죠. 그게 문제예요. 말이 글로벌 스탠더드지, 미국 스탠더드잖아요. 물론 미국이 힘이 세니까 그런 것을 많이 관철하는 면이 있고요. 우리나라가 알아서 미국에서 하는 것은 다 글로벌 스탠더드라고 하잖아요. 미국은 정부에 있다가 민간기업에 가는 것이 자유롭게 되어 있지만, 대부분의 선진국들은 그런 것을 엄격하게 규제하거든요. 우리나라는 개방형 임용제니 해서 미국식 제도를 받아들인 거죠. 그러니까 우리나라 옛날 관료집단이 한번 들어가면 거기서 쭉 올라오고, 똘똘 뭉쳐서 그런 안 좋은 점이 없었던 건 아니지만, 그것을 고치는 과정에서 이제는 거의 고위관직이라는 것은 나가서 돈 많이 버는 뜀틀판이 되는 그런 상황이 점점 오겠죠. 아직 그게 본격적으로 시작은 안 되었지만, 미국식으로 되면 그렇게 되는 거죠.

지 그런 비판을 많이 하셨는데요. 영미식 주주자본주의라는 게 어떻게 보면 그렇더라고요. 미야자키 하야오의 〈하울의 움직이는 성〉이라는 애니메이션을 보면, 어떤 왕국의 왕실 마법사가 마법을 써서 왕궁에는 폭탄이 안 떨어지게 만드는데요. 그 왕이 하는 말이 "왕궁이 폭격을 피하는 대신 주위 다른 곳에 폭탄이 떨어진다. 그게 마법의 본질"이라고 하거든요. 어쩌면 자본주의라는 마법의 본질도 그런 거라는 생각이 들었습니다. 누군가는 폭탄을 맞게 되는 거죠. 그게 영미식 주주자본주의의 마법 아닐까요?

장 예, 정확히 그렇죠.

지 우리는 안전할지 몰라도 주위에서 죽어나가는 사람들이 있다는 건데요.

장 그래서 다들 미국에 갔다 오면 반하는 거예요. 미국은 얼마나 살기 좋아요. 땅도 넓고 차도 많고, 가게는 24시간 다 하죠. 사람들이 유럽에 오면 가장 많이 불평하는 게 "여기는 가게가 왜 5시에 닫느냐?"는 거예요. 유럽은 누구나 밤에 일 안 해도 되기 때문에 그런 거고, 반면에 미국은 새벽 1시가 됐건 3시가 됐건 몇 푼 안 되는 돈을 받고 거기 앉아서 지켜야 하는 애들이 있기 때문에 돈 있는 사람들은 살기가 편한 거거든요.

지 박노자 교수가 자기는 맥도날드 안 가고 김밥천국 간다고 했더니, 어떤 사람이 김밥천국의 노동착취도 만만한 게 아니라고 하더라고요.(웃음) 24시간 문을 여니까. 하긴 요즘 맥도날드도 24시간 여는 데가 많아졌더라고요.

장 글쎄요. 시장이 좋은 점이 많고, 그렇기 때문에 그것을 일단 받아들이면 어느 정도 그런 식의 비용을 지불하지 않을 수는 없어요. 문제는 그것을 같은 시장이라도 어떻게 규제하느냐에 따라 상당히 효과가 다를 수 있는데, 그것도 어떻게 보면 교조주의적으로 보는 거죠. 좌파 분들은 스웨덴이나 미국이나 자본주의인 것은 마찬가지라고 하는데요. 제가 만약 고등학교 정도 나온 노동자라면 저는 스웨덴에서 살지 미국에서는 안 삽니다. 저는 그렇게(스웨덴이나 미국이나 자본주의인 것은 마찬가지라고) 얘기하는 것은 굉장히 무책임하다고 생각하거든요. 당장 내일 모래쯤 사회주의혁명이 와서 (전 그런 것을 믿지는 않지만) 그런 세상이 온다면 몰라도 그러지 않은 상황에서 스웨덴 자본주의나 미국 자본주의가 마찬가지니까 다 미국화해도 된다는 것은 말이 안 되는 거죠.

우리 실력으로 보면 '양자간 질서' 보다 '다자간 질서'가 옳은 방식

지 일정하게 미국, 영국을 중심으로 한 흐름에 브레이크를 걸기 위해서 EU가 탄생한 걸 텐데요.

장 그렇죠.

지 그렇다면 우리도 동아시아 나라들끼리 교류하고 협력하는 공동체를 만들어야 할 텐데, 쉬워 보이지 않거든요.

장 미국이 이른바 분열정책을 쓰니까요. 처음에 APEC 그거 만들기 전에 말레이시아가 주창해서 아시아 공동체를 만들자고 했는데, 그거 딱 일어나니까 그거 물 타기 하려고 친한 나라들 부추겨서 아시아가 아니라 환태평양 공동체를 만들자고 한 거잖아요. 그런 두려움이 있죠. 문제는 아시아 자체가 잘 뭉치지 못한다는 거예요. 일본은 60년이 지났는데, 아직도 죽어도 잘못 안 했다고 박박 우기고 있잖아요. 독일은 너무 사과를 해서 탈인데, 일본은 그런 식으로 미숙하게 굴고, 중국은 워낙 옛날부터 다른 나라들 윽박지르고 그래서 특히 동남아 같은 데서는 굉장히 싫어하거든요. 그래서 리더가 되기 힘들고요. 한국 같은 나라는 그런 의식조차도 없는 것 같고. 그러니까 EU에서처럼 독불동맹 같은 핵이 가운데 떡 하니 있어야 하는데, (아시아에서는) 그런 게 없으니까 통합하기도 힘들 거예요. 그리고 유럽처럼 수준이 비슷한 나라들만 있는 것도 아니고, 국민소득 3만 5000달러짜리 일본부터 350달러짜리 캄보디아까지 섞여 있으니까 통합하기가 힘든 거죠.

지　참여정부도 '동북아 균형자론' 얘기하면서 동북아의 허브가 되겠다고 얘기하다가 한미FTA로 방향을 틀어서 그게 물 건너간 것 같은데요.

장　그렇죠. 그러려면 한미FTA 같은 것을 하면 안 되죠.

지　정부 내에 있는 친중파와 친미파 사이에서 친미파가 이긴 게 아니냐는 분석이 있고요. 정태인 씨 같은 경우도 다른 나라와 FTA를 먼저 했어야 하는 것 아니냐고 하거든요.

장 저는 기본적으로 다자간 질서가 옳다고 생각하기 때문에 양국간 FTA 이런 것은 원칙적으로 반대거든요. 그래서 제가 《사다리 걷어차기》 같은 데서 얘기하는 것은 기본적으로 다자간 질서로 가서 선진국들은 덜 보호하고 후진국들은 더 보호하자는 체제인데, 그런 그림에서 놓고 보면 미국과 하건 중국과 하건 양국간 자유무역협정을 맺는 것은 별로 좋은 게 아니죠. 그런 양국간 협정 같은 거 하지 말자고 만든 게 WTO잖아요. 왜냐하면 그런 식으로 협정 체결하려면 한 나라마다 수백 개씩 해야 하는데, 일일이 그런 거 하지 말고 간단하게 하나로 다 하자는 게 WTO인데, 우리나라는 그 질서를 앞장서서 깨고 다니는 거죠. EU를 제외하고는 자유무역협정이라는 건 어떻게 하면 바나나 한 개라도 어디다 더 팔아볼까 하는 진짜 가난한 나라들이 미국하고 하는 거고요. 그 밖에 EU나 아세안, 메르코수르Mercosur(남미공동시장)는 정치적인 의도에서 하는 건데, 우리나라는 그런 것을 깨고 나와 가지고, 말하자면 경제적으로 그래도 비중 있는 나라들이 FTA를 맺은 것도 있네, 이렇게 되어버린 거예요. 국제 다자무역 질서를 지지하는 저 같은 사람 입장에서는 굉장히 안 좋은 일이죠.

지 한-EU FTA도 협상중인 것 같은데요.

장 그것도 어떻게 보면 한미FTA보다 나은 면도 있고, 어떻게 보면 더 골치 아픈 부분도 있어요. 나은 면이라면 국가투자자 소송제도니 이런 진짜 말도 안 되는 것은 좀 없는데요. 문제는

EU 같은 경우는 최근에 구 동구권 나라까지 들어와서 약한 데가 없잖아요, 농업부터 시작해서. 미국은 약한 데라도 있지만, 나라마다 특기가 다르니까 도리어 더 상대하기 버거운 상대라고 할 수도 있는데, 그냥 다자간 무역질서가 옳으냐 그르냐 하는 고상한 차원을 떠나서 일단 거기하고 자유무역을 한다고 하면 그렇게 이길 데가 많을까 생각해보는 것도 중요한 얘기예요.

우리나라뿐 아니라 많은 사람들이 제가 보기에 착각하는 게, 그런 식으로 협정을 맺어서라도 관세를 내려야 무역이 늘어난다고 생각하는 건데요. 도리어 지금보다 관세율이 더 높았던 1960~70년대에 무역이 더 많이 팽창했거든요. 관세라는 것은 무역 결정의 부차적인 요소입니다. 기본적으로 경제들이 성장하고, 새로운 기술을 찾고, 물건을 들여오고 싶어 하고, 이런 데서 결정되는 건데요. 말하자면 부차적인 문제가 더 중요한 것처럼 해가지고 그런 식으로 해서 자유화를 해놓고 그 부작용에 대한 대책은 없잖아요.

예를 들어서 중국하고 마늘 파동 났을 때 어떤 사람이 이런 얘길 하더라고요. "중국에 휴대폰 팔아야 하는데 마늘 때문에 못 팔면 어떻게 하냐?" 그건 맞는 얘긴데, 그러면 휴대폰 팔아서 돈 번 사람이 언제 마늘 농가한테 보상해줬냐고요. 그 문제가 또 있거든요. 전체적으로 이익이 있다고 해도 거기서 잃는 사람이 있습니다. 한 산업이 없어지면 거기서 자원이 다른 산업으로 그냥 이동하고 그런 것은 교과서에서 설명하는 시장경제에서나 통하는 얘기지 (현실에서는 그렇게 되는 게 아니죠).

예를 들어서 우리나라 농업이 망해가지고 농민들이 실업자가 되고, 그 후 자동차 수출이 늘어난다고 했을 때 그 농민들이 자동차 공장에 취직할 수 있나요? 그런 보상의 문제가 따르기 때문에 이런 거 하려면 유럽처럼 복지국가 제대로 만들어놓고 해야죠. 그러면 어느 산업이 흥하건 망하건 별 관계가 없는데, 이건 보상이 안 되거든요. 농업 개방하니까 돈 주고 어떻게 한다지만, 말하자면 그건 근본적인 보상이 아니죠.

인간의 행복은 돈만으로 살 수 있는 게 아니다

윤 토론할 때 보면 이미 패배주의에 젖어 있는 것 같아요. 이른바 '대세'는 휴대폰 같은 거 많이 팔고, 안 팔리는 것은 줄여야 한다는 게 맞긴 맞는 것 같은데, 문제는 그렇다면 이제 어떻게 할 것이냐 하는 건데요. 제가 내용을 잘 몰라서 그럴 수도 있는데요. 벌써 당연히 농업이나 이런 것을 포기해야 한다고 생각하는 것 같거든요.

장 그렇죠. 그런 식으로 생각하는 거죠. 그런데 말하자면 이윤과 소득 이런 것들만 생각하면 그 얘기가 맞죠. 그러나 농업 같은 것은 특수한 성질이 있기 때문에 예를 들어서 스위스 같은 나라는 EU가 농업을 엄청나게 보호하는데도 그것도 너무 낮다고 EU 가입을 안 하는 것 아닙니까. 스위스는 (잘 알려진 사실이지만) 세계 최고의 공업국입니다. 1인당 공업생산량이 세계 1위예요. 일본보다 25퍼센트나 높고, 미국의 2배가 넘습니다. 스위스 사람들은 어떤 식으로 얘기하냐면, "우리가 지금은 공업국이지만, 우리의 뿌리는 농촌에 있기 때문에 우리는 그것을 지키기 위해서 기꺼이 비용을 지불한다"는 거죠. 우리나라도 농업 문제를 얘기할 때 그런 식으로 얘기할 수 있어야 하는데, 그게 아니라 오히려 '사실은 진작 없애야 하는데 할아버지들한테 미안하니까 할 수 없이 지키는 거고, 언젠가는 없어져야 할 건데 빨리 이 할아버지들이 늙어 죽으면 다 해결될 문제'라는 식으로 생각하는 것 같아요.

윤 반대하는 사람들을 순진하다고 깔아뭉개는데요.
장 그럴 때는 그런 식으로 얘기해야죠. "당신은 인생에서 돈이 전부라고 생각해서 그렇게 얘기하는 건지 모르겠지만, 나는 다른 가치도 있다고 생각한다." 그렇게 돈이 중요하면 부모도 고려장 해야죠. 왜 돈 갖다 줘요. 다 죽여야지. (웃음)

지 "돈보다 더 중요한 다른 가치도 있다"고 하면 지금 한국에서는 위선자라고 보는 분위기도 있지 않습니까? 특히 젊은 사람들이 그런데요.
장 영미식의 물질적 개인주의죠.

윤 그냥 위선자의 문제가 아니고, 어디 가서 뭘 얘기할 수 없는 차원이 된 것 같아요. (웃음)

장 그런 식으로 얘기하는 건 사람들이 흑백논리에 익숙해서 그래요. 제가 그래서 자꾸 오해를 받는 건데요. 경제 성장이 중요하다고 얘기하면 쟤는 돈만 안다고 얘기하고, 복지 이런 얘기하면 무슨 사회주의라고 그러고, 그런 식으로 생각하면 안 되거든요. 돈이 중요하긴 하죠. 저는 우리나라 사람들이 사실 경제 성장이 얼마나 중요한지 모른다고 생각합니다. 우리가 이뤘기 때문에 너무나 당연하다고 생각하는 거예요. 우리나라가 1960년만 해도 유아사망률이 1000명당 78명이었거든요. 애들 1000명 낳으면 1년 안에 78명이 죽는다는 거죠. 그게 지금 어느 나라 수준이냐 하면, 우리가 나라 같이 생각지도 않는 하이티라는 나라가 있지 않습니까? 그 나라 유아사망률이 그래요.

지 하이티? 혹시 아이티 아닌가요?

장 불어로 읽으면 아이틴데, 영어로 읽어버릇하니까. (웃음) 그랬던 나라에서 지금 이렇게 좋아진 건데, 옛날에는 1000명의 부모 가운데 거의 100명 가까이, 그러니까 거의 열에 하나가 자기 아기가 죽는 비극을 당한단 말입니다. 지금은 1000명당 5명입니다. 그런 돈으로 환산할 수 없는 혜택도 많은 거고, 그렇게 경제 성장을 했으니까 여름에 에어컨도 켜고 살고, 밥도 먹고 살지, 옛날 생각해보세요. 지금 가난한 나라들 생각해보세요. 그래서 저는 결코 돈이라는 건 아무 소용도 없고, 경제 성장을 지지하는 것이 군부독재적 논리라고 절대 생각하지 않거든요. 저는 굳이 고르라고 하면 성장주의자라고 할 수도 있는데, 그러나 그런 성장이나 소득에 가치를 둔다고 해도 그것만으로 인간은 살 수 없는 거거든요.

빈 성장을 말씀하셨는데, 국민 개개인이 쓸 수 있는 물질적인 실질 재화의 양을 늘리는 방법이 뭐냐 했을 때 스미스는 시장의 확대를 얘기했거든요. 스미스가 말하는 시장의 확대는 사회적 분업이 확대되어서 그 분업체계에 들어가는 경제 주체들의 수가 늘어나는 그런 것을 바탕으로 해야 한다고 했는데요. 경제 성장도 마찬가지로 박정희 식 경제 성장의 문제점이 뭐냐면 그런 식으로 경제 성장을 했을 때 쓸 수 있는 개인들의 재화의 양, 많은 경제 주체들을 어떻게 사회적 분업 속으로 끌어들여서 동등한 경제 주체로 묶어내는 체계를 만들어내느냐에 대한 고민이 전혀 이루어지지 않았다는 건데요.

장 그렇죠. 그런 것은 전혀 없었죠. 스미스 말씀하시니까 하는 얘긴데, 《국부론》이 있지만 《도덕감성론》도 있거든요. 스미스는 그 책(《도덕감성론》)에서 "인간의 어떤 도덕적인 게 없으면 시장사회가 유지될 수 없다"는 얘기를 했어요. 이른바 자유 시장경제의 아버지도 그런 식으로 얘기를 했는데, 그냥 돈만 많으면 되지 이런 식으로 얘기하면 안 되죠. 그건 있습니다. 스위스가 농촌을 보호하기 위해서 이만한 비용을 치르고 있다는 것을 경제학적으로 계산해서 보여줄 수는 있죠. 국민들이 이건 좀 많은 것 같은데, 조금 줄이자고 할 수는 있지만, 그런 비용을 치르고 있는 것 자체가 잘못됐다고 얘기하는 건 안 되거든요.

우리나라의 문제도 예를 들어 그런 식으로 접근해서, 저는 미국이랑 FTA 한다고 해서 소득이 늘어난다고 생각하지도 않지만, 백보 양보해서 소득이 늘어난다고 하더라도 그것을 늘리기 위해서 우리나라 농민들 다 죽으라고 얘기할 수 있느냐는 질문을 할 수 있는 거고요. 그런데 인간의 저열한 욕망을 자극해서 지지하는 언론들을 보면 답답합니다. "할머니가 손자에게 소고기 한번 마음껏 먹여볼 수 있을 텐데 그걸 못하게 한다"는 식으로 말하거든요. 그런데 광우병 문제도 있지만 미국은 (우리나라에서는 거의 거론이 안 되고 있는데) 소한테 성장 호르몬을 주는 문제도 있거든요. 그래서 유럽에서는, 그게 안전하다는 사실이 100퍼센트 입증되지 않았다는 이유로 미국산 소고기는 수입 금지입니다. 할머니가 손자 한번 짜구나게(배터지게) 먹였는데, 광우병은 안 걸린다고 하더라도 성장 호르몬 때문에 장기적으로 손자 건강에 안 좋을 수도 있거든요. 이런 문제는 물질적인 부의 중요성, 사회적 가치, 건강 문제 같은 여러 가지 것들을 생각하여 균형을 잡아 얘기해야 하는 거거든요. 단순하게 한미 FTA 반대한다고 하면, "그럼 북한처럼 살자는 얘기냐?" 하는 식으로 나오니까 그게 문제인 거죠.

지 소를 사육하는 것 때문에 자연녹지가 줄어들고, 그것 때문에 지구환경이 파괴될 정도라는 연구 결과도 많이 나왔지 않습니까?

장 브라질 같은 데서는 소 키운다고 아마존 열대우림 밀어버리잖아요. 1970년에 비교해도 이미 한 30퍼센트 이상 줄었는데…….

지 광우병 같은 경우 어떤 조사에서는 2025년에 영국에서 400만 명 정도 발병할 가능성도 있다고 하던데요.

장 완전히 추측인데, 왜냐면 잠복기가 얼마인지 몰라요. 400만 명이 될 수도 있고, 400명이 될 수도 있으니까. 그 숫자는 현재로서는 별로 의미가 없는 건데요. 그러나 한 가지 중요한 것은 영국에서 광우병이 터진 것이 대처 시대에 축산업 같은 거 규제완화하면서 비롯한 거라고요. 옛날에는 못 주게 되어 있던 동물사료, 예를 들어 동물 뼈 같은 것을 태워서 사료를 만들 때 (일정한 기준 이상의) 높은 온도에서 굽게 되어 있는데, 연료비 절감한다고 그 기준을 낮춰준다든가 하는 식의 규제완화가 낳은 산물이거든요.

지 가난한 사람들이, 더 나빠질까봐 부자를 옹호하는 당을 지지하고 어떤 경우에는 파시즘에 빠져들기도 하지 않습니까? 지금 젊은 세대들을 '88만원 세대'라고도 하던데, 그런 사람들한테 "우리가 어려운데 쌀도 5분의 1 가격으로 먹고, 고기도 좀 그렇게 먹어야 되지 않겠느냐"고 하는 선동이 잘 먹혀들 가능성이 많은데요.

장 그럼요. 대개 옛날 학생운동, 저는 직접은 안했지만, 그때 많이 하던 얘기로 비유해서 해보면 '자본주의 상태가 안 좋아져야 핍박받는 민중이 봉기를 해서 사회주의혁명이 난다'고 생각하는 사람들이 많았잖아요. 사실은 그게 아니에요. 핍박받으면 더 움츠러들어요. 말하자면 큰 정치적 변혁 같은 건 뭔가 잘 되고 희망이 보이고 그럴 때 일어나거든요. 유럽의 68혁명(1968년 프랑스에서 노동자들과 학생들이 일으킨 혁명) 같은 것도 그런 때 일어난 거거든요.

지 뭔가 맛을 봤는데, 그것을 빼앗으려고 하면…….
장 상황이 안 좋아지면 사람들이 그런 식으로 자기 방어적이 되고, '나 먹고 살기도 어려운데, 다른 놈들 그냥 죽으라고 그래' 하는 식의 태도가 나타나는 거거든요. 그게 인간의 본성인데 그걸 욕할 수는 없고, 그러면 어떻게 하면 우리가 바닥까지 안 떨어지고 얼마간이나마 서로 돌봐가면서 살 수 있는가, 그런 것을 만들어내려는 노력을 해야죠.

인생에는 정답이 없다

지 가령 박정희 시대에서 계승할 것들과 버려야 할 것들 가운데 대표적인 것은 뭘까요? 경제적인 부분에서 따진다면.
장 그러니까 아주 더 크게 얘기하자면, 굉장히 가부장적이고 폭압적인 면이 있지만 그래도 어떤 국민의 공동체라는 개념이 있었잖아요. 예를 들어, 우리나라에서는 별 것도 아닌 것 같이 생각하지만 다른 나라에서는 깜짝 놀란 게 식목일이에요. 나무를 심어서 민둥산을 다 파랗게 만든 거 아닙니까? 우리도 어렸을 때 멋도 모르고 나무 한 그루씩 들고 가서 꽂고 왔거든요. 대부분 잘못 심어서 죽었지만, 너무 많이 심다보니까 저렇게 되어버린 건데, 다른 나라에서 그 얘기를 들으면 까무러칩니다. 그런 식으로 국민을 공동 목표를 통해서 동원했는데, 물론 그 과정에서 많은 부분 억압이 있었지만 자발적으로 한 면도 있고요. 국민들이 그렇게 서로 공동체 의식이 있었는데, 그게 지금 변했습니다.

그것을 경제정책 차원으로 내려서 얘기하면 지금의 사고는 "기업은 하고 싶은 대로 놔두면 알아서 돈을 벌 것이고, 돈을 잘 벌면 사회에 좋은 거"라는 논리가 팽배해 있는데요. 하다못해 시장주의 경제학이라는 신고전파 경제학에도 시장의 실패란 게 있거든요. 시장이 안 돌아갈 때가 있다고요. 그럴 때 정부가 개입을 해서 그것을 고치고, 사회 이익을 위해서 일정 부분 규제를 해야 합니다. 시장의 이윤 논리라는 것은 굉장히 근시안적이기 때문에, 광우병 발병자가 400만 명이 나오더라도, 영국의 도축업자들은 25년 후에 400만 명이 죽건 말건 올해 돈 벌어야 하니까 하는 거거든요. 그런 걸 규제해야 하는 거예요. 그런 게 산업정책이라는 면으로 나타날 수도 있고, 복지정책으로 나타날 수도 있고, 환경 문제로 나타날 수도 있지만, 지금도 안 하는 건 아닙니다. 우리나라 쓰레기 분리수거 같은 거, 다른 나라에서는 반도 못 따라오는데, 그렇게 잘하는 면이 있는데요.

하여튼 그런 식으로 공동체적인 공공의 이익을 위해 국가의 개입이 필요하면 할 수도 있습니다. 물론 뭐가 공공의 이익이냐 하는 것은 정치적인 논쟁의 대상이지만, 그런 것은 제가 보기에 굉장히 받아들여야 할 것 같고요. 나쁜 면이라고 하면 권위주의적인 문화가 있잖아요. 그런 것을 깨는 데는 노무현 대통령이 공헌했다고 생각하는데요. 옛날 같이 까라면 까, 이제는 그런 식으로 운영되는 시대는 지났거든요. 국민들 교육 수준도 엄청 높아졌고, 우리가 앞으로 투자해서 개발해야 할 산업도 그런 식으로 '여기 와서 여기 서서 오면 5초마다 한 대씩 때려' 해서 하는 산업은 다 중국한테 뺏기는 거니까요. 그런 면에서 보면 그런 문화는 좋지 않은 유산이고, 바꿔야 하는 거죠. 그때 워낙 그런 식으로 탄압하고 그러다보니까 흑백논리 같은 것도 세지고 그래서 그 이후에 다른 것도 자꾸 그런 식으로 보잖아요. "너, 박정희 지지하지 않으면 공산당이야." 그런 것은 안 좋은 유산이죠.

지   어떤 면에서는 자기가 그런 것을 갖고 있으면서도 안 갖고 있다고 생각하니까 더 문제가 되는 걸 텐데요. 사람들이 다 공부 많이 하고 수준 높아졌다지만, 옛날에는 책을 못 보게 하니까 《자본론》 같은 책을 몰래 읽으면서 학습했는데요. 지금은 읽으래도 안 읽고, 스포츠 신문이나 무가지를 뒤적이면서 세상을 다 안다고 생각하거든요. 주가지수에만 관심이 있고. 어떻게 보면 사회를 더 반동적으로 만들고 있는 것 같은데요.

장 어떻게 보면 인간 심리에는 못하게 하면 자꾸 하고 싶어 하는 면이 있어서, 읽지 말라고 하면 호기심을 가지고 읽는 그런 면이 분명히 있죠. 말씀하신 그런 문제가 하루아침에 바뀔 수는 없을 거고요. 교육 시스템 자체를 바꿔서 가르치는 내용이나 접근법을 점차로 고쳐나가지 않으면 바뀌지 않을 텐데요. 영국이란 나라가 사실 엘리트 교육은 잘하는데, 대중교육에 문제가 있거든요. 중학생 정도 해서 국제 학력 평가를 하면 선진국 중에 미국이 꼴등, 영국이 그 바로 위 정도 되는데, 그 나라 교육에서 배울 점은 어렸을 때부터 "니 생각이 뭐냐?"를 그렇게 강조해요. 말이 안 되는 소리라도 니 생각을 써오라고 합니다. 그게 대학교 때까지 가는 거죠.

제가 처음 유학 가서 제일 고생했던 것이 글을 써서 가면 교수가 "니가 어떻게 생각하는지를 써오라고 했지. 아담 스미스가 뭐라고 얘기했는지, 칼 마르크스가 뭐라고 얘기했는지가 무슨 상관이야!" 하는 거예요. (웃음) 우린 항상 고전을 인용해야 되잖아요. 지금은 은퇴하셨지만 박사논문 지도교수님이 일본도 많이 가시고 그래서 동양에 대해서 잘 아는데, 이렇게 얘기하더라고요. 재밌는 것을 발견했다고 해서 무슨 말씀이냐고 했더니, 서양에서는 다 옛날에 한 얘기도 어떻게 하면 내가 새로 발명한 얘기처럼 하려고 하는데, 동양에서는 굉장히 새로운 얘기를 하면서도 "옛날에 맹자도 이런 얘기를 했고, 공자도 이런 얘기를 했고" 그러더라는 겁니다. 그런 면에서 권위주의적인 문화가 있는 거죠. 과거의 권위를 끌어대야 자기가 뭔가를 한 것 같으니까요.

　그런 식으로 정답이 하나만 있는 게 아니고 여러 가지 의견이 있고, 그걸 다 읽어보고 혼자 생각을 해가지고 답을 끌어내야 하는데, 그렇지 못하잖아요. 이런 의식을 자꾸 교육제도를 통해서 심어줘야 하는데, 그것도 옛날 돈 없을 때 한 교실에 100명씩 몰아넣어 놓고 두들겨 패가면서 2부제, 3부제로 교육할 때의 서글픈 유산이죠. 시험 채점 빨리 해야 하니까 답 하나만 있다고 정해서 객관식으로 해서 맞았다고 하니까 한국 사람들한테 정답이 있다는 의식이 꽉 박혀 있다는 겁니다. 일단 교과서에서 본 것은 무조건 믿어야 한다는 거고요. 그런 게 한국에만 있는 건 아닌데, 예를 들어 제가 《사다리 걷어차기》 같은 책에 쓴 것도 사람들이 사실이라고 믿고 있지만, 아닌 게 많다는 그런 얘기를 한 거고요. 그런 것들이 우리나라에서 조금 더 심한 거죠, 역사적인 경험 때문에. 그런 것을 바꾸고자 할 때 진짜로 단순히 학교에서만 오래 앉아 있는 게 아니라 교육을 받은 티가 나는 국민들이 나오겠죠.

지　식목일 얘기 하셨는데요. 그린벨트도 국가에서 일정하게 사유재산을 제한한 거 아닙니까? 어떤 면에서 환경운동 하는 사람들에게는 요즘이 더 힘들겠다는 생각도 듭니다.

장　대기업들이 제일 원하는 규제완화가 그린벨트 풀어서 수도권에 공장 짓게 해달라는 거잖아요. 환경운동 하면 (옛날처럼 공산주의자 이런 식으로 해서 고생시키는 정도는 아니지만)

돈이 전부라는 논리가 세지면서 고생하는 면이 있죠. 그래도 옛날하고 비교하면 환경에 대한 의식이라는 게 굉장히 늘었잖아요, 쓰레기 분리수거에서부터 시작해서 갯벌 체험까지.

지 그게 관념적이라는 생각이 들거든요. 아주 사소한 것을 실천하면서 만족을 하든지. 교수님의 경우에도 《한겨레》《조선일보》에서 다 찾지만, 그걸 제대로 받아들이지 않는다는 생각이 들거든요.

장 제 얘기야 워낙 이상한 얘기니까 한 번에 받아들이기는 힘들 거고요. 글쎄, 관념적으로 받아들여도 사실 몸이 안 따라서 못하는 게 많죠. 저만 해도 환경이 중요하다는 의식을 하면서도 귀찮으면 환경을 해치는 일을 많이 하거든요. 예를 들어 제대로 하려면 커피 같은 거 마실 때도 물을 마실 양만큼만 끓여야 하는데, 귀찮으니까 확 부어가지고 끓이고 에너지 낭비하고 그런 일을 하니까요. 그런 것을 개인에게만 맡기지 말고, 제도적으로 그것을 하기가 쉽게 만들어줘야 합니다. 영국 같은 경우에는 쓰레기를 우리나라처럼 분리수거하지는 않지만, 재활용품 같은 경우 1주일에 한 번씩 큰길가에 있는 집은 수거를 해준다고요. 그런데 우리나라처럼 골목까지는 안 와요. 그러면 그걸 버리려면 재활용 센터까지 차를 타고 가야 하는데, 그걸 하다보면 내가 차 몰고 가면서 쓰는 기름에서 나오는 온실가스가 더 해가 되는 게 아닌가 하는 생각도 들고요.(웃음) 어떤 때는 그게 귀찮으니까 안 가버리고, 그냥 쓰레기로 버릴 때도 있고요. 그걸 제도적으로 받쳐줘야죠. 인간의 의지가 약하기 때문에 조금이라도 쉽게 만들어주는 것을 해야죠.

그건 환경에 대한 작은 예지만, 다른 것도 그렇게 해야 합니다. 저는 인간이 선하지도 않고 악하지도 않고 섞여 있는 존재라고 생각하는데, 선한 것을 조장하려면 선한 행동을 하면 보상을 받도록 하는 제도를 만들어야 하고요. 그런 의미에서 정부가 연구개발이 좋다고 생각하면 세금을 깎아주고 보조금도 주는 것 아닙니까. 그런 거랑 마찬가지로 모든 면에서 사회적으로 뭔가 좋다고 생각되는 행동이 있으면 그걸 하기 쉽게 만들어줘야 하거든요, 인간은 의지가 약한 존재기 때문에.

윤 요새는 환경론을 개인적으로 반대하는 사람은 없잖아요. 우리나라에서 하기 좋은 게 환경운동 같은데요. 결국 앞으로 무슨 산업이 발전해야지 먹고 살 수 있다고 생각하십니까? 성장주의자라고 하셨는데, 우리나라가 IT나 바이오나 그런 것들이 희망 있다는 얘기에 동의하십니까?

장 미래를 생각하려면 현재를 생각해야 하니까, 일단 우리가 강점을 가진 게 있거든요. IT나 그런 거는 최대한으로 더 발전시켜야 할 거고요. 분명히 없어지는 것이 있기 때문에 새로운 것을 만들어야 하는데, 그것을 예측하는 게 어렵죠. 그걸 예측할 수 있으면 누구나 다 돈 벌 텐데, 그 예측이 힘드니까 아무나 돈을 못 버는 거지요.(웃음)

그런 의미에서 성공한 기업을 봐도 지금은 당연하게 성공한 것 같지만, 옛날에는 다 미친 짓이라는 얘길 들은 경우가 많아요. 노키아 같은 경우도 원래는 벌목하고 고무장화 만들던 우리나라 재벌 기업 같은 기업이었는데요. 1960년에 전자산업이 중요해질 것 같으니까 투자를 했는데, 그때 그게 그렇게 중요해질 거라고 생각한 사람이 없었죠. 그래가지고 노키아 전자산업부가 처음으로 이윤을 낸 게 1977년이에요. 17년 동안 다른 사람들이 미쳤다고 하는데, 돈을 갖다 부었거든요. 일본도 처음에 자동차 산업 보호하고 하니까 일본 사람들은 다 돌았다고 했다고요. 미국에서 차 수입해다 쓰면 되지, 왜 우리가 이것을 보호하고 보조금을 주냐고 했는데, 결국 성공했잖아요. 그런 식으로 뭐가 성공할지는 예측하기도 힘들고, 그것을 어떻게든지 성공시켜보겠다고 노력하는 사람들이 있어야 하니까요.

지금 우리는 모르지만 생명공학 쪽에서 뭔가 큰 연구를 하고 있는 사람들이 있을 수도 있다고요. 그런 것을 제대로 취합하는 게 정부의 기능인데요. 이제는 너 뭐해라, 뭐해라 하고 정해주는 시대는 아니지만 '지금 뭐가 어떻게 돌아가고 있는가' 하는 의견을 취합해서 우리가 취약한 분야는 뭔가, 전망 있는 분야는 뭔가 진지하게 생각해서 지원할 것은 지원하고, 그렇게 해야죠.

지금 정부 고위 관료들 중에 그런 얘기하는 사람들 있잖아요. 이공계 기피 그런 거 걱정하면 "우리나라 우수한 인재들이 의사가 많이 되었으니까 우리나라의 의료 허브를 개발해야 한다"고 둘러친다고요. 제대로 고민해보지 않은 거예요. 그리고 지금 30년 후의 미래 산업이 뭐가 될지는 잘 알 수 없는 거죠. 그래도 확실하게 말할 수 있는 것은, 우리나라가 옛날처럼 아무것도 없는 나라라면 전자를 할지 자동차를 할지 어차피 둘 다 해본 적이 없으므로 상관없을지도 모르겠지만, 이제는 그만큼 쌓아온 것이 있기 때문에 그것을 이용해서 할 수 있는 게 뭔가를 생각해봐야 할 것 같고요. 기업들은 어느 정도 그런 생각을 하죠. 예를 들어 철강 회사 같은 경우는 (포스코도 시작한 것 같고, 일본 회사들은 옛날부터 했는데) 신재료 개발, 신소재 개발입니다. 철 자체를 생산하는 것은 결국 중국으로 갈 거니까 그렇게 해야죠. 제 생각에는 그런 것을 하는 게 더 승산이 있지, 요즘 금융 허브 한다고 금융업 하는 건 위험하죠. 우리나라가 언제 금융업 해봤어요.

윤 요약하자면 산업정책을 국민경제를 위해 잘 써야 한다는 건가요? (웃음)

장 옛날에 박정희가 정주영한테 한 것처럼 "조선소 안 하면 죽인다"고 하는 시대는 지났지만요.(웃음) 최소한 하다못해 교육정책이라도 거기에 맞춰 세워줘야 하는 것 아닌가요? 예를 들어 생명공학이 정말 전망이 좋고, 그걸 해야겠다고 하면 그 분야에 지원을 해서 인적자원을 길러내야지, 나중에 가서 생명공학을 하고 싶어도 인적자원이 없으면 못하는 거잖아요.

선진국들이 후진국들 윽박질러서 성장 못하게 하면 당장은 거기 있는 관세 내리고 시장에 진출하니까 자기들한테 이익인 것 같지만, 그 시장 자체가 크는 속도가 줄어들어 버리면 장기적으로는 이익이 아니라는 거죠. 하지만 그런 이기심에만 호소하는 건 아니에요. 옳은 일을 해야 한다는 그런 얘기도 하는 거라고요. 다만, 이기심의 측면에서만 보더라도 후진국들을 도와주는 게 좋은 거라는 얘깁니다. 《해리포터》 4권에 보면 마술학교 덤블도어 교장이 이런 말을 합니다. "선택은 (선과 악이 아니라) 옳은 것과 쉬운 것 사이의 선택이다." 본질은 선과 악의 선택이 아니라는 거죠. 대개 악한 사람은 몇 명 안 된다고요. 악한 사람은 몇 명 안 되는데, 대개는 '쉽기' 때문에 그 악한 것에 동조하는 겁니다. 옳은 일을 하려면 힘든 게 많으니까요.

CHAPTer 03

현실인식 없는 주의주장은 자가당착의 **공염불**

사람들은 '**옳은**' 쪽이 아니라 '**쉬운**' 쪽을 선택한다

'착한 사마리아인'이 결국 선진국으로서도 상책

지 이번에 내신 책 *Bad Samaritans*(한국어판 《나쁜 사마리아인들》)에서 "선진국이 '착한 사마리아인'으로 거듭나서 장기적인 안목으로 개도국의 경제 성장을 도울 때 그들도 더 큰 이익을 볼 수 있다"고 하셨는데요. 과연 저 사람들이 착한 사마리아인으로 거듭날 수 있을지 의문이 드는데요. (웃음)

장 옛날에 한번 거듭났었죠, 2차 대전 후에 마셜 플랜 이런 거 하면서. 그러니까 1차 대전이 끝나고 2차 대전이 다시 일어난 중요한 이유 가운데 하나가 패전국들한테 엄청난 보상을 받아낸 거잖아요. 독일 경제가 붕괴하고 그러다보니까 사람들 생활이 어려워지자 히틀러가 그런 것을 선동해서 군국주의를 만들어낸 거고, 그래서 그것을 또 반복할 뻔했어요. 이 책에 애기를 조금 써놨는데, 처음에 미국이 독일을 한때 점령했는데요. 그때 마셜은 국무장관이고 모겐쏘Morgenthau라는 사람이 재무장관인데, 처음에는 '모겐쏘 플랜Morgenthau Plan'이 있었습니다.

그건 뭐냐면 독일 경제의 탈산업화예요. 그러니까 산업을 없애버리고, 독일의 전쟁 수행 능력을 아예 없애버리자는 겁니다. 그래서 기계를 뜯어가지고 산업을 해체하는데, 소련도 얼씨구나 동조했습니다. 왜냐면 자기네들은 독일의 좋은 기계를 쓰고 싶었으니까요. 뜯어낸 기계는 주로 소련이 다 가져가고, 프랑스에도 보내고 이런 일을 했는데요. 그래서 경제가 붕괴된 거죠.

미국의 대통령을 지낸(1929~33) 후버가 상황이 너무 어렵다고 특사로 가서 (독일 현지) 시찰을 하고 오더니 (독일 인구가 그 당시에 6500만인데) "인구를 2000만 정도 줄이면 계획의 실현성이 있지만 안 그러면 독일이 큰일 난다"고 하자 거기에 자극을 받은 국무장관 마셜이 '이래서는 안 된다. 패전국도 살리는 게 우리의 이익'이라는 생각을 갖게 됐고, 그때 마침 20세기 초반을 통해서 진행되어오던 반제국주의 탈식민지 운동에 힘이 실립니다. 마셜 플랜이 발표된 게 1947년이고, 인도가 독립한 게 1947년이거든요. 인도 독립이 탈식민지의 상징 같은 건데, 그래서 분위기가 '다 같이 한번 잘 살아보자'는 식으로 바뀝니다. 그래서 패전국 지원이나 식민지(후진국) 개발을 위해 세계은행 같은 것이 만들어집니다. 세계은행의 정식 명칭이 '국제부흥

개발은행International Bank for Reconstruction and Development'이거든요. 여기서 '부흥'은 패전국들을 포함한 유럽 여러 나라들이 재건하는 것을 도와주는 거고요. '개발'은 후진국 발전을 도와주는 겁니다. 그런 식으로 다른 나라들을 도와줘서 다 같이 잘되는 게 좋은 거라는 거죠.

그러다 1970년대 후반부터 이른바 신자유주의가 나오면서 방향이 틀어진 것이기 때문에 (옛날에 그렇게 해본 경험도 있으므로) 선진국들이 전혀 해보지도 않은 것을 하라는 것이 아니란 겁니다. 말하자면 영어로는 '인라이튼드 셀프인트레스트enlightened self-interest'라고 하죠. 계몽된 이기주의, 다시 말해 자기 이익을 추구하되 말하자면 황금알을 낳는 거위를 죽이지 말고 키워서 계속 알도 받아먹으라는 겁니다. 그 책(Bad Samaritans)에서 여러 가지 통계 자료를 대면서 얘기하는 주요한 논지 가운데 하나가 "자유무역을 하고 지나친 개방을 해서 후진국들이 도리어 성장률이 떨어지고 경제가 더 안 되는데, 그것을 자기들이 독식하는 것보다 그 나라도 보호하면서 잘 발전하게 해줘서 경제가 크면 그 가운데 일부분만 먹어도 이익이 아니냐"는 겁니다. 중국이 바로 그런 사례 아닙니까? 중국이 그런 것을 받아들이지도 않았겠지만, 처음에 실용주의 노선으로 전환할 때 예를 들어 소련이 했던 식으로 갑자기 하루아침에 시장경제 도입하고, 무역자유화·자본자유화 했으면 중국 경제가 박살이 났을 거라고요. 그것을 도리어 보호도 하고, 틀어쥐고 그러면서 실력을 키워나갔기 때문에 중국이 지금 10퍼센트씩 고속성장을 하는 거거든요.

　선진국들이 지금 하는 식으로 윽박질러가지고 후진국들 성장 못하게 하면 당장은 거기 있는 관세 내리고 시장에 진출하니까 자기들한테 이익인 것 같지만, 그 시장 자체가 크는 속도가 줄어들어 버리면 장기적으로는 이익이 아니라는 거죠. 하지만 그런 이기심에만 호소하는 건 아니에요. 옳은 일을 해야 한다는 그런 얘기도 하는 거라고요. 하지만 이기심의 측면에서만 보더라도 후진국을 도와주는 게 좋은 거란 얘깁니다. 제가 원고를 썼을 때는, 해리포터 4권에 보면 마술학교 덤블도어 교장이 그런 말을 합니다. "선택은 (선과 악이 아니라) 옳은 것과 쉬운 것 사이의 선택이다." 본질은 선과 악의 선택이 아니라는 거죠. 대개 악한 사람은 몇 명 안 된다고요. 악한 사람은 몇 명 안 되는데, 대개는 '쉽기' 때문에 그 악한 것에 동조하는 겁니다. 옳은 일을 하려면 힘든 게 많으니까요. 제가 《해리포터》를 인용해서 우리 딸한테 칭찬을 많이 받았는데, 편집자가 보더니 《해리포터》가 들어가면 괜히 책 무게가 떨어진다며 빼라고 하더라고요. (웃음)

지 좋은데, 왜 그러죠. (웃음)

장 그 표현("선택은 옳은 것과 쉬운 것 사이의 선택이다")은 썼어요. 그게 《해리포터》 작가가 지어낸 말도 아니고 영어에서 많이들 쓰는 말이니까. 그 말만 쓰라고 해서 썼는데요. 그런 식으로 후진국들이 자기 능력에 맞게 차근차근 세계경제에 통합할 수 있도록 하는 게 후진국은 물론 선진국을 위해서도 좋고, 또 선진국 입장에서 보면 그렇게 하는 게 옳은 일이라는 거죠. 뭐든지 항상 그렇잖아요. 인간에게는 이기심이라는 게 있기 때문에 ("옳으니까 당신이 희생하면서 하라"고 하면 할 수도 있지만 썩 내키지 않은데) "이것이 옳을 뿐 아니라 당신한테도 득이 된다"고 하면 더 어필이 되니까 그런 식으로 쓴 거죠. 말하자면 이론적으로 '그게 더 옳다, 그르다'를 따지기보다도 사람들을 설득해보려고 쓴 책이니까요.

지 미국 같은 경우 군산복합체를 돌리기 위해서는 계속 폐달을 밟을 수밖에 없을 것이라는 우려와 비관론도 있지 않습니까? 안 그러면 넘어질 테니까요. 또 종교적인 원리주의와 충돌하니까 설득하기 굉장히 힘들 텐데요.

장 그렇죠. 그런데 종교 문제 같은 것은 경제적인 것하고 일치하는 건 아니니까요. 미국의 기독교 원리주의자들이 자유 시장경제를 꼭 좋아하는 것은 아니거든요, 그 사람들은 도리어 폐쇄적인 성향도 있기 때문에. 물론 이런 면이 있긴 합니다. 어떤 체제가 한번 짜여서 지속되면 거기에서 이익을 보는 집단들이 많이 생기기 때문에 점점 바꾸기가 힘들어지거든요. 항상 (기존 체제가 뒤집어질 만한) 사건이 일어나는 걸 보면 대공황이라든가 하는 식으로 기존 체제가 큰 문제점을 드러낼 때 사람들이 생각을 잘 바꿉니다. 꼭 무슨 세계가 망해야 한다는 얘기는 아니지만, 예를 들어 지금 금융시장 불안이라든가 이런 게 다 신자유주의적인 금융자본주의의 한계를 드러내는 건데, 이런 게 한번 붕괴하면 사람들이 이런 식으로 계속 가다간 도저히 안 되겠다고 생각할 수도 있고, 그런 일이 일어나면 "딴 대안은 없나?" 이런 얘기를 하게 될 겁니다. 그럴 때 그런 얘기가 더 잘 먹혀들어 가는 거니까요.

지금 상황에서 그런 것(기존 체제)을 지키고 싶어 하는 집단들이 많다고 하더라도 그게 꼭 안 변하는 건 아니거든요. 사람들이 그런 식으로 물어보면 저는 이렇게 대답해요. "나는 단기적으로는 비관적이긴 한데, 장기적으로는 낙관주의자다." 500년 전에 지구가 태양을 돈다고 하면 막대기에 묶어서 불에 태워 죽였고, 200년 전에 노예제 폐지하자고 하면 미친놈이라고 했고, 100년 전에 제국주의 비판하면 비현실적이라고 했잖아요. 여성에게 투표권 주라고 하면 감옥에 가뒀는데, 이렇게 발전했단 말이에요.

저는 역사가 항상 똑바로 가는 것은 아니지만 진보하는 것이라고 믿기 때문에 당장 얘기가 안 먹히더라도 옳다고 생각하는 얘기는 계속 해야죠. 특히 제 개인적으로는 의무죠, 지식인이니까. 그런 얘기 하라고 제가 학교에서 돈도 받고, 사람들이 제 얘기를 들어주고 그러는 거거든요. 그게 제 의무이기 때문에 설사 그게 실현 가능성이 없는 것이더라도 뭐가 옳은 것인가는 계속 얘기해야 한다고 생각하고요. 장기적으로 그게 바뀔 거라고 생각합니다.

빈 《프레시안》 주최 토론회에서 정성진 교수하고 토론하면서 어떤 기분이 드셨습니까? 정성진 교수는 종속이론 얘기를 많이 하는데, 그런 분들하고 이런 얘기를 하면…….

장 저랑 논쟁하는 다른 분들보다 도리어 정성진 교수 같은 분하고 더 솔직하게 얘기할 수 있는 게, 이 분은 자기가 아예 참여계획경제를 지지하는 사회주의자라고 밝히고 얘기하거든요. 그러면 나는 당신의 대안에 동의하지는 않지만……, 하는 식으로 얘기가 될 수 있는데요. 다른 분들은 한편으로는 진보 이런 얘기하면서 한편으로는 국제 금융자본 힘을 빌려서 재벌을 때려잡으려고 하니까, 저는 그 분들의 얘기가 앞뒤가 안 맞아서 더 못 듣겠어요. 그런데 정성진 교수 같은 분은 아예 자본주의를 없애야 한다고 생각하니까 재벌이 나쁘다고 말하는 건 당연하죠.

다만 제가 정성진 교수 같은 분에게 말씀드린 요지는 (기자가 적어놓지는 않았던데) "정 교수님처럼 자본주의를 부정하는 시각에서 보면 미국 자본주의나 스웨덴 자본주의나 다 자본주의니까 똑같이 나쁘다고 생각할지 모르겠지만, 솔직히 내가 고등학교 정도 나오고 별 기술도 없는 노동자라면 난 스웨덴에서 산다. 미치지 않고서야 미국에서 살 까닭이 없다"는 것입니다. 그러니까 "미국은 상위 10~20퍼센트만 잘 살게 만든 나라고, 스웨덴은 비교적 온 국민이 잘 살게 만들어놓은 나라니까 (어디서 살 건지 고르라면 당연히) 스웨덴에서 살 건데, 그 차이를 부정하지는 마라"고 얘기한 것은 있어요. 이런 점 말고는, 그

분은 자본주의 자체를 부정하고 자본이 나쁘다고 하니까 재벌을 어떤 식으로 욕해도 별 문제는 없다고요. 한편으로는 재벌을 욕하면서 다른 한편으로는 (제가 보기에 재벌보다 더 질이 나쁜) 국제 금융자본의 논리에 동조하는 분들은 도무지 수긍할 수 없거든요.

윤 장하성 교수가 사촌형님이시잖아요.(웃음)

장 말하자면 장하성 교수는 '반대편의 정성진'이라고 할 수 있는데, 장하성 교수는 기본적으로 주주자본주의가 좋은 거라고 믿는 거니까 그 분도 앞뒤가 안 맞을 게 없죠, 목표가 달라서 그런 거지. 근데 제가 제일 문제 삼는 분들은 목표는 같다고 하면서 무슨 진보, 복지사회 이런 거 얘기하는데, 주주자본주의를 통해서 거길 갈 수 있다고 믿는 분들이죠. 장하성 교수는 아예 주주자본주의를 해서 그렇게 가는 게 옳은 사회라고 생각하는 거니까 그것은 정성진 교수가 참여계획경제를 지지하는 거나 제 입장에서 보면 마찬가지거든요. 저는 제 목표가 더 옳다고 생각하는 사람이지만, 목표가 다른 거라고 인정해버리면 되니까 도리어 싸울 일이 없어요.

윤 그러니까 '좌파 신자유주의'라고 말하는 사람들이 더 불편하다는 거죠.(웃음)

장 그런 말 하는 사람들, 그런 말 들으면 좀 싸울 기분이 나죠.(웃음)

결국 방법론이 아니라 사회·경제를 읽는 안목의 문제

빈 장 교수님 얘길 들으면 1980~90년대 프랑스의 레귤라시옹 이론(조절 이론)을 많이 참조하신다는 생각이 드는데요.

장 제가 불어를 못 읽으니까 (그 사람들 글을 많이 읽지는 않았지만) 영어로 된 것은 꽤 많이 읽었고요. 생각도 비슷하죠. 프랑스에서는 레귤레이셔니스트, 영미권에서는 이른바 골든에이지 오브 캐피털리즘(자본주의 황금기)이라는 그룹 등이 있어요. 1950~73년 사이에 어떤 식으로 해서 자본주의가 성장도 잘하고, 실업도 낮고, 비교적 평등한 체제를 이룰 수 있었나 이런 것에 관한 제도, 정책 같은 것을 보는 사람들인데, 제가 그런 그룹의 영향을 많이 받았고, 제 지도교수님도 그 가운데 한 분이었어요. 많이 통하죠, 레귤레이셔니스트랑은.

빈 레귤레이셔니스트와 비슷한 주장을 하는 사람들은 '내생적 성장이론' 하는 사람들 아닙니까?

장 내생적 성장이론을 레귤레이셔니스트에 갖다 맞출 수는 있는데, 원래는 신고전파에서 나온 이론이거든요. 접목시키려고 하는 사람은 있는데, 기본적으로는 뿌리가 너무 달라서 문제가 많습니다.

빈 그 사람들 가운데는 거기서 좀더 나가서 자기들 모델을 일반화하는 과정에서 방법론적으로 미국의 신제도주의학파 쪽으로 가는 사람들이 있었지 않습니까? 그러면서 그 그룹이 해체되다시피 했지 않습니까? 장 교수님은 그러한 오류를 보시면서 지금 그런 걸 하고 계신데요. 앞으로 어떤 식으로 이론을 전개해 나가실 건지, 그쪽의 전철을 밟지 않기 위해 어떤 생각을 갖고 계신지 알고 싶습니다. 좀 다른가요?

장 아니에요. 사실 레귤레이셔니스트 중에서 마르크시스트 영향을 받은 사람도 많은데요. 구미학계가 요즘 어떤 식이냐 하면, 미국에서 받아들여주지 않으면 말발이 잘 안 서므로 어떻게든 그쪽에서 받아들일 수 있는 어법으로 얘기하려다보니까, "그래, 우리도 모델링 할 수 있고, 신고전파 경제학적인 분석, 틀 쓸 수 있다" 뭐 이러다보면 그거에 말려들 수 있죠. 말하자면 그렇게 하려다보면 방법론적 개인주의를 채택해서는 개인의 선택 이런 것으로 환원시키게 됩니다. 그러나 저는 거기에서 선을 긋습니다. 신고전파 경제학의 주인공인 '합리적 이기주의자'인 개인들은 존재하지 않는다고 믿거든요. 말하자면 저와 신고전파를 구별하는 최후의 방법론적 경계선이지요.

물론 제도하고 개인하고 서로 영향을 주고받는 거지만, 저한테 하나를 고르라고 하면 "제도가 개인을 만드는 거지, 개인이 제도를 만들지 않는다"는 거죠. 여기서 딴판으로 다르니까 저 같은 사람은 거기(미국)로 건너가지 못하는 거고요. 제가 하는 이야기의 많은 부분도 방법론적 개인주의로 해서 신고전파식 모델로 할 수는 있어요. 그러나 그렇게 하면 거기에 흡수되어버리는 거죠.

빈 경제학 자체가 그렇지만, 거시경제를 하는 사람들의 치명적인 약점이 이른바 마이크로 파운데이션(시경제학적 기반)이 없으니까 이것을 계속해서 찾으려고 하면 레귤레이셔니스트들이 걸었던 전철을 밟게 되지 않을까 싶은데요.

장 그렇죠. 저는 마이크로 파운데이션 그런 것을 별로 믿지 않습니다. 사회현상이라는 게 굉장히 복잡하고 다층적이니까 어떤 때는 마이크로 파운데이션을 이해하는 게 사회현상을 이해하는 데 중요한 때도 있지만, 어떤 때는 그걸 이해못한다고 해도 사회현상을 이해하지 못하는 게 아니거든요.

그런데 이제 신고전파적 방법론, 개인주의에 빠지면 모든 것을 다 그런 식으로 환원해야 하니까 결국 개인은 몰역사적인 개념이 될 수밖에 없다고요. "제도가 개인을 규정"하기 때문이죠. 우리는 어렸을 때부터, 어른한테 물건을 받을 때는 두 손으로 받아야 한다고 배우는 것부터 시작해서 (좋은 의미에서건 나쁜 의미에서건) 사회의 세뇌를 받게 마련입니다. 그런데 신고전파에서 개인이란 아무런 사회적 제약이 없는 이성적인 존재란 말이죠. 저는 그런 개인이라는 게 존재하지 않는다고 믿습니다. 어떤 때는 이른바 마이크로 파운데이션에서 개인의 합리적인 선택을 이해하는 것이 사회현상을 이해하는데 도움이 될 수도 있겠지만, 어떤 때는 그런 것을 이해하는 것이 도리어 문제를 잘못 보게 하는 수도 있어요. 뭐 그런 건데, 마이크로 파운데이션이라든가 어떤 주류 경제학적인 방법론적 잣대에 집착하기 시작하면 자기의 이론적 독립성을 잃어버리게 되는 거죠.

빈 한국이나 멕시코 사례 같은 데 집중하다보면 사례연구를 넘어서는 이야기를 하고 싶은 욕심도 생기지 않습니까?

장 《국가의 역할》에도 그런 글들이 있는데요. 제3장이 그런 방법론을 정리한 겁니다. 여기서 한 단계 더 발전시킨 것이 《케임브리지 저널 오브 이코노믹스》라는 학술지에 2002년에 낸 논문입니다.

옛날 일부 사람들이 생각했던 것처럼 "일반이론은 불가능하고 사례연구를 집적하면 된다"는 건 틀렸다고 생각하는데요. 가끔 한 번씩 그때까지 실증한 것을 바탕으로 해서 이론적인 것을 정리하고 넘어갑니다. 그런데 제 성향이 사변적으로 앉아서 철학적 방법론을 생각하는 스타일이 아닙니다. 저는 사변적인 궁리하고 실증적인 연구하고 소통이 있어야 한다고 생각하거든요. 저는 주로 실증적인 연구를 하지만, 가끔 사변적으로 가라앉아서 실제 본 것을 어떻게 방법론적·이론적으로 일반화하고 반영할 수 있는지 생각해보고, 다시 올라가서 새로운 시각으로 실증 연구를 하는 게 옳다고 생각합니다.

왜냐면 방법론 공부하는 사람들이 너무 실증 연구를 안 하니까 너무 추상적인 얘기만 한다고요. 추상적으로 얘기할 땐 그럴듯하게 방법론을 갖고 이러니저러니 하는데 (실제로 그런 것을 잘 하지도 않지만) 실증 연구 해보라고 하면 그냥 신고전파 도구 가져다가 하는 거죠. 왜냐하면 자기 방법론으로 실증 연구를 해볼 생각을 하지 않았거든요. 우선 쓸 수 있는 것 가져다 쓰고 그러니까요.

저는 일단 분업을 믿는데다가 주 전공이 방법론이 아니니까 실증 위주로 경제 발전 연구를 하는 건데요. 저 같은 사람이건 방법론을 전공하는 사람이건 양쪽을 다 해보는 것이 필요하거든요. 저 같은 사람이 실증 8, 이론 2를 한다면, 방법론 하는 사람도 실증 2, 이론 8 정도는 해야 하는데, 대개 경제학 방법론 하는 사람들은 실증을 해본 적이 없다고요. 그래서 경제가 실제로는 어떻게 돌아가는지 잘 모릅니다. 제가 그런 면에서도 굉장히 독특한 입장이라 여기저기서 안 좋아하죠. 말하자면 방법론 좋아하는 사람들은 "저 놈은 가끔 가다 방법론 얘기할 때 보면 괜찮은 얘기도 하는데, 지저분하게 실증 같은 거 연구하고 그런다"며 뭐라 하고, 실증 연구 좋아하는 사람들은 "저 놈은 또 왜 느닷없이 제도 이론이 어떻고 하는 얘기를 하는지 모르겠다"며 뭐라 하거든요.

저는 방법론에서도 말하자면 실용주의예요. 그래서 필요하다고 생각하면—그 문제에 맞고 그 한계를 잘 파악하고 있으면—나하고 근본적으로 꼭 들어맞지 않는 방법론도 쓸 수 있다고 생각하거든요. 그러니까 신고전파 이론을 별로 안 좋아하지만 특이한 문제에서는 그 한계만 잘 알고 있으면 분석하는 데 더 좋을 수도 있다는 거죠. 그런데 그것도 이른바 비주류 경제학자들 대부분이 예를 들어 신고전파에 반대한다고 하면 "어떻게 너는 신고전파 도구를 써서 할 수 있느냐"고 하는데, 그걸 걱정하는 것도 이해는 가죠. 조절학파가 그렇게 된 것처럼 신고전파 이론의 한계를 잘 인식하지 못한 채 '내가 지금 어디까지만 간다'고 경계를 그어놓지 않으면 거기로 쑥쑥 빨려들어서 소멸되어버리니까요. 그렇다고 가끔 필요할 때 쓰는 것까지 (저는 안 쓰지만) 반대하고 싶지 않거든요. 저는 어떻게 보면 항상 이런 식의 '무원칙주의자'라서 사람들이 별로 안 좋아하죠. 사람들은 늘 흑백논리를 욕하면서도 (도 아니면 모 식의) 확실한 것을 좋아하잖아요.

시장만능주의 이데올로기는 기득권자들의 프로파간다

윤 우리 사회에서 인문학을 하는 사람들은 형이상학적 주제나 관점에서 따로 놀고, 정치는 이것과는 별개로 개인적 선택으로 참여하고 말잖아요. 그런 의미에서 '크게 보는 일관성'은 보지 않으면서 논리의 일관성에만 집착하니까요. 우리의 그런 전통이 약하기도 하고, 영국에서 공부하면서 배운 게 유동적 실용성이니까, 그걸 가장 잘 보여줄 수 있는 사례인 것 같습니다. 신자유주의에 집착하는 것을 보면, 옛날에 마르크시즘 그런 거에서도 교조적으로 밀어붙이는 사람들이 가장 힘세고 래디컬했던 것처럼 지금도 그런 것 같거든요.

장 신자유주의도 그래요. 제가 보기에 인간 본성에 그런 것이 강한 것 같아요. 흑백으로 나누고, 선악으로 나누고, 일관성을 지키고, 끝까지 추구하는 그런 본성이 있는 것 같아요. 항상 보면 뭘 하든 강경파가 득세하잖아요. 그리고 보면 그런 극단적인 사고방식이 통하는 게, IMF 같은 데 가보면 젊었을 때 트로츠키주의자, 마르크시스트 등 급진주의자였던 사람들 많습니다. 조금 과장된 얘기지만, 그 사람들 보면 사고의 내용만 바뀐 거지, 방식은 똑같거든요. 뭐든지 진실이 있고, 그 진실은 누구나 다 따라야 하고, 그것을 위해서는 희생도 감수해야 한다는 거잖아요. 그래서 옛날에 세계혁명 얘기하다가 이제는 거시경제 안정 얘기를 하지만 사고하는 방식은 똑같아요.

지 요즘 뜨는 뉴라이트도 마찬가지일 텐데요.
장 그렇죠. 바로 그 집단도 그거죠. 사고방식은 역시 똑같은데, 섬기는 신만 달라진 거죠.

지 요즘 〈디워〉 현상을 보면서 여러 생각이 들던데요. 한국 사람들은 극단적이고 확실한 것을 좋아하는데요. 대개의 한국 영화나 감독들을 보면 굉장히 회의적이잖습니까? 봉준호 감독도 "스릴러에서 범인 안 잡으면 안 돼?" 그러기도 하구요.(웃음) 그 전에는 그런 걸 좋아했는데, 요즘 좀 변화가 있어 보이는 게 신자유주의적 흐름과 어떤 연관성이 있는 걸까요?
장 그건 꼭 신자유주의 때문은 아닌 것 같아요. 제가 보기에는 한국 사람들이 역사적 이유로 그런 극단주의가 강하거든요. 항상 강한 나라들 틈새에 끼어서 상황에 따라 이리저리 빌붙어 지내다보니까 그런 거죠. 남미에서 많이 쓰는 표현에 "교황보다 신앙심이 더 강하다"는 게 있어요. 도리어 바티칸에서는 이단 이론도 있고 논쟁 같은 것도 할 수가 있는데, 남미 시골의 신부는 그렇게 못하거든요. 더 교조적이 되고요. 우리나라가 항상 이렇게 좀 큰 나라 따라하기 이런 걸 많이 하잖아요. 유교 할 때는 중국보다 교조적으로 유교 하고, 공산주의 하니까 소련보다 더 심하게 하고, 일본 본떠서 국가주도 경제 이런 걸 더 세게 했잖아요. 신자유주의도 미국보다 더 세게 하려고 하고요. 그런 멘탈리티가 있거든요. 항상 큰 나라 그늘에서 지내다보니까 생긴 멘탈리티라고 생각하는데, 우리나라 사람의 성격이 그것만으로 규정되는 것은 아니고요. 그 면도 꼭 나쁘기만 한 것도 아니겠죠. 한번 하면 확실히 하잖아요. 제가 항상 얘기하는 게 장점과 단점은 같은 뿌리에서 나온다는 건데요. 한국 사람이 성질 급해서 그르치는 일도 많지만, 한편으로는 빨리 이루고 다이내믹하게 움직이는 면도 있다고요. 꼭 그게 나쁘다는 것만은 아닌데, 한국 사람들한테 그런 극단주의적인 성격이 있습니다. 그런 성격의 발현이라고 보지, 신자유주의 때문이라고 생각지는 않습니다.

지 좀 거칠게 표현하면 조폭 세계에서도 후계자로 보장된 사람은 칼 안 잡거든요. 그렇지 못하면 자기 존재를 증명하기 위해서라도 칼을 들 수밖에 없는 건데요.

장 그렇죠. 그러니까 영국 사람은 한국 사람하고 그 면에서는 정반대거든요. 너무 참을성도 많고, 거기 가서 살면 속 터져서 못살아요. 그게 생활에서는 그렇지만, 방법론적으로는 거기

가서 배우다보니까 그런 식의 실용주의, 경험주의 이런 것에 많이 영향을 받았겠죠. 그것은 좋은 영향이었다고 생각하는데, 우리나라도 딱 한 면만 있는 것은 아니잖아요. 방금 말씀하신 대로 영화 같은 것도 할리우드 식의 선악 논리가 아니라 아이로니컬하고, 뭐가 악이고 선인지 헷갈리는 모호한 영화를 만들잖아요. 외국으로 치면 프랑스 식이죠.

지 진짜 나쁜 사람 같은데, 동정심이 가게 만들기도 하구요.
장 프랑스 식에 가까운 그런 면도 있기 때문에, 이번에 〈디워〉에서 보인 것이 우리의 유일한 특징이라고는 생각지 않아요. 그래도 그런 성향이 강하기 때문에 제가 생각하는 그런 식의 실용주의와 융합하여 약간 순화했으면 좋겠다고 생각하는 거죠. 특히 정책 같은 것을 논하고 그럴 때는 이론적으로 하면 (다들 바보가 아닌 다음에야 자기 이론은 앞뒤가 맞게 쓰니까) 다 맞는 정책 같아도 실제로 하다보면 여러 가지 난관에 부딪히고 그러는데, 그런 걸 감안해서 정책을 주장해야겠죠. 제가 하는 얘기가 옳다고 생각하니까 그렇게 얘기하고 다니지만, 그를 수도 있고요. 내가 못 본 면도 있고, 그걸 서로 인정해야 하는데, 자기랑 조금 다른 소리 하면 "상종 못할 위인"이라는 식으로 몰아붙이는 건 토론 문화가 건강하지 못한 증거겠죠.

지 한국이 경제적인 부분에서 미국에 종속된 부분이 많다보니까 문화적으로는 유럽을 동경하는 부분이 있었던 것 같은데요. 예전에 민주화운동을 한 사람들이 당시의 군사정부 행태를 다 싫어했던 것처럼 지금 대중들은 지식인 비슷한 부류의 발언에 짜증을 내기 시작한 것 같습니다. 그런 심각한 영화들도 예전에는 비교적 참고(?) 봤는데, 지금은 "내 기대랑 너무 달라. 그 영화 재미없어. 나쁜 영화야"라고 규정해버리는 것 같거든요. "너희들 생각은 우리랑 너무 다른 거 아니냐"고 공격하기 시작했고요. "내 영화에 관객이 좀 적게 들어도 내가 좋아하는 영화 만들어 싶다"고 하는 사람들에게까지 "그 따위 영화를 만들었다"고 악플을 다는 그런 분위기가 강해진 것 같은데요.

장 요즘 그런 게 생긴 것 같더라고요. 그러니까 뭔가 세상이 더 팍팍해져서 그런 것도 있을 것 같고, 다들 보면 우리나라 사회가 항상 저는 고혈압 사회라고 표현했는데, 굉장히 긴장이 팽배해 있고, 그런 게 한편으로는 다이내믹하게 나타나지만, 사람들이 공격적으로 되는 게 있는 사회인데, 최근 몇 년 사이에 이게 더 심해진 것 같아요. 고용도 불안해지고, 미래도 암울해보이고, 특히 요즘 젊은 세대들을 보면 더 그렇죠. 우리 때는 부모들이 '나는 지금 고생하더라도 우리 애들 공부 시키고, 좋은 직장 얻고 하면 우리보다 잘 살겠지' 하는 자신이 있었는데, 지금은 그게 없잖아요. 젊은 세대들이 미래에 대해서 불안하고 그러니까 도리어 386들한테 반발하면서 "너희는 우리보고 실력이 없다고 하는데 너희는 공부했냐, 때 잘 만나서 공부 하나도 안 하고 취직했지, 우리는 뼈 빠지게 공부해도 취직할까말까 하고, 다들 비정규직인데, 너희 그렇게 배불러서 너희만 잘

났다고 하냐?" 이런 식의 반발이 생긴 것 같더라고요. 그 친구들 입장도 사실 이해가 가는 게, 자기들은 너무 절박한데 고담준론만 하고 있으면 짜증날 거 아녜요.

그러니까 "돈이 최고야" 하는 식으로 가면서 물질주의가 더 팽배해지는 현상이 있는 것 같아요. 그런 것도 계속 고용 안정시켜주고, 복지국가 만들어줘서 사람들을 그런 불안과 공포의 압박감에서 좀 풀어주면 나아지지 않을까 생각합니다. 상황이 어려워지니까 "내 앞길이 급하다. 당장 밥 먹고 사는 게 문제"라는 식으로 되니까 '왜 쟤는 선악도 불분명하고, 재미도 없는 이상한 프랑스 영화 같은 것을 만들어놓고 잘났다고 하나? 내가 보기엔 심형래 것이 훨씬 나은데'라고 생각하는 거죠.

지 그게 진중권 씨가 말하는 수평공격 같은데요. 원래 나랑 전혀 다른 계급의 사람에 대해서는 화가 잘 안 나거든요. 그런데 나와 비슷하다고 생각했던 사람이 자기보다 나아 보일 때 화가 나는 건데, 그게 극단적으로 가면 나치 식으로 갈 수도 있지 않습니까? 자기가 고통스러울 때 나보다 더 약한 사람에게 화풀이를 하는 식으로 나타나는 건데요. "장애인한테 왜 돈을 쓰는 거야?" 하면서 복지제도도 거부하고, 그런 것을 주장하는 사람들마저 적으로 돌릴 텐데요.

장 근본적인 해결이라면 투자 많이 하고 질 좋은 일자리를 많이 만드는 거죠. 10년 제대로 못했으니까 그걸 복구하는 데 상당한 시간이 걸리겠지만, 지금 당장 단기적 묘책이라는 건 없습니다. 일시적으로 기업에다가 젊은이들 고용하면 돈 줄 테니까 하라고 할 순 있겠죠. 그런데 그게 정말로 아주 비상한 시기에 1년 정도 하는 것도 아니고, 그런 시스템을 만들어놓으면 지속가능하지도 않을 뿐더러 그런 것 한번 했다 하면 "쟤는 능력이 없어서 그걸로 겨우 취직한다"고 낙인찍혀서 그 사람들한테 좋은 것도 아닙니다. 따라서 기본적으로 일자리를 많이 만들고, 특히 고급 일자리를 많이 만들 수밖에 없는데, 그런 것을 하려면 제가 지난번에 얘기했던 자본시장 문제도 건드려야 하고, 복지국가도 만들어야 하고, 할 일이 많죠. 그러나 그런 것은 확실해요. 현실이 불안하고 미래가 암울하다보니까 "그래 나만 잘살면 되지 아무려면 어때, 돈이 최고야" 하는 식으로 사람들이 움츠러들고, 시장주의 이데올로기가 불에 기름을 붓는 거죠. "돈 버는 게 최고다, 모든 가치가 다 돈으로 환원될 수 있다, 작품성이 밥 먹여 주냐, 사람들이 많이 봐서 돈 많이 벌면 그게 좋은 작품이지" 하는 식으로 되는데, 그런 데다 기름을 붓는 거니까요. 이런 식으로 시장 이데올로기 같은 게 문화에도 영향을 미치는 거죠. 그러나 진짜 영미식의 순수한 자유주의, 시장주의로 보면 진중권 씨 공격하고 이런 건 말이 안 돼요. 왜냐하면 그쪽(영미) 철학은 누가 뭘 하건 상관없다는 거거든요.

지 마이클 무어가 미국을 씹든 말든.(웃음)

장 그럼요. 그건 그 사람의 일이고, 다만 시장에서 그것을 판단해서 말하자면 인기가 좋은 놈은 돈을 많이 주고, 좀 못한 놈은 조금 주는 차이가 있는 거지. 남하고 의견이 다르다고 해서 바보도 아니고, 시장에서의 패배자지, 그게 나쁜 놈도 아니란 거거든요. 이게 진짜 그나마 진정한 서구식 개인적 자유주의, 시장주의도 아니고요. 그거하고 집단주의하고 묘하게 섞여서 (일그러진 모습으로) 표출되는 거죠.

경제는 정치와 별개가 아니라 권력투쟁의 산물

지 오늘도 《조선일보》 기사에 댓글을 단 것을 보니까 "아, 역시 조선일보가 정치 빼고는 경제, 문화 기사는 좋아" 그러더라고요. 정치하고 경제를 분리해서 생각하니까 그런 댓글을 쓰는 걸 텐데요. 전혀 분리될 수 없는 것 아닙니까? 특히 경제 쪽에 있는 사람들이 "니들은 전문가가 아니니까 경제에 대해서 얘기하거나 관심 갖지 마라"고 경제를 분리해놓은 것 같은데요.

장 그럼요. 그게 굉장히 위험한 거죠. 사람들이 시장논리, 경제논리하고 정치논리를 분리해야 한다는 얘기를 많이 하거든요. 정치논리가 개입하면 시장의 합리성이 깨진다는 얘기를 많이 하는데요. 제가 주장하는 것은 시장이라는 게 뭐냐, 시장은 결국 어떤 일정한 재산권이라든가 사회적 관계, 제도로 규정되는 건데요. 그것들은 결국 정치적으로 결정된다는 거거든요. 예를 들어 지금은 사람을 사고팔면 인신매매라고 해서 대부분의 나라에서 불법이지만, 옛날에는 노예를 사고팔았다고요. 합법적이었어요. 그러면 노예를 사고파는 게 시장원리에 충실한 겁니까, 아닌 겁니까? 그 대답은 '인간이 인간을 사고팔 수 있느냐?' 하는 정당성을 인정하느냐, 안 하느냐에 따라 다르잖아요. 그게 정당하다고 생각하면 노예시장도 시장입니다. 그러나 그게 정당하지 않다고 생각하면 시장으로 성립해서는 안 되는 거죠. 그런 면에서 (노예 같은 건 극단적인 예지만) 모든 시장을 보면 누가 무슨 물건을 어떻게 팔 수 있는가가 정치적으로 규정되어 있습니다. 신문에 국회에서 그런 결정을 했다는 보도가 안 나오니까 의식하지 못하겠지만, 사실은 다 정치적으로 결정되어 있다고요.

심지어 증권시장 같은 것도 (의심의 여지도 없이) 자유시장인 것 같지만, 누구나 자기 회사 주식 만들어 보따리에 싸가지고 가서 증권시장에 내다 팔 수 있어요? 절대 안 되거든요. 상장을 하려면 다 규칙이 있어서 3년 동안 계속 회계감사를 받아서 그 결과를 제출하고, 그 사이에 파산하지 않아야 하는 등등의 규칙이 있다고요. 그 규칙은 누가 정했어요. 정부가 정한 거 아닙니까? 결국 정치적으로 정해진 거라고요. 그런 식으로 시장논리와 정치논리를 분리할 수 있다고 생각하는 게 잘못인데, 그렇지만 경제적 기득권을 유지하는 데는 그것이 분리될 수 있다고 얘기하는 게 굉장히 유리합니다. 일단 이것은 시장의 문제라고 규정해놓으면 정치적인 논의 대상이 안 되잖아요. 그렇게 되면 그때부터 전문가라는 경제학자들이 나서서 이건 이렇고 저건 저렇고 남들 모르는 소리로 얘기하고, "우리 농민들 고

생하는데 보호해주자"고 하면 "그건 시장원리에 어긋난다"고 말해버리면 그만이거든요.

 시장에 뭘 넣고 안 넣을 건지를 정하는 것 자체가 권력투쟁입니다. 예를 들어 우리는 지금 중앙은행(한국은행)의 통화발권 독점을 당연하게 생각하지만, 선진국은 안 그랬거든요. 이탈리아는 발권은행이 4개, 미국은 수백 개 그랬어요. 그런 나라들은 중앙은행에 독점권을 주는 데까지 수백 년이 걸렸습니다. 그것 자체가 권력투쟁이었죠. 미국에는 아직도 그런 얘기 하는 사람이 있어요, 별 희한한 얘기를 하는 사람들이 워낙 많은 나라니까. "화폐 발행의 정부 독점권 없애야 한다. 나도 돈 찍고 싶으면 찍을 수 있게 해야 한다"고 하는데, 실제로 옛날에는 그랬거든요. 그래가지고 돈끼리 경쟁해야 한다는 겁니다.

 같은 액면가 100달러짜리 돈이라도, 돈을 조심스럽게 찍어서 통화가치를 잘 유지하는 은행의 돈이 그렇지 못한 은행의 돈보다 결국 더 믿을 만하니까 구매력이 클 거고, 마구 찍어서 통화가치가 떨어진 은행의 돈은 같은 100달러짜리 물건을 사더라도 파는 사람이 "한 장 더 내놔" 한다는 거죠. 그게 상당히 일리가 있는 이론이에요. 문제는, 그런 식으로 해놓으면 거시적인 공황상태 같은 게 났을 때 금융 시스템이 도저히 복구가 안 된다는 거죠. 그래서 옛날에 미국에서 한번 금융공황 같은 게 나면 여파가 10년씩 갔다고요. 통화량 같은 것을 조절할 수가 없으니까. 그래서 중앙은행에서 통제하는 쪽으로 간 거지, 사실 그런 화폐가치 면에서만 보면 돈을 여러 군데서 찍어서 경쟁하지 못할 게 없어요.

이처럼 우리가 지금은 당연하다고 생각하는 것이 옛날에는 권력투쟁이었거든요. 결국 그것을 누가 어떤 것들을 "여기부터는 시장, 여기부터는 정치논리" 이렇게 긋는 것 자체가 권력투쟁이었거든요. 현재 가진 게 많은 사람들은 될 수 있으면 많은 것을 시장의 영역에 넣고, 정치논리로부터 그것을 보호해야 한다고 주장하는 게 좋고요. 예를 들어 "농민 보호 왜 하느냐, 국제 곡물시장에서 경쟁해야지"라고 할 수 있으면 그것도 시장논리고요. 반대로 생각해서 농민이 됐건 누가 됐건 최소한의 생존권리가 있다고 생각하는 사람들은 그것을 시장논리에 넣지 않으려고 하겠죠. 그렇게 얘기하면 저것은 시장논리를 위배한다고 얘기할 수 있으니까요.

일단 영역을 긋는 게 큰 싸움이고, 그 다음으론, 어디서나 이른바 전문가들과 일반인들 사이에 언어의 괴리가 있잖아요. 가장 좋은 예로, 중세 유럽 교황청에서 성경을 라틴어 이외의 언어로 번역하는 것을 처음에는 금지했거든요. 그래야 자기네가 그것을 컨트롤할 수 있으니까요. 나중에야 영어나 불어로 번역된 성경이 나오는데요. 그런 식으로 언어를 독점하고 있으면 그 집단이 힘이 생기는 거죠. 경제학에는 사실 (저는 모든 학문이 그렇다고 생각하지만) 잘 설명하면 상식 이상으로 넘어가는 이론이 몇 개 없어요. 리카르도의 비교우위론이라든지 케인즈의 유효수요이론이라든지 이런 아주 기념비적인 이론 몇 개만 보통 상식으로 생각해낼 수 없는 이론이지, 대개는 상식으로 얼마든지 설명이 되는 거거든요. 그런데 그것을 전문용어를 만들어서 복잡하게 만들고, 수학 쓰고, 통계학 쓰고 하니까 보통 사람들이 보기에는 "와, 우리가 잘 모르는 얘긴데" 이렇게 되는 거죠. 그래서 '전문가 의견'이라는 꼬리표 붙여가지고 "이러면 안 된다"고 하니까 보통사람들은 '저게 전문가 의견인가보다' 하고 넘어가는 거죠.

경제학이 (체제 유지 이데올로기로서) 중세 신학이 했던 역할을 지금 하고 있는 거예요. 그 경제학이 뭐가 경제학이고, 누가 경제전문가인가를 규정하는 것 자체가 권력투쟁이라고요. 그러니까 일부 주류 경제학자들은 비주류 경제학자들에 대해 "저건 경제학도 아니고 사회학"이라는 식으로 얘기하기 좋아한다고요. 그래야 자기들이 "우리가 말하는 것만 경제학이고, 우리만 경제에 대해서 말할 권리가 있다"는 식으로 얘기할 수 있는 거죠. 그래서 그런 식으로 뭐가 경제 문제인가 하는 정의 자체, 그리고 경제학이 뭐냐, 경제전문가가 누구냐 하는 것에 대한 정의, 그것들이 논쟁을 하기도 전에 이미 싸움의 결과를 많이 규정하는 거죠. 이게 경제 영역에 들어 있는 거라고 일단 구분이 되면 그것에 어긋나는 얘기를 하면 "정치논리를 개입시켜서 왜곡한다"는 공격을 받으니까 논쟁을 하기가 힘든 겁니다.

지 이론을 만들어내는 것도 어떤 연구를 할 때 이해관계가 있는 기업체로부터 연구비를 받아쓰면 연구 결과가 어느 정도 정해질 수밖에 없지 않습니까?

장 그런 것도 있죠. 특히 기업에서 돈을 받는 경우에는 그게 굉장히 영향을 많이 받죠. 특히 의약품 연구 결과 같은 게 그런데요. 누가 이런 것도 연구했어요, 학자들은 희한한 거 많이 하니까. 예를 들어 기업에서 돈을 받아서 연구를 한 의약품 효과 분석에서 효과가 있다고 나오는 비율하고, 기업에서 돈을 받지 않고 한 연구에서 효과가 있다고 나오는 비율을 비교해봤는데요. 기업에서 돈을 받은 경우에 효과가 있다고 한 비율이 엄청 높아요. 그런 식으로 과학 실험도 그렇고, 정책 논문 같은 것도 그렇고, 관점이나 쓰는 증거 또는 방법론에 따라 결론이 여러 가지로 다르게 나올 수 있잖아요.

아무래도 그런 식으로 특정 집단에서 돈을 받으면 그쪽에서 좋아하는 쪽으로 결론을 내는 것은 당연한 거죠. 그쪽에서는 아무래도 연구 과제를 발주할 때 미리 연구자한테 자기네가 의도하고 원하는 바를 얘기하죠. 저 같아도 그래요. 예를 들어 제가 책을 편집한다고 할 때, 의도적으로 논쟁을 소개하기 위한 책이 아니라면, 저랑 빗나가는 소리 하는 사람한테 글을 부탁합니까? 안 하거든요. 기업들이 사악한 집단이라서가 아니라 그게 인간 본성이니까 그런 거예요. 다만 문제는 뭐냐면, 그런 걸 할 때 내가 여기서 스폰서십을 받았다고 명확히 밝혀야 하는데, 사람들이 간혹 그런 얘기를 안 하죠. 객관적인 연구인 양 하는 게 나쁘다는 거지, 여러 가지 관점과 방법론이 있을 수 있는 건데, 어디서 돈 받았다는 것만 명확히 밝히면 다른 사람들이 알아서 볼 거 아닙니까?

지 사회가 일정하게 건강해지려면 인간의 본성이야 그런 게 있겠지만, 언론인이나 지식인 이런 사람들이 "그래도 진실이 뭔지 찾아봐야겠다. 역사에 남는 뭘 해봐야겠다"는 태도가 있어야 할 것 같은데요. 유럽이 상대적으로 건강한 이유는 학계나 언론계에 그 사회 전체에 비해서 좌파라고 할 수 있는 사람들의 비율이 높기 때문이라는 생각도 듭니다.

장 그렇죠. 제가 영국에 가서 상당히 인상 깊었던 것이 우리나라 미국은 모든 신문의 얘기가 다 똑같잖아요. 요즘은 인터넷 매체가 나오면서 달라졌지만, 옛날에는 그랬잖아요. 《동아일보》건 《한국일보》건 기본적으로는 얘기가 똑같다고요. 영국에 가니까 공산당 지지자부터 극우파까지 종류별로 신문이 다 있는 거예요. 물론 대다수 사람들은 중간 정도에 있는 신문을 보지만요. 그러니까 "이 신문에서 요렇게 얘기했으면 이 신문은 원래 성향이 요러니까 사실은 이런 얘기쯤 되겠다"고 더 정확히 알 수 있거든요. 우리나라 미국처럼 두루뭉술하게 "우리는 객관적"이라고 연막을 치면서 모호하게 얘기하면 도리어 거짓말을 해도 잘 알 수가 없죠. 그러니까 차라리 나는 당파성이 있다고 얘기하는 게 맞지, 당파성이 없는 것처럼 꾸미면서 사실은 당파적인 얘기를 하거든요.

시장은 **게임**의 영역일 뿐 주체가 아니다

대상이 처한 현실을 모르는 주장은 탁상공론

빈 국가와 시장의 역할에 대해서 "처음에는 국가가 시장의 범위를 규정하는 것으로 시작한다"고 말씀하셨는데요. 그러고 나서는 어떻습니까? 국가와 시장은 영역이 정해져 있으니까 시장은 시장 자체의 논리가 있고, 국가는 외부에서 지켜보다가 시장이 잘못되면 개입해야 한다고 생각하시는 겁니까? 아니면 다른 관계가 있다고 생각하십니까?

장 시장이라는 것은 영역이지, 그거는 주체가 아니거든요. 거기에 주체는 기업이고, 노조고, 소비자인 거죠. 그런 사람들이 서로 보이지 않는, 자기들도 모르는 권력투쟁을 하면서 시장 자체의 영역이 넓어졌다, 좁아졌다, 생겼다, 없어졌다 하는 겁니다. 국가가 그런 영역을 정하긴 하지만, 예를 들어 국가가 저작권법 정해놨는데, 냅스터나 소리바다가 나와서 (법으로 볼 때는) 불법적인 시장을 만들잖아요. 그렇게 되면 시장의 영역이 늘어난 거죠. 그게 꼭 좋다, 나쁘다를 떠나서 영역이 늘어난 거고요. 그걸 잡아가두고 때려 없애고 하면 영역이 또 줄어들거든요.

그런 식으로 그 안에 있는 여러 주체들이 그 영역에 관한 싸움을 하는 거죠. 그러면 국가는 나름대로 우리가 보기에 이건 안 되는데 하고 처단하고, 국가가 나서서 새로운 시장을 만들기도 하고요. 이동통신 이런 것은 정부가 나서서 "주파수 배분할 테니까 이렇게 해라" 하고 정해가지고 새로 열어주기도 하고요. 사람들이 말할 때 좀 주의해야 할 것이, 시장을 자꾸 주체로 이야기하는 겁니다. 그 시장 뒤에는 사람이 숨어 있는 거라고요. 문제는 뭐냐면 많은 경우에는 참여자가 너무 많아서 누가 특별히 어떻게 해야겠다고 해서 시장이 특정한 방향으로 움직이는 게 아닌 경우가 있으니까, 그런 때는 비유법으로 시장이 이렇게 결정했다고 쓰는 게 말이 되지만, 많은 경우에는 이른바 큰손이 어떻게 하느냐에 따라 시장의 결과가 달라지니까 그럴 때는 시장이 정했다고 하면 안 되는 거죠. 그 놈이 정한 거지.(웃음)

윤　조금 전에 하신 얘기에서 결국은 더 근본적인 얘기일 수 있는데, 그러면 국가가 주체일 때 초계급적 주체일 수 있느냐가 문제일 텐데요.

장 저는 그것도 실용적으로 결론을 내리는 건데요. 시장이 그런 식으로 신이 그려준 신성한 영역이고, 과학의 법칙처럼 돌아간다고 믿는 게 곤란하다는 겁니다. 시장이란 건 언제라도 없앨 수도 있고 억누를 수도 있다고 생각하거든요. 문제는, 그 시장이 다른 기구가 할 수 없는 그런 기능이 있기 때문에 그것을 없애면 옛날 사회주의 경제처럼 문제가 많이 생긴다는 거고요. 그래서 저는 시장에 대해 "어느 영역도 '반드시' 시장에 의해서 운영되어야 할 영역은 인간사회에 없다. 그러나 너무 많은 영역이 시장에 의해서 운영되지 않을 때 경제 자체에 문제가 생기기 때문에 그런 차원에서 시장은 상당부분 필요한 것일 뿐"이라고 생각하거든요. 시장이란 건 그런 의미지, 신성하고 유일한 질서 같은 건 결코 아니에요.

그렇게 보면 반대로 국가도 그런 계급성이 있는 것은 충분히 알지만, 또 그것 말고 시장에 개입하고 할 메커니즘이 잘 없다고요. 그러니까 이론상으론 동네마다 다 반상회 같은 것을 만들어서 서로 토론하고, 또 모이고 해서 국회까지 가고 어쩌고 해서 토론과 그런 것을 거친 초당파적인 국가 정책을 만들어낼 수는 있겠지만, 시간도 너무 많이 걸릴 뿐 아니라 대부분의 사람들이 (많은 부분에서 일상적으로 탁탁 넘어가길 바라지) 모든 것을 토론하라고 하면 지겨워서 안 하거든요. 실용적인 면에서 국가기구를 만들면 그것을 운용하는 사람들이 개인적 편견, 계급적 이해관계, 도덕적인 결함을 갖고 있기 때문에 불분명하게 돌아가게 마련이라고요. 부패도 생기고, 실수도 많이 하고 그러면서도 적당히 덮고 넘어가려는 일도 생깁니다.

그런 여러 가지 부작용이 있음에도 불구하고, 그거 아닌 다른 메커니즘을 썼을 때 너무나 문제가 많기 때문에 그걸 알면서도 그런 단점을 통제하면서 쓰는 방법을 강구해야지, 무정부주의로 "국가를 없애자" 이렇게 하는 게 (논리적으로는 그르다고 생각지 않는데) 실용적으로 볼 때 가능하지가 않거든요. "실용적으로 '가능'한가, 어떤 게 '더 많은 사람들'에게 좋은가" 그런 기준에서 판단을 하는 것이지, 어느 영역도 시장에서 못 빼내올 것 없고, 어느 국가도 당파성이 있고, 문제가 있죠.

제가 국가를 숭배하고 시장을 불신해서 이런 얘기를 하는 것도 아니고, 시장을 상당부분 인정하는 것도 시장이 신성하고 최고의 질서라고 생각해서 그러는 게 아니에요. 여러 가지 역사적인 경험을 보니까 그래도 기본적으로 시장경제를 인정하고, 국가가 상당히 깊이 개입을 하고 그런 체제가 아무래도 성장도 잘하고, 분배도 잘하고, 지속가능성도 있더라 하는 차원에서 얘기하는 겁니다.

지 아까 예전에는 여러 군데서 화폐를 찍어냈다고 하셨는데요. 지금 상식으로 생각할 때는 '어떻게 화폐를 여러 군데서 찍어내고 시장에서 경쟁시킬 수가 있나?' 하는 생각이 드는데요. 그런데 가만히 생각해보니까 신용카드 자체가 화폐라는 생각이 들거든요. 플라스틱 머니라고 하기도 하고요. 대기업과 은행이 화폐를 발행해서 경쟁하고 있는 셈인데요.

장 유사화폐가 상당히 많죠. 비행기 마일리지, 상품권, 인터넷 도토리도 있죠.(웃음) 애들 사이에서는 그걸 갖고 왔다 갔다 하니까요.

지 헤어진 남자가 자기 카드를 계속 쓰는데, 그걸 가지고 도토리 30만 원어치를 사서 싸우는 장면이 나오는 드라마도 있더라고요.(웃음)

장 방금 말씀하신 대로, 없는 것 같지만 기존 질서에 대해서 작은놈, 큰놈 해가지고 다 도전을 하거든요. 그런 게 결국 거창하게 말하면 정치적인 권력투쟁이죠.

지 그런 부분들은 기존 경제학에서는 설명하기 힘들 것 같은데요. 그런 고민들을 주류 경제학자들이 많이 하지 않았다는 생각도 드는데요.

장 못할 거는 없고, 하는 사람도 있어요. 저는 예를 들어 인터넷 현상 같은 것은 '개인적으로' 관심이 있지 '학술적으로' 연구해본 것은 아니니까 인터넷 도토리가 어느 정도 돌아다니고 얼마나 화폐제도에 영향을 미치는지는 모릅니다. 이런 게 재밌는 연구 주제거든요. 제가 연구해본 적도 없고 논문을 본 적도 없지만, 주류 경제학 방법론으로도 못할 것은 없겠죠. 특히 그런 현상적인 분석을 하는 데는 이른바 시장주의 경제학이 유용한 도구일 수도 있으니까요.

지   이게 인류학하고도 연결되어야 할 것 같은데요. 요즘 애들 보면 완전히 다른 인류거든요.(웃음) 처음 그런 게 나왔을 때는 누가 아바타나 미니미를 꾸미기 위해서 돈을 쓸까 싶었잖아요. 그런데 지금 아이들은 미니홈피나 블로그를 꾸미기 위해 돈을 쓰거든요.

장   경제인류학을 배우다보면 이런 재밌는 얘기도 있어요. 옛날 남태평양의 많은 섬들에서는 돌을 돈으로 삼았는데, 그 돌이 공깃돌처럼 작은 게 아니라 바위처럼 큰 돌이에요. 거래를 할 때는 "내가 저쪽 무슨 나무숲 세 번째 나무 밑에 돌 하나 세워놨으니까 그거 가져가고 그 돼지 나한테 줘" 이런 식으로 돼지 사서 가져가고, 돼지 준 사람은 그 돌의 새 주인이 되는 거예요.

    이처럼 인류학이나 역사 같은 걸 공부하다보면 시야가 넓어지는 게, 우리가 당연하게 생각했던 상식 같은 것들이 여지없이 깨져버리는 경우가 많거든요. 예를 들어, 지금 우리는 아동노동 이런 거 보면서 후진국들이 야만스러워서 그런다는 식으로 생각들 하는데, 그렇지 않다는 게 역사를 들춰보면 나와요. 19세기 초반에 영국에서 '공장법' 같은 걸 만들어서 너무 어린 아이들 노동을 금지시켰는데요. 그것도 8~9세 이하 노동금지 이런 식이지 아동노동 전면금지 정도는 아니에요. 그 당시 9세 이상~13세 이하 아동은 하루에 8시간 이상 일을 시키지 못한다, 그런 거 하려고 하는데, 영국 상원위원회에서 유명한 정치가들이 노동의 자유를 침해하지 말라고 하거든요. 그런 거 보면 확 깨죠. 사실은 아동노동이라는 상품이 이렇게 당연하게 여겨지던 건데, 사람들이 100년, 200년 투쟁해서 이것을 시장에서 빼온 거죠. 인류학이나 역사를 공부하면 이처럼 고정관념을 깨는 게 많기 때문에 사고가 전환되는 거죠. 저는 인류학은 많이 하지 않았지만, 경제 쪽에서는 역사 공부를 많이 했으니까 사고의 지평이 많이 넓어지는 것 같아요.

지 13~14세 정도 되면 충분히 일을 할 수 있는데, 요즘은 아이들을 통제하는 수단으로 일할 수 있는 권리를 안 주는 것 같은데요.

장 옛날에도 그 논쟁을 많이 했어요. 두 가지 스쿨이 있었는데, 하나는 "애라는 게 작은 어른이지, 어른과 다른 존재가 아니다. 자기 스스로 판단해서 네다섯 살이면 다 일할 수 있다"는 쪽이 있고, 반대쪽은 "애들은 아직 판단력이 미숙하고, 완전한 인간이 아니"라는 겁니다. 애들은 그렇다고 쳐도, 옛날에 그런 논리로 여성 투표권 안 줬거든요. "여자들은 판단력이 미숙해서 투표권을 주면 제대로 행사할 수 없다"고 했는데요. 그런 식으로 논쟁하기 시작하면 "네다섯 살은 몰라도 열서너 살 되면 다 철든 애들이다. 그러면 어른과 마찬가진데, 어른이라고 다 판단력 있냐?" 이렇게 하면 그것도 논쟁거리가 되거든요. 그런 것은 늘 문화적·정치적으로 경계선이 정해지는 거지, 무슨 이론적으로 정해지는 게 아니라고요. 기존에 뭐라고 정해져 있으면 기존 체제를 유지하고 싶어하는 사람들은 그게 이론적으로 증명된다는 얘기를 많이 하고, 더 나아가서 그게 아예 이론적 논쟁의 대상이 아니라고 분류해버리는 것이 제일 좋은 거죠.

옛날에 다니엘 디포 같은 사람은 노골적으로 "애들 4세만 되면 일할 수 있다"고 했는데, 그 시대 기준으로 보면 그 사람이 특별히 잔혹한 사람이 아니거든요. 그 시대에 많은 사람들이 생각하는 것을 자기가 얘기한 것뿐이에요. 지금은 그런 것을 가지고도 갈등을 빚는 게 선진국에서는 인도, 파키스탄 이런 데서 애들 일한다고 기겁을 하면서 애들이 만드는 물품은 안 산다고 하는데요. 정작 그쪽 나라에서는 "당신들이 그런 식으로 수입금지해가지고 우리 애들 일자리 없어지면 일하는 대신에 학교 갈 수 있는 것도 아니고 거지가 되든지, 여자애들은 몸을 팔든지 이렇게 되는데, 당신들이 말하는 '인도주의'는 누굴 위한 거냐?" 하는 식으로 되는 거죠. 뭐든 이론적으로 맞는 것은 없는 겁니다. 말하자면 그런 식으로 해서 일 대신 학교에 다니는 애들은 5퍼센트도 안 된다고요.

그런데 재미있는 것은, 그때 얘기를 제일 잘 써놓은 사람이 칼 마르크스예요. 《자본론》 1권 10장에 보면 아동노동 규제에 대한 역사를 써놨어요. 원래 저널리스트 출신이라 굉장히 재밌게 써놨는데요. 거기 보면 희한한 얘기가 많아요. 마르크스의 정치적인 견해를 감안해서 제가 다른 것도 많이 맞춰봤는데요, 과장한 건 아닌지 해서. 그런데 그런 건 전혀 없어요. 거기 보면, 법 만들어서 애들한테 꼭 30분씩 점심시간을 주라고 했는데, 그걸 갖고 야비하게 장난을 친다는 거예요. 예를 들어 그때 그 법이 7시간 이상 일을 못시키게 했는데, 아침 8시부터 시작해서 오후 3시까지 일을 시키고는 점심을 안 주는 거예요. 그래서 점심을 주라는 법을 만들었더니 점심시간을 맨 끝에다 둔 거예요. 3시까지 일 끝내고나서 점심시간이라고 그때 밥을 주는 겁니다. 더 나쁜 놈은 집에 가서 먹으라고 했겠죠. 일을 시키더라도 밥은 제때에 먹이라고 점심시간을 두도록 한 건데, 도중에 기계 쉬고 하면 손해나니까 일을 끝낸 오후 3시에 밥을 준 겁니다. 하여튼 희한한 일들이 많았죠. 애들 글 가르쳐야 한다고 공장에서도 선생을 고용하여 애들 공부시키라고 하면, 고용한 선생도 문맹인 거예요. 그런 경우가 많았죠.

냉철한 현실인식으로 실현 가능한 대안을 찾아야

지 "경영권 보호는 우리나라 재벌들이 가장 원하는 아이템이기 때문에 과감하게 재벌들에게 경영권 보호를 양보하고, 더 많은 투자와 고용 창출, 복지국가를 얻어내자"고 하셨는데요. 한국 사람들이 평등의식도 유달리 강한데, 경영권을 보장하는 것은 일정하게 기업의 세습 같은 것도 인정해야 하는 것이기 때문에 충돌도 많지 않겠습니까?

장 세습 문제는 달리 논쟁할 수 있어요. 제 얘기는, 기업을 경영하는 사람들이 인수합병 공포에서 벗어나 장기적인 안목으로 일할 수 있게 해주자는 거니까요. 그걸 정치적으로 부담할 수 있는 정권이 있을지는 모르겠지만, 일본은 옛날에 재벌개혁

하면서 일단 다 해체했잖아요. 일본 정부가 일본 경제가 커지고 하니까 외국 압력도 있고 해서 1960년대 중반에 몇 년 있다가 자본시장 개방하겠다고 발표를 했는데, 이렇게 당장 열리면 기업들이 미국 기업들한테 다 합병당하게 생겼으니까, 어떻게 했냐면 '상호 지분 소유'를 시작했어요, 관련 기업들끼리 서로 주식을 가지고. 우리나라에서는 그게 금지되어 있었거든요. '상호 지분 교차 소유 금지'라고 해서 그걸 못하게 해서 '순환출자 구조' 같은 이상한 게 생겼는데요. 그런 식으로 거래 회사끼리 서로 주를 사주고, 주거래은행이 사주고 해서 50퍼센트 이상의 주를 자기 친구들이 갖고 있는 겁니다.

일본이 1968년인가 자본시장을 개방했는데, 그때 유명한 미국의 기업 사냥꾼이 뭘 하나 노려서 인수하려고 열심히 주를 사 모으는데, 죽어도 30퍼센트 이상을 살 수가 없는 거예요. 안 팔거든요. 일본은 그런 식으로 방어 장치를 만들었고, 스웨덴을 비롯한 몇몇 유럽 나라들은 그런 것을 인정해주고, 차등의 결권 같은 걸 만들어서 새로 발행하는 주는 투표권이 1표가 아니라 0.1표, 0.01표 하는 식으로 해서 경영권을 보호했어요.

독일은 2차 대전 이후에 '공동의사결정제도'라고 해서 경영이사회와 감독이사회의 두 층으로 이루어진 이중 이사회를 두었어요. 경영이사회는 완전히 경영 측이 장악하고 있고, 감독이사회는 경영 측 절반, 노조 측 절반인데 의장을 경영 측에서 임명하게 되어 있어서 캐스팅 보트가 있어요. 그래서 진짜 완전히 싸움이 나면 경영 측이 이기게 되어 있지만, 대부분의 경우에는 그런 대립은 싫기 때문에 노조의 의견을 많이 반영하거든요. 인수합병 같은 것은 감독이사회에서 최종 결정하게 되어 있기 때문에 그런 식으로 인수합병을 막고 있습니다.

이처럼 나라마다 경영권 보호에 대응하는 메커니즘이 다양합니다. 우리나라의 경우 세습시키는 게 정 싫으면 어떤 방법을 강구해서, 예를 들어 그 사람들 것을 강제로 국가에서 인수한다든가 그럴 수도 있죠. 꼭 그래야 한다는 건 아니지만요. 제 얘기는, 경영권의 안정이 중요한 것이지 특정 인물의 경영권 승계 여부는 부차적인 문제라는 거죠. 현재 우리나라 정치체제에서는 (아무리 좋은 의도라고 하더라도) 사기업의 그것을 국유화하는 것이 가능하지 않다고 생각하기 때문에 차선책으로 다른 방법을 써서 막아야 하는 것 아니냐, 그런 얘기를 하는 거죠. 그게 초점은 아니고요. 그런 태도(대안 없는 배척)는 정말 버려야 한다는 게 얘기의 초점이죠. 재벌들의 그런 행태(족벌세습)를 국민들이 그렇게 미워한다면 국민들이 힘을 합쳐서 국유화하자고 하든지 그렇게 나와야죠. 그것을 앉아서 저 놈들 미우니까 "적의 적은 나의 친구"라는 논리로 외국 금융자본들이 들어와서 그것을 해체하고 잡아먹고 하는 것을 즐긴다는 것은 말이 안 되죠. 최태원 잡혀가고, 이재용 쩔쩔매고 할 때는 당장 기분은 좋을지 모르지만, 주식시장의 메커니즘을 통해서 자기 생활이 고달파지고 있는데요. 그게 다는 아니지만, 많은 부분이 그 이유거든요. 그 기업들이 계속 그런 식으로 경영권의 압박을 받기 때문에 자꾸 하청기업도 더 쥐어짜는 거고, 자꾸 비정규직도 만드는 거고 그런 거예요. 그래서 자기 생활이 힘들어지면, 도대체 누구를 위해서 이걸 하는 거냐는 겁니다.

진짜 아까 말한 대로 마음먹고 재벌을 국유화하라는 운동을 할 자신이 없으면 (그런 운동이 우리나라 정치적 상황에서 성공할 수 있다고 생각지도 않지만) 재벌들과 타협해야 할 것 아닙니까? 그리고 그 타협에서 국민들이 재벌들한테 내줄 수 있는 것은 하나밖에 없어요. 정말 어떤 식으로 봐야 하느냐 하면 그 마지막 카드로 광光 하나 쥐고 있는 건데, 그 광을 안 쓰겠다면 다 같이 망하는 겁니다. 재벌들은 이런 식으로 계속하다가 먹히든지 하겠죠. 그걸 막겠다고 불법상속 같은 것을 용인할 수는 없으니까요.

그러다가 우리 재벌들도 그런 사건에 휘말려서 확 풀어지면서 먹히든지, 아니면 자기들도 자진해서 포기하고 "골치 아파 죽겠는데 굳이 우리가 이 회사 이러면서까지 직접 경영할 필요 있냐, 배당 많이 받아먹고 적당히 살면 되지" 하는 식으로 되겠죠. 그래서 기업을 장기적인 안목으로 경영할 생각은 하지 않고 대충 주주들 기분이나 좋게 해주는 식으로 경영하기 시작하면 비정규직 더 많이 만들고, 하청기업 더 쥐어짜고, 해외이전도 더 많이 하게 되는 상황이 올 거란 말이죠.

그래서 말하자면 지금 우리 국민들 입장에서 쓸 수 있는 카드가 하나밖에 없기 때문에 그거라도 써서 새로운 판을 짜보자는 거지, 손에 5광 다 들고 있으면 남하고 타협을 안 하죠. 그냥 치면 되지. 저는 그런 식으로 봐야 한다고 생각해요. 지금 이 상태가 계속되어서 외국 사모 펀드들이 들어와 '투명경영' 요구하고 뭐하고 하면 과연 국민들 생활이 나아질 거냐 하면 절대 아니거든요. 그런 결과가 눈에 보이기 때문에 그러면 차선책으로 그런 타협이라도 해서 국민들 생활이 나아지는 쪽으로 하는 게 낫다는 거지, 무슨 재벌 옹호하자고 하는 얘기는 아니거든요. 재벌 2세, 3세들 상속 못하고 잡혀가는 거 보면 잠깐은 기분 좋을지 몰라도 그렇게 되면 정작 자기 생활은 더 힘들어지거든요.

빈 굳이 그렇게 재벌들하고 타협할 필요가 있습니까? 예를 들어 아일랜드는 외국의 투기성 단기자본은 아예 못 들어오게 한다든지, 고용에 있어 일정한 조건을 붙인다든지 하는 식으로 해서 안정적인 고용 기반이나 장기적인 산업 형성이 가능할 수 있는 토대를 만들었지 않습니까?

장 그런 나라는 우리나라와 상황이 많이 다른 게, 기존의 기업이라는 게 없었죠. 다 중소기업 이런 것들이고 대기업은 외국에서 들어오는 건데, 원래 있던 게 아니라 처음부터 새로 들어오는 거니까 들어올 때 그런 조건을 붙이는 게 가능했고요. 그 조건을 붙일 때 아일랜드가 매력적인 투자처였거든요. 영어하는 나라인데, 임금도 싸고, EU 멤버고 해서 큰 시장을 보고 많이 들어오고 했는데요. 우리나라는 그런 매력적인 조건이 없거든요. 거기는 인구가 300만에 불과한 나라여서 원래 자기네 대기업도 없는데다가 외국 투자를 받아서 운영하는 게 어느 정도 가능한데, 우리나라는 규모상 그런 식으로 외국인 투자에 의존해서 경제를 운용하기가 힘들거든요. 아일랜드도 그런 외국 기업들 빠져나가고 그래서 요즘 몇 년 고생하고 있어요, 어느 나라나 역사의 그림자라는 것 속에서 사는 거니까요. 우리나라도 지금 그냥 백지 놓고 그리면 무슨 상상을 못하겠어요. 그런데 재벌이라는 게 있고, 그 사람들이 힘이 센 게 사실이고, 그 기업들이 나쁜 짓도 많이 했지만 한편으론 공헌도 많이 했고, 그런 거니까요. 그것을 부정하고 다 털고 가자고 하는 것은 불가능하니까, 그럼 그것이 있는 상황에서 어떻게 하면 잘 고쳐 쓸 것인가, 하는 생각을 하는 거죠. 그런 맥락에서 그런 것도 얘기하고, 더 중요한 것은 그걸 안 하고 계속 가면 어떻게 될 것인가를 생각하면 그래도 타협하는 게 낫다는 얘깁니다.

윤 반재벌 정서라고 하는 것 자체가 실재하느냐 하는 생각도 들고요. 그것과 타협할 수 있는 반대쪽의 주체가 있나 하는 생각도 드는데요.

장 주체 문제는 어려워요. 제가 그런 질문을 받으면 얘기하는 게, 결국 정부가 할 수밖에 없다는 거거든요. 국민의 대표로서의 정부를 말하는 거죠. 예를 들어 스웨덴은 노조가 주체가 되어서 사회적 대타협을 했어요. 우리나라는 노조가 조직률도 낮고 정당성 문제도 있기 때문에 (스웨덴처럼) 노조가 국민의 대표가 되어서 하기는 힘듭니다. 우리나라는 비자발적으로는 새마을 운동, 자발적으로는 금모으기 운동에서 보여줬듯이 국민동원 경험이 있거든요. 그 국민이라는 것이 다른 나라에 비하면 실체가 있어요. 옛날부터 국민동원을 통해서 발전시켰기 때문에 재벌들도 국민들한테 빚이 있거든요. 국민들이 낸 세금으로 보조금 줬고, 시장 보호해줘서 국민들이 울며 겨자 먹기로 안 좋은 차 몰고 다니면서 자동차산업 키워줬고요.

물론 계급도 있고, 성별 지역 다 있으니까 '통합된 국민'이라는 게 있는 나라는 없지만, 우리나라는 다른 나라에 비해서 국민의 실체가 비교적 뚜렷합니다. 게다가 다른 세력을 명확하게 규정할 수 있는 노조니 이런 게 약하기 때문에 국민과의 타협이라고 얘기해야 하는 거고요. 결국 국민을 대표하는 것은, 물론 국민 참여가 풀뿌리 수준에서도 있어야겠지만, 결국 정부가 되는 거죠.

윤 상상 국민이라고 꼭 생각하는 것은 아니지만…….
장 어느 국민이나 상상 국민이에요. 상상의 정도에 차이가 있는 거죠. 어떤 나라는 완전 상상이고, 우리나라는 어느 정도 실체가 있는 거죠.

빈 어떻게 보면 그 '실체'가 유신체제 같은 독재의 축에서 바로 내려온 것이기 때문에 위험한 발상이 아닌가 하는 생각도 들어요. 노조 말씀하셨지만 전국적인 노조 조직이 있고, 프랑스도 얼마 안 되지만 대표성을 어떻게 갖느냐고 하면 노동법 중에 코드라는 게 있는데요. 상당부분이 노동자 조직과 기업 조직이 만나서 협정을 맺는 내용이 코드의 많은 부분을 차지하거든요. 그런 식으로 조직 규모라든지, 조직 정도에 비해서 걔네들이 대표성을 가질 수 있는데, 우리나라도 마찬가지로 노조에게 대표성을 줄 수 있는 제도적 장치를 마련해야 하지 않을까요.

장 문제는 우리나라는 그런 장치를 만드는 것 자체가 사회적 타협이 필요하죠. 프랑스는 정치적으로 노조의 정당성이 (낮은 조직률에도 불구하고) 인정받는 이유는 첫째로는 옛날에 노조가 굉장히 강했던 역사가 있고요. 둘째로는 자기네 이익만을 위해서 행동하지 않는다는 게 있어요. 그게 사실에 얼마나 부합하는지 모르겠지만, 국민들이 그렇게 받아들여주거든요. 하다못해 실업 문제 이런 것은 많은 노조들이 자기 이기주의라면 신경을 안 쓰는데, 그래도 프랑스 노조는 실업 문제 얘기하고, 실업자 노조도 있다고 하더라고요. 그런 식으로 자기 밥그릇만 챙기는 것은 아니라는 인식이 있기 때문에 파업을 해도 "그럼 해야지" 할 수 있는데, 우리나라는 파업하면 "8000만원 받는 새끼들이 무슨 파업이야?" 하는 식으로 얘기하잖아요. 파업할 일 있으면 1억 원 받는 파일럿이라도 파업을 해야죠.

저는 그렇게 생각하는데, 문제는 국민들의 정서가 있잖아요. 문제는 그 정서가 아주 근거가 없는 게 아니라 노조들이 하는 행동 이런 데 비춰봐서 그런 소리가 나온 것이라는 거죠. 반재벌 정서 말씀하셨는데, 그것은 많은 부분은 재벌들이 지어낸 건데, 전혀 근거가 없는 것은 아니라고 생각해요. 박현채 선생 같은 분의 영향인데, 중소자본은 민족자본이고 재벌자본은 매

판자본이라는 등식이 있어서 사람들이 괜히 중소기업에는 더 호감을 느끼고, 재벌기업들은 미워하고 그런 게 있긴 있어요. 그런데 기본적으로는 우리 국민들이 그렇게 반자본주의적인 국민들도 아니고, 삼성 밉다고 하면서 자기 아들 삼성 취직하면 좋아하잖아요.

지 학벌주의가 나쁘다고 하면서 서울대 가길 바라죠.(웃음)
장 아까 말씀드린 대로 재벌기업 싫어하는 정서가 조금 있는 것은 사실인데, 기본적으로는 재벌들이 자기네 운신 폭을 넓히려고 지어낸 말이죠.

지 한국 사회가 다른 분야, 특히 정치인에 비해 경제인한테는 관대하다고 생각하거든요. 김승연 회장 사건 같은 게 정치권에서 나왔다면 당 전체가 흔들릴 수 있는, 여당 같으면 국무총리 사퇴가 아니라 대통령도 사퇴하라고 얘기할 만한 사안 같거든요. 그런데 동정 여론이 상당히 많았지 않습니까? 내 자식이 맞아도 그렇게 할 것 같다는.
장 세상 어느 나라에서 기업 총수 잡혀갔다고, 나라 경제가 걱정되므로 풀어주자고 하니까 국민들이 "그래, 그래" 하는 나라가 어디 있어요. 우리 국민들이 기업인들을 잘 봐주는 겁니다. 그렇지만 큰 자본, 작은 자본 이렇게 나오면 큰 것보다는 작은 게 좋다는 정서는 제가 보기에는 좀 있는 것 같고요, 특히 좌파 쪽에서.

지 이런 정서가 있기 때문에 역으로 보면 타협을 이룰 수 있는 복잡미묘한 상황인 것 같기도 합니다.

장 그래서 제가 기회 있을 때마다 강연을 하면 정치인들이 와서 앉아 있기도 한데요. "나는 이만큼 얘기했으니까 이제 정치인들이 해줘야 한다"고 하면 딴청을 피웁니다.(웃음) 그런 국민 정서를 이용해서 필요한 쪽으로 발현을 시키고, 그걸 묶어내고, 그걸 통해서 새로운 타협점을 찾고, 법을 만들고 하는 게 정치인들의 의무인데, "저는 학자로서 이런 사례가 있고, 논리적으로 얘기하면 이렇고, 이런 문제가 있고, 이런 대안을 생각할 수도 있고, 이런 얘기만 하는 거지, 그것을 구현하는 것은 정치인들이 해주셔야 하는 것 아닙니까?" 이렇게 얘기하면 그 분들은 슬그머니 웃죠. 저는 그렇게 생각해요. 바로 그게 정치거든요. 안 그러면 행정으로 모든 일이 해결이 되죠. 법 제정해서 안 지키는 놈 잡아가고, 혼내주면 될 거 아네요.

윤 제가 느꼈던 게 그 말씀을 드리고 싶어서 그랬던 것 같아요. 사회적 대타협, 이렇게 얘기하면 사실은 사회 제반 세력의 갈등이 첨예화할 텐데요. 사실상의 갈등에도 불구하고 어떻게 보면 간단하고, 어떻게 보면 허무하게도 정치 엘리트가 잘하면 순식간에 해결될 수도 있겠더라고요.

장 기술적인 문제는 있겠지만, 방향 트는 것은 의외로 쉬울 수도 있어요.

지 앞서 윤미선 씨 얘기 가운데 "순식간에"라는 말이 나와서 그러는 건데, 잠깐 좀 화제를 돌려보겠습니다.

한국 사람들은 화끈하니까 건물 하나 300년 동안 짓고 앉아 있지 못하지 않습니까? 어쨌든 소비자 권리가 약한 것 같지만, 침대 같은 것도 오늘 골라서 오늘 택배로 오지 않으면 화를 내거든요.

장 좋은 예가 있어요. 제가 몇 년 전에 에어프랑스를 타고 브라질을 갔다 왔는데요. 에어프랑스가 괜찮은 항공산데, 딱 하나 문제가 뭐냐면, 파리 공항에 짐 나르는 사람들하고 너무 노사관계가 안 좋은 겁니다. 사실 비행기를 타면 서비스도 좋고, 커넥션도 좋고, 참 좋은 항공사인데 만날 그 친구들이 파업을 하거든요. 그것도 제대로 된 파업도 아니고 예고도 없이 하는 파업인데요. 그때 왔다 갔다 하면서 오가는 길에 짐이 다 없어졌어요. 결국 찾긴 했지만, 얼마나 불편해요. 집에 오는 건 괜찮은데, 외국 갈 때는 옷도 없고, 그래서 남의 와이셔츠 빌려 입고 쇼를 했는데요.(웃음) 화가 나서 서 있는데, 영국 사람들은 대부분 조용히 가방 분실 신고서를 내고, 한두 명 악 한번 쓰고 가고, 저도 화는 나지만 한두 마디 해주고 쓰고 왔는데요.

그때 한국 승객들도 많은 수가 그런 일을 당했어요. 근데 한국 뉴스를 보니까 이런 일을 당한 일부 승객이 에어프랑스 사무실을 습격해서 기물을 파손하고, 직원들 멱살을 잡고 그랬다고 하더라고요. 제가 그래서 그런 말을 했어요. 한국에서는 서비스 잘 안 해주면 신변안전에 위협이 있기 때문에 서비스 질이 굉장히 높다고.(웃음) 그런 게 한편으로는 무례하게 나타나지만, 그런 게 있기 때문에 한국 기업들이 잘해줘요. 그러니까 그런 게 좋은 점이면서 나쁜 점인데요. '빨리 빨리' 문화라는 게 한편으로는 그것 때문에 일도 그르치고 그러지만 그게 있기 때문에 뭔가 기준이 정해지면 거기에 다 잘 맞추거든요.

지　외국의 패스트푸드보다 한국의 슬로푸드가 더 빨리 나오니까요.
장　그렇죠. 앉자마자 탕이 나오니까.

지　신해철 씨가 영국에서 재밌는 경험을 얘기하던데요. 침대 광고를 보니까 당일에 된다고 해서 전화해서 "정말 당일에 되느냐?"고 했더니, "물론이다. 지금 나무가 준비되어 있으니까 디자인 정하고, 깎고 하면 한 3개월 후면 받을 수 있을 거다" 그러더랍니다.(웃음)
장　그게 제가 얘기하는 영미식 서비스 산업의 본질인데, 비용의 많은 부분을 소비자한테 전가하거든요. 침대 같은 거 배달시키잖아요. 며칟날 오냐? 그러면 5월 25일. 몇 시에 오냐? 그러면 아침 9시에서 저녁 6시 사이. 이건 직장 휴가내고 받으라는 얘기예요. 소비자한테 그런 식으로 비용을 전가시킨다고요. 거기다 대고 화도 못 내요.

자기 자리에서 자기 역할을 다하는 사람이 많아야

지 다시 제 화제로 돌아와서 여쭤보는데요. (재벌 문제를 보는 인식에 있어) 노무현 대통령이 변한 건가요? 원래 그랬다고 생각하시나요?

장 노무현이 처음 그대로더라도 이 문제는 해결이 안 되죠. 그 문제에서 제가 얘기하는 거랑은 생각이 다르기 때문에 계속 이런 식으로 기업 투명성 얘기를 하면서 밀고 나갔을 거라고요.

빈 그 전의 정부에서 방향을 그렇게 잡은 건 아닌가요?

장 그런 것도 있고요. 옛날 그런 게 역사의 그림자인데, 어떻게 하다보니까 다각화는 나쁜 거라고 해서 노태우 때부터 다각화하지 말고 특화하라고 하는 그런 식의 정책도 많이 쓰고 그랬는데요. 다각화도 물론 재벌들이 백화점에 여행사까지 다 하는 것은 문제가 있지만, 예를 들어 다각화 안 했으면 지금 삼성은 아직도 양복지 만들고, 현대는 땅 파고 있을 것 아닙니까? 다각화라는 게 필요하다고요. 사실 이런 뉘앙스로 어떤 형태의 다각화는 좋고, 어떤 형태는 나쁘고 하는 식으로 논의를 했어야 하는데, 옛날에 이렇게 규정이 되다보니까 지금 정부도 별 생각 없이 반사적으로 다각화는 나쁘다고 하는 거지요.

윤 이런 목표를 위해서 대선 후보를 선택한다고 하면 이런 얘기에 관심을 갖고 듣는 사람들은 한나라당을 찍어줄 생각이 별로 없을 텐데요. 지금 여당 쪽 후보도 별로 믿을 수가 없거든요.

장 선택할 후보가 솔직히 없죠. 지금 이런 식의 대타협을 받아들여줄 대통령 후보가 있나요? 야당은 물론이고 여당에서도요.

윤 인터넷 댓글 가운데 이런 게 있더라고요. "장하준 교수님, 한국에서 이런 강연 하지 마시고, 노벨 경제학상을 타서 대통령이 되시고, 그 다음에 맘대로 하세요." (웃음)

장 아이고, 아녜요. 저는 '교수 정치금지법'을 만들어야 한다고 생각하는 사람인데요. 우리나라는 교수들이 너무 많이 정치도 하고 장관도 해서 망한 나라라고 생각해요. 정말 농담이 아니라 아까 말한 대로 정치인이 할 일은 그런 식으로 사람들 결집하고, 새로운 아이디어를 내서 분위기 바꿔주고 조직하고 그런 건데, 교수들이 언제 그런 일을 하겠어요. 옛날 군부독재 할 때 '유신사무관'이란 게 있었습니다. 행정에 대해서 아무것도 모르는 소령이나 이런 식으로 퇴역한 사람 중에 자기 마음에 드는 군인들을 사무관으로 보내요. 행정 몰라서 못하거든요. 그래서 욕 많이 먹었어요. 교수가 장관 하는 것도 유신사무관이나 똑같은 거라고요. 자기네가 언제 행정 해봤고, 언제 정치 해봤어요. 안 되는 일이죠. 저는 그게 해악을 많이 끼쳤다고 생각합니다.

지 언론인이 정치를 하는 것도 그렇지 않습니까?

장 그렇죠. 언론인도 마찬가지고요. 영국 같은 데도 보면 교수 출신, 언론인 출신 정치인은 있는데, 그 사람들은 이미 30대 때 전직하겠다고 해서 바닥부터 올라온 사람이에요. 그것은 좋죠. 직업 선택의 자유가 있는 거니까. 그러나 우리나라 식으로 50대 되어서 '영입' 이래 가지고 장관도 하고 국회의원도 하는 경우는 문제가 있죠. 간혹 가다가 체질이 맞아서 잘 하는 사람도 있어요. 그건 사실입니다. 모든 사람이 다 실패한다는 얘긴 아닌데, 기본적으로 그런 걸 감안해서 결정해야 하는데, 그분은 저를 칭찬하려고 그런 얘기를 써줬는지 모르겠지만, 안 돼요.(웃음) 대통령, 시켜준 대도 안 하고요. 정말 나라를 위한다면 하면 안 됩니다.

지 한국 상황이 그만큼 안 좋다, 희망이 없다는 얘기 같은데요.
장 제 얘기를 수용해줄 사람이 있는지는 모르겠는데요. 설사 있다고 해도 한 부분을 수긍하면 다른 부분은 안 좋아하는 게 있어서요. 모르죠. 그렇게 얘기하는 게 제 직업이니까 그것을 어떤 분들이 받아주고 말고는 제 소관이 아닌 것 같습니다. 제가 의도적으로라도 자극적으로 얘기하는 게 너무 고정관념에 사로잡혀 있어서 그것을 깨주겠다는 생각이 많아요. 저는 학생들 가르칠 때도 거기에 중점을 두거든요. "너희가 도대체 사실이라고 알고 있는 게 얼마나 엉터리인지 아느냐?" 《사다리 걷어차기》에서 그것을 많이 한 건데요. 역사뿐 아니라 현실 경제에서도 굉장히 고정관념이 많거든요. 예를 들어 사람들은 스위스는 관광업과 금융업으로 먹고 사는 서비스 경제라고 믿고 있는데, 스위스는 1인당 공업 생산량이 세계 1위입니다. 시계, 제약, 정밀기계, 이런 게 있죠. 그런데 잘 모르거든요. 스위스 예를 비롯해서 학생들한테 그런 것을 던져주면서 고정관념을 깨고 강의하면 훨씬 잘 알아듣습니다.

물론 교실에 수업을 듣겠다고 들어온 애들의 고정관념하고 밖에서 자기 생활 속에서 살아가는 사람들의 고정관념은 정도가 다르겠지요. 그리고 제가 보낼 수 있는 충격파의 크기, 세기도 다르니까 교실에서 하는 것만큼 잘 안 되지만 그게 제 임무라고 생각하고요. 정운영 선생님이 돌아가시기 전에 제 책을 리뷰하시면서 저더러 '등에'라는 말씀을 하셨는데요. 저를 좋게 봐주시고, 제 갈 길을 잘 잡아주신 것 같아요. 등에로서의 역할을 계속하면서 살고 싶습니다. 한국에서도 그렇고, 세계적으로도 그런 생각을 하면서 살고 싶어요.

지 정운영 선생님은 돌아가시기 전에 자주 뵙고 하셨나요?
장 아니요. 옛날에 한번 서울대 와서 강의하실 때 뵈었죠. 나중에 제가 한국에 좀 와서 살 때, 《중앙일보》에서 '이코노미스트 포럼'인가 만들어서 나름대로 비교적 넓은 스펙트럼의 경제학자들을 불러다가 경제 간담회를 한다고 해서 참가했었는데요. 거기 정운영 선생님이 오셔서 두세 번 뵈었나요. 거기 몇 번 나가고, 저는 다시 영국으로 돌아갔어요. 저를 굉장히 좋게 봐주신 거죠. 개인적인 친분이나 그런 게 있는 건 아니고요.

지 친분이 있고 그러면 얘기하기도 어렵잖아요. 그런 분이 《중앙일보》에 계속 계셨으면 이런 메시지를 전달하는 데 도움이 많이 됐을 것 같은데요.

장 그렇죠.

지 비교적 우리나라는 국민이 실체가 있는 게 인터넷에서만 욕하는 게 아니고 황우석 사태 같은 때도 오프에서 강의도 방해하고, 머리끄덩이 잡아당기고 하지 않습니까? (웃음) 실체가 있는 거죠.

장 그렇죠. 있긴 있어요. 과격한 방법으로 나타나서 그렇지, 실체가 있다고요. 영국이 그런 면에서는 참 한심한 면도 많은 나라지만, 좋은 면 가운데 하나가 괴짜를 높이 평가해주는 거거든요. 거기도 사실 왕따 같은 것도 많이 하고 그래요. 전체적으로 그런 것은 아닌데, 최소한 지식인 사회에서는 그런 괴짜들을 높이 평가해주는 것이 있어서 괴짜들이 숨어서 안 보이면서 사는 경향이 조금 덜하거든요. 그런 것은 배울 만한 점인 것 같아요.

지 버트란트 러셀 같은 사람은 예전에 전쟁 중에 반전 주장하고 그랬잖습니까? 우리나라 같으면 어땠을까 하고 신해철 씨가 얘기하더라고요.

장 생매장됐겠죠. 그런 관용이 있기 때문에 사회가 유지되는 거죠. 그러나 그 사람들도 오랜 세월 피를 흘리면서 배운 거예요. 처음부터 우리보다 잘나서 그런 게 아니라 서로 수백 년 동안 죽이고 뜯고 하다가 말이죠. 영국 런던 대학에서 가르치는 유명한 한 그리스 계 역사학자가 20세기 유럽 역사에 대해 책을 쓰면서 오죽하면 그 이름을 《어두운 대륙》으로 붙였겠습니까. '어두운 대륙' 그러면 대개 아프리카를 떠올리는데, 그 사람의 주장은 20세기에 살육, 만행, 그런 나쁜 짓을 가장 많이 저지른 게 유럽이고, 그래서 유럽이 '어두운 대륙'이라는 겁니다. 오죽하면 그랬겠어요.

지 한국 사람이 갖고 있는 이건희 회장에 대한 생각이 이중적이지 않습니까? 가장 존경받는 사람이기도 하고, 비판도 많이 받는데요. 사회적 대타협을 하는 데 있어서 이건희 회장의 역할이 중요할 수밖에 없지 않습니까?
장 그럼요. 그 분 얼굴이 나와야죠.

지 그 분의 선택이 다른 사람에게 영향을 많이 주기도 할 텐데요. 그 분에게 요구하실 건 없나요?
장 글쎄요. 아니 삼성은 다른 것보다도 전체 문제에서 제일 경영권 때문에 노심초사하는 위치에 있지요. LG는 지주회사 전환하고 해서 빠져나갔는데, 삼성이 그 문제에 제일 크게 걸려 있어서 타협할 인센티브가 제일 크겠죠. 보면 삼성경제연구소에서 연구도 제일 열심히 하는 것 같고요. 그리고 삼성이 우리나라를 대표하는 기업이니까 거기 나서줘야 되고요. 사실 훌륭한 일을 많이 한 기업이죠. 그런 의미에서 할 인센티브도 많고, 할 능력도 많죠. '삼성에 대한 부탁'이라는 식으로 얘기할 것까진 없지만, 그래도 제 생각에 삼성이 한 가지 꼭 해야 할 일은 '무노조주의' 그거 없애는 것입니다. 어떤 사람은 삼성이 노조 못 만들게 매수하고 방해 공작하는 돈으로 노조를 만들어주고 임금 올려줬으면 돈이 남았을 텐데, 하더라고요. 자기 경영철학에서는 중요한 일부일지는 몰라도 그게 시대정신에 안 맞고 대타협하는 데 걸림돌이 되고 있는데, 그런 건 없애줘야 하는 것 아닌가요.

지 어떻게 보면 가부장적인 건데, 자식이 크면 큰 것을 인정하고 대화로서 풀어야 하는데요.

장 대개 권위주의적인 아버지들이 그걸 못하거든요. 그래서 그런 집 자식들이 가출도 많이 하고 그런 건데, 배워야죠.

지 문제는 커지고, 비용은 많아지는 셈인데요. 이 사람들이 배우기 힘들지 않을까 하는 생각이 듭니다. 그게 정서적이기도 하고, 때로는 종교적이기도 하잖습니까? 이랜드 같은 경우에도 120억 원을 교회 헌금으로 내면서도 노조하고 문제가 있는데요. 그 사람의 인생관과 종교관이 있는 거기 때문에 헌금 내지 말라고 할 수도 없는 노릇이고요. (웃음)

장 자기의 독특한 인생관과 가치를 가지고 살아가는 거지만, 그게 주변의 안녕을 해치고 시끄럽게 만들면 다시 생각해봐야 하는 것 아닌가요? 예를 들어 음악을 크게 듣는 것을 좋아하는 사람이 계속 그러고 듣고 있는데, 옆집에 누가 이사 와서 "너무 시끄러우니까 좀 줄여달라"고 하면 줄여야죠. 음악을 크게 듣는 것 자체가 도덕적으로 나쁜 것은 아니지만 그걸로 남한테 피해를 주게 되면 나쁜 거죠. 물론 주변에 사람이 없으면 얼마든지 크게 들을 수 있는 거고요.

지 방음장치를 하든지, (이웃이) 음악을 좋아하게 만들든지 하면 되겠죠.(웃음)

장 그렇죠. 그런 수도 있죠. 옛날에 그러더라고요. 어떤 분이 남편 따라서 독일 유학을 갔는데, 된장찌개를 끓이니까 이웃이 불평을 하더랍니다. 그래서 잠깐 들어오라고 해서 먹였더니, 맛있다고 하면서 그 다음부터는 아예 더 끓여서 좀 달라고 하더랍니다.(웃음) 여러 가지 해결책이 있겠죠. 그러나 나는 이 음악을 지금까지 이런 볼륨으로 들었으니까 계속 그렇게 들어야겠다고 하는 것은 문제가 있는 거죠. 삼성도 무노조주의를 통해 어느 정도 잘했는지 모르지만, 자기들 종업원들하고 문제가 되고, 사회적으로도 문제가 되면 고려를 해야죠.

지 소통의 문제인 것 같습니다. 이건희 회장은 사람들이 나에게 왜 직언을 하지 않느냐는 얘길 자주 한다는데, 어떤 사람은 "도대체 누가 감히 회사 안에서 이건희 회장에게 직언을 하겠는가?" 반문했다고 하더라고요.

장 무노조주의라는 게 이병철 회장의 유언이라 그것은 아무도 못 건드린다고 하던데요. 어느 정도냐면 삼성이 외환위기 때 중기계를 볼보한테 팔았잖아요. 볼보 중기계가 왔는데, 거기서 직원들에게 노조를 만들어달라고 사정했다는 것 아닙니까? 스웨덴 기업은 노조를 통하지 않고 기업을 운영해본 적이 없기 때문에 직원들이 뭉쳐 있지 않고 뿔뿔이 흩어져 있어서 운영을 못하겠다는 겁니다. 그런 식으로 다른 시각에서 볼 수도 있는 건데, 그게 삼성 자체가 그것 때문에 망한다는 이런 얘기는 아니지만, 그런 식으로 우리나라에서 제일 중요한 기업이 무노조주의를 주장하고 있으면 우리나라의 건전한 노사 파트너십이 발전하는 데 큰 걸림돌이 되거든요. 그러면 다른 기업들도 "삼성은 노조도 없는데, 애들은 왜 이렇게 떠드나?" 이러기 시작하면 건전한 노사문화가 발전하기 힘들죠.

뭔가 우리만의 특성이 있는 것을 가지고 팔아서 그런 것으로 성공을 하고,
우리 문화 코드가 외국인들한테 받아들여지면 그때는 진짜 그걸 기반으로 해서
한번 크게 해볼 수도 있겠죠. 하지만 코드 자체가 다른데, 우리 코드의 특유한 것을
보여줘야지, 저쪽 코드를 처음부터 그대로 따라가려고 하면 되겠습니까?
저쪽은 저쪽대로 자기네 수백, 수천 년 문화유산 위에 서 있고, 우리도 우리대로
우리네 수백, 수천 년 문화유산 위에 서 있는데, 정작 우리 것은 저버리고 바닥으로
내려와서 저쪽 것으로 경쟁하겠다는 것이거든요. 그게 경쟁이 되겠어요, 우리는
우리 것을 갖고 저쪽과 경쟁할 생각을 해야지요.

CHAPTER 04

과대망상과 집단최면에서 벗어나는 것이 **선결과제**

먼저 '나'를 알아야 문제해결의 열쇠가 보인다

솜씨 없는 목수가 연장 탓만 한다

지 《나쁜 사마리아인들》의 반응이 한국에서 너무 좋습니다.

장 지 선생님이 알라딘에 리뷰를 너무 잘 써주셔서 그런 거 아녜요?(웃음)

지 첫 주부터 교보문고에 책이 없어서 못 팔 정도였는데요. (웃음) 영국 학계나 이런 곳의 반응은 어떻습니까?

장 글쎄요. 학계보다는 대중을 상대로 쓴 책이니까요. 학계 사람들이야 제가 하는 얘기가 뭔지는 대강 다 아는 거고요. 싫어하는 사람도 있고 좋아하는 사람도 있지만, 무슨 얘긴지는 대강 아는 거니까요. 한국에서는 《쾌도난마 한국경제》니 해서 접할 기회가 있었지만, 여기서는 처음이거든요. 그런 면에서는 반응이 좋은 것 같아요. 언론 같은 데서도 많이 다뤄졌고, 이메일도 와서 사람들이 처음으로 이런 얘기를 들었다는 얘기도 하고 있고요.

지 그 책을 보고 그 나라 사람들 입장에서는 기분 나쁠 수도 있는데, 반성을 한다든가 그런 건 없나요?(웃음)

장 사람들이 대개 그렇듯이 자기 생각과 다른 뭔가가 나오면 거부반응을 보이니까 그런 사람들은 읽고 어떻게 생각하는지 모르지만, 저한테 그런 얘기까지는 잘 안 하죠. 자기가 경제학에 대해서 잘 모르고, 세계화 이런 데 관심도 없고 그랬는데 이 책을 보고 많은 것을 알았다는 그런 메일들입니다.

지 한국에서도 경제신문이나 기업 입장에서는 기분 나쁠 수도 있는 내용인데요. 거의 모든 경제신문에서 이 책을 크게 다뤘거든요. 다른 신문들도 마찬가지였고요. 지난번에 말씀드린 것처럼 그렇게 관심을 가지고 읽으면서도 구체적인 부분은 잘 받아들여지지 않는 점도 있는 것 같습니다.

장 글쎄요. 저 같은 입장의 사람이 항상 처하는 문제인데, 말하자면 저랑 반대되는 견해를 가진 사람들이 권력을 쥐고 있고, 돈이 있잖아요.(웃음) 그 사람들이 맘대로 만들어놓은 틀 속에서 하게 되는 항상 불리한 게임입니다. 그들이 판을 다 짜놓은 상황에서 저 같은 입장에 있는 사람들이 "이런 대안을 가지고, 이렇게 저렇게 했으면 좋겠다"고 하면 "그게 현실적으로 가능한 얘기냐"는 식으로 나오거든요. 말하자면 힘 있는 사람이 바꿀 생각이 없으니까 가능하지 않은 거죠. 그러나 사실 그 책에서도 한 얘긴데, 옛날에 마셜 플랜이니 뭐니 해서 후진국들을 많이 봐준 적도 있고요. 선진국들이 꼭 천사였던 것은 아니지만 제가 주장하는 거랑 비슷하게 세계가 돌아간 면이 있거든요. 사실 그렇게 하려고 마음먹으면 옛날하고 똑같이 할 수는 없겠지만, 비슷하게는 할 수는 있을 텐데 그럴 마음이 없으니까 "과연 바꿀 수 있는 거냐, 가능하기는 한 거냐?" 이런 식으로 반문하고 나오는 거죠.

지 21세기형 사회주의라고 불리는 베네수엘라 상황에 대해서는 어떻게 생각하십니까? 한국의 진보진영에서 차베스를 주목하고 있는 사람들이 많아지고 있는데요. 그런데 그렇게 얘기하면 "한국과 베네수엘라 상황은 굉장히 다르다"고 미리 못을 쳐놓고 얘기하는 경우가 많지 않습니까?

장 베네수엘라는 워낙 옛날부터 10퍼센트가 모든 것을 다 차지하고, "90퍼센트는 죽으려면 죽어라" 하고 운영되던 나라였습니다. 그런데 차베스 대통령이 들어와가지고 이전에 상류층의 이익을 위해서만 봉사하던 국영 석유회사를 장악하면서 가난한 사람들, 과거에 의료나 교육 혜택을 못 받던 사람들에게 혜택을 받게 해주거든요. 그런 면에서 상당히 긍정적인 면이 많죠. 그런데 접근 방법 자체가 지금 우리나라 상황하고 많이 다른 게, 거기는 일단 석유에서 나온 자금이 있으니까 가만히 잘 놔두면 된다는 식이고, 우리는 가만히 앉아 있어도 나오는 돈이 없잖아요. 그러니까 우리 같은 입장에서는 "어떻게 하면 잘 성장할 수 있나, 잘 투자할 수 있나" 하는 것을 고민할 수밖에 없죠. 베네수엘라도 제가 한번 가보고 했지만, 장기적으로 문제가 있을 수 있어요. 장기적인 투자 같은 것은 별로 생각하지 않고 있기 때문에. 기름이 워낙 많은데다가 기름 값이 비싸니까 문제는 별로 없는 건데요. 기름 값이 떨어진다든가 하면 문제가 생길 수 있죠.

지 어쨌든 차베스는 자기 나라의 상황에 맞는 적절한 정책을 쓰는 것 아닙니까? 기름이 많이 난다고 해서 민주주의를 하거나 하층 계급의 이익을 대변하는 건 아니지 않습니까? 그런 상상력을 가진 부분은 배워야 할 것 같은데요.

장 그럼요. 자기네 나라가 현재 닥치고 있는 문제에 대해서는 맞는 해결책이라고 할 수 있죠.

지 거기서 우리가 어떤 점들을 배워야 할까요?

장 베네수엘라를 비롯해서 남미 나라들은 500년 전부터 백인들이 들어가서 다 점령하고, 특히 아르헨티나는 원주민들이 거의 다 없어질 정도로 백인들끼리 나눠먹고 산 건데요. 그런 식으로 되니까 사회가 굉장히 불평등해지고 험악하거든요. 다른 나라는 많이 안 가봤지만 브라질은 많이 가봤는데, 그런 나라의 부자들은 경호원도 데리고 다니고, 높다란 담 쳐서 경비원

놓고 삽니다. 범죄율도 높고 무서우니까요. 베네수엘라 같은 나라에서는 그런 것들이 곪아서 터진 거죠. 남미 다른 나라에 비해서도 지배 계급이 나라를 특히 심하게 망쳐놨기 때문에 국민들이 저항하고 일어난 거고요. 차베스 이 사람이 정치적 감각이 좋으니까 그런 바람을 파악하고, 그런 식으로 해결책을 내놓는 거죠.

지 어떻게 보면 우리나라는 참여정부가 기득권의 저항이나 언론 때문에 못했다고 얘기를 많이 하는데요. 교수님이 말씀하신 것처럼 경제를 정치와 떼놓고 생각할 수가 없지 않습니까? 베네수엘라의 언론이나 기득권 세력은 우리보다 훨씬 더 나쁜 놈들이고, 질이 안 좋다고 볼 수 있는데요. 물론 상황이 좀 다른 부분도 있겠지만, 그런 것들을 극복하고 개혁을 해나가는 것을 보면 참여정부가 너무 언론이나 기득권 핑계를 댄 것은 아닌가 생각합니다.

장 저도 그렇다고 생각해요. 좋은 예로, 에콰도르 같은 나라를 보면 지금 집권하고 있는 코레아라는 대통령이 들어와서 자기 국회의원 한 명도 없이 정권을 시작했거든요. 그런데 자기가 뛰어다니면서 과거 잘못된 것들을 개선하자고 국민들을 설득해서 헌법 개정을 위해 제헌의회 같은 것을 다시 만들자고 했습니다. 그래서 국민투표에 붙였는데, 거기서 78퍼센트 지지를 얻어서 통과시키고, 곧 제헌의회 선거를 할 거예요. 그거 하고나면 헌법도 바꾸고 여러 가지 할 텐데, 그런 식으로 어려운 상황에서도 (꼭 해야 할 일이라면) 하는 사람이 있고, 그냥 언론 때문에 못하겠다고 얘기하는 사람이 있고 그런 거죠.

지 베네수엘라의 경우 미국과의 교역이 줄지 않았다는 점을 들어서 "그 나라의 민족주의자 내지는 자유주의자의 생존방식이 아니겠느냐" 하고 한계를 지적하는 시각도 있는데요.
장 저는 외국하고 교역을 끊는다든가 이런 게 특별히 독립적인 거라고 생각지 않습니다. 그렇게 해가지고 경제가 망하면 안 되잖아요.

북한도 보세요. 입으로는 주체, 자주, 이런 얘기하지만, 실제로는 1990년대 내내 아시아에서 미국 원조를 첫 번째 아니면 두 번째로 많이 받은 나라가 되었거든요. 겉으로는 자주를 외쳐도 결국 미국 돈 받고 사는 건데, 베네수엘라 입장에서도 미국하고 교역을 줄이는 게 꼭 좋은 건지도 모르겠고요. 차베스가 말은 그렇게 하지만, 상당히 실용적인 데가 있는 사람이거든요. 미국도 차베스를 그렇게 미워하는 것 같아도 자기네 나라의 주요 석유 공급국이고, 자기네 나라 회사들이 거기 투자도 많이 해놨으니까 투덜투덜하면서도 결국 베네수엘라와 같이 일하는 거죠.

지 스칸디나비아 국가들의 사회적 조합주의를 좋은 모델로 보시는 것 같은데요. 그쪽 나라들에서 그런 정책들이 성공한 배경은 무엇입니까?

장 여러 가지 이유가 있겠지만, 경제적으로 볼 때는 제일 중요한 게 이런 부분인 것 같습니다. 복지제도를 그냥 단순히 돈 많은 사람한테 거둬들여서 돈 없는 사람한테 나눠주자는 차원으로 구성하는 것이 아니라 그것을 통해서 경제 발전을 하는 식으로 한 거거든요.

예를 들어, 연대임금제라는 것이 있어서 하는 일이 같으면 회사가 달라도 임금을 똑같이 주게 만들었습니다. 그렇게 되면 생산성이 낮은 회사들은 생산성이 낮은데도 다른 회사들하고 같은 임금을 줘야 하니까 힘들어가지고 도태되는 거고요. 생산성이 높은 회사들은 다른 나라 경우 같으면 생산성이 높으니까 돈을 더 많이 줘야 하는데, (이윤에 비해) 조금 줘도 되니까 이윤이 더 많이 남아서 더 적극적으로 투자하고 확장하는 식으로 구조조정을 했습니다. 또 한편으로는 복지제도가 재교육 시스템과 연결이 잘 되어 있기 때문에 그것을 통해서 노동자들의 실직에 대한 공포를 해소해줌으로써 기술 발전이나 구조조정에 대한 노동자들의 저항을 줄이고 그러면서 환경 변화에 더욱 신속하게 적응할 수 있는 능력을 키운 거죠.

또 하나의 예로는 (제가 지난 번 인터뷰 때 말씀드렸는지 모르겠지만), 1920년대까지만 해도 스웨덴이 세계에서 파업률이 제일 높았던 나라거든요. 그러다가 1930년대에 타협을 함으로써 노사관계가 안정되고, 파업 같은 것을 안 하게 되니까 거기서 이익을 보게 되는 거고요. 복지제도와 경제 발전 전략을 잘 이어가면서 했다는 점에서 성공한 거죠. 아까 베네수엘라 같은 경우는 장기적으로 걱정이 된다고 얘기했던 게, 현재로서는 그런 식의 전략은 없기 때문이에요. (그 나라의 역사를 보면 이해가 안 가는 건 아니지만) 장기적인 생산 전략이 없는 상태에서 갑자기 기름값이 떨어지면 어떻게 할 것인가 하는 걱정이 드는 거죠.

지 IMF, 세계은행, WTO를 '사악한 삼총사'라고 부르고 계시잖아요. 그게 강대국에게 유리하게 '기울어진 운동장'을 만드는 조건이라는 말씀이신데요. 이런 상황을 어떻게 극복해야 할까요? UN만 해도 미국 같은 강대국의 입김에 따라 움직일 수밖에 없는데, 그것을 개선해야 공평한 게임이 되지 않겠습니까?

장 아주 표면적으로 얘기하자면 IMF, 세계은행 이런 곳의 의사결정 구조를 바꿔야죠. 1국 1표가 아니라 1원 1표로 되어 있으니까 돈 많은 나라들이 힘이 센 거고요. 그나마 미국이 사실상 거부권을 갖고 있고요. UN처럼 공식적인 거부권은 없지만, 중요한 결정은 85퍼센트 주주의 동의를 받아야 한다고 규정되어 있는데, 미국이 18퍼센트 주를 가지고 있거든요. 미국이 반대하면 되는 게 하나도 없다고요. WTO 같은 경우는 1국 1표로 되어 있기는 하지만, 워낙 협상력도 차이 나고, 선진국이 조금 수틀리면 원조 끊겠다고 하고 그러니까 어렵거든요. 그런 것을 감안해서 도리어 후진국들이 합의할 경우에 어떤 힘을 더 실어준다든가 하는 제도개선이 필요한데요. 문제는 그런 것을 하려면 (결국 정치적인 힘 싸움이니까) 그게 바뀌어야 하는 거죠.

사실 1970년대까지 후진국들이 비동맹운동이니 단결을 많이 해서 얻어낸 게 많은데, 1980년대 이후에는 외환위기 나면서 자기 나라 살 길이 바쁘다보니까 단결이 안 되고 뿔뿔이 흩어졌지 않습니까? 사실 지난 5, 6년을 돌아보면 후진국들이 많이 변했거든요. 옛날에 WTO 가면 인도 혼자 반대를 하고 핏대를 세웠는데요. 요즘은 브라질, 남아공 이런 데도 그쪽으로 힘을 실어주고, 아르헨티나는 2002년 외환위기 나기 전까지만 해도 IMF의 심복이었는데, 이제 반대 입장에 섰잖아요. 그런 식으로 큰 나라들이 바뀌고, 작은 나라들도 "이거 우리가 뭉치지 않으면 도저히 못 살겠다" 하는 식으로 비동맹운동까지는 아니더라도 모여서 합의를 해요.

그런 식으로 후진국들 자체가 변하고 있는 거고, 그 다음에 세계정세도 지금 생각하면 하나도 안 바뀔 것 같지만, 예를 들어 미국 대통령이 공화당에서 민주당으로만 바뀌어도 (물론 그것으로 100퍼센트 더 좋아지는 것은 아니겠지만) 행동하는 방식이 상당히 바뀔 거고요. 선진국 내부에서도 "후진국들을 너무 못살게 구는 것 아니냐" 하는 목소리가 힘을 얻고 있으니까 그런 식으로 점점 흐름이 바뀔 수도 있는 거죠.

그러니까 단기적으로 생각하면 비관적으로 보이는데, 장기적으로 생각해보세요. 불과 50년 전만 해도 많은 나라가 식민지 아니었습니까? 50년 전, 70년 전에 한국을 비롯한 나라들이 독립시켜달라고 하면 웃었잖아요. "너희 같은 나라가 어떻게 독립을 하느냐, 나라를 경영할 능력이나 있는 거냐?"고 했는데, 결국 다 독립했단 말이죠. 저는 장기적으로 보면 역사가 진보한다고 믿습니다. 이런 체제도 결코 지속될 수 없을 것이고요. 그러나 그런 것을 하루라도 빨리 더 잘 고치려면 그런 문제를 제기해서 토론을 해야 하고, 그런 의미에서 이번 책이나 다른 글들도 쓰는 거죠.

지 WTO는 1국 1표지만, 작은 나라는 인력이 없어서 회의에도 참석하지 못하고, 이런 여러 가지 문제가 있지 않습니까? 그러면 비슷한 이해관계를 가진 나라들끼리 표를 위임한다든지 하는 것은 불가능합니까?

장 글쎄요. 그게 제도적으로 딱 되어 있는 것은 아닌데, 그런 식으로 모여서 성명 같은 것을 발표하죠. 예를 들어 자기네 나라에 관여되는 사항이 있으면 모여서(30개국이 모일 수도 있고, 90개국이 모일 수도 있고) 그런 것을 발표하거든요. 그런 경우 거기에 대표부가 없고 사람이 없는 나라도 그것을 통해서 자기의 표심을 간접적으로 표현할 수 있는 거고요. 책에도 잠깐 썼지만 WTO에서는 투표를 하면 선진국들이 불리한 것을 아니까 어떻게든 투표를 안 하려고 하거든요. 그래서 투표하는 일이 별로 없어요. 말로는 "굳이 투표할 필요 있느냐, 토론과 협상을 통해서 합의하는 식으로 하자"고 하는데요. 그게 말이 좋아 협상이지, 대학생하고 초등학생하고 앉혀놓고 토론해보라는 것과 다를 바 없는 거잖아요.

'글로벌 스탠더드'라는 허구에 놀아나지 말고
우리 식의 규칙을 만들어야

지   중국과 인도는 외국인 직접투자에 대해 진입 제한, 소유권 제한, 일정 비율의 국내 부품 조달 의무 같은 가혹한 제한을 두고 있다고 하셨는데요. 얼마 전 이건희 회장이 공격적인 수준의 규제완화를 요구하지 않았습니까? 우리나라 대기업들이 규제완화를 요구하는 경우가 많은데요. 그 규제완화가 결국 외국인 투자에도 적용될 수밖에 없지 않습니까?

장   그렇죠. 지금 WTO 같은 것을 통해서 그런 내외국인 차별을 강력하게 규제하고 있고요. 한미FTA를 하면 '투자자국가소송제' 이런 것 때문에라도 국내 기업을 위해서 조금이라도 풀어주면 외국 기업도 똑같이 풀어줘야 하는 상황이죠.

지   그러면 경영권을 보호하겠다고 하는 행동과 모순이 되는 건데요. 외국 자본에 대해서는 민족을 내세우면서, 한편으로는 규제완화를 내세우는 행동은 모순 아닙니까? 규제완화는 민주주의의 약화를 불러온다고도 하셨는데요.

장   그렇죠. 자기 이익을 위해서 양면성을 보이는 건데요. 그러니까 제가 이번 책에도 그런 말을 인용했지만, 월스트리트의 한 은행가가 "우리는 돈이 잘 벌릴 때는 정부 규제를 싫어하지만, 문제가 생기면 정부 규제를 환영한다"고 솔직하게 얘기했습니다. (웃음) 그런 식이죠. 자기 좋은 것만 골라서 먹겠다는 건데요. 그래서 제가 자꾸 이런 얘기를 하는 겁니다. 예를 들어, 경영권 보호를 해주는 게 저는 전체적인 우리나라의 이익을 위해서 좋다고 생각하지만, 그 대가로 재벌들도 "무조건 규제는 안 된다"고만 얘기하지 말고 (전체 국민경제로 볼 때 필요한) 정부 규제는 받아들이라는 거죠. 안타까운 것은 재벌들이 그런 (규제를 완화해달라는) 식으로 얘기하면 외국 자본들은 좋아하거든요. 결국 규제완화를 부추기고 나서 재벌들이 바라는 대로 (정부가) 경영권 보호 조치에 나서면 "국제적으로 용납이 안 된다. 제소하겠다" 하는 식으로 해서 그것을 막는 거거든요. 결국 국제적인 구조 속에서 보면 재벌들이 그렇게 해서 자기네들 생각대로 규제는 규제대로 완화하고, 경영권은 경영권대로 보호받고 이렇게 다 하고 싶겠지만, 실제로는 그걸 둘 다 할 수는 없는 거죠. 이런 식으로 계속 재벌들이 행동하면 규제완화만 되고, 경영권은 경영권대로 보호받지 못하는 겁니다.

지 지난번에 재벌들이 자기 입장을 강화하기 위해서 '반재벌 정서'를 실체 이상으로 부풀려 유포한 면도 있다고 말씀하셨는데요. 최근 재벌 총수들의 재판 결과를 봐도 국민들에게 그런 정서가 생길 수밖에 없지 않습니까? 횡령을 한 재벌에게 "준법경영을 주제로 강연을 하고 기고를 하라"는 사회봉사 명령을 내린 것도 어이가 없었고요.

장 그런 코미디가 많죠. 그런데 기본적으로 그것을 바꾸려면 어떤 근본적인 제도 개혁이 있어야 합니다. 말하자면 틀(공식적인 법체계)은 미국식으로 되어 있는데, 이 법이 우리한테 안 맞으니까 실제로는 다른 식으로 경제를 운영했거든요. 그러면 "법이 실제와 괴리가 있으니까 우리 식으로 한번 타협을 해서 법을 다시 만들어보자"고 해야 하지 않습니까? 그런데 미국 법에 우리 행동도 맞춰야 한다면서 이른바 '글로벌 스탠더드'니 하는 얘기를 떠들잖아요. 우리 상황이 도저히 그것에 맞춰서 할 수가 없는데도 말이죠. 그러니까 모든 기업 하는 사람들이 말하자면 범법자가 되는 거예요. 그런 상황에서 "그러면 법이 우리 상황에 안 맞으니까 어떻게 하면 바꿀 수 있는지 진지하게 얘기해보자"고 접근하는 게 아니라 "이 사람들이 범법하는 건 사실이지만, 이 사람들을 때려잡으면 경제에 문제가 있으니까 풀어주자"는 식으로 되어버리니까 오히려 더 많은 문제가 생기는 겁니다. 법 자체에 대한 정당성도 없어져버리고, 그렇다고 완전히 우리 식에 맞는 제도로 바꿔서 그런 문제를 없애는 것도 아니잖아요. 그러다보니까 모든 재벌 총수가 전과자 아니면 잠재적인 범법자인데, 그런 상황이 계속되면 재벌기업의 정당성이 국민들 눈에는 점점 더 없어지는 거죠.

지 극단적인 예겠지만, 해외 토픽에 미국에서 전과 2범이 빵 하나를 훔쳐서 달아나다가 종업원을 밀쳤다고 해서 35년형을 받을 가능성이 있다고 나오던데요. 그 기사에 "한밤중에 조폭을 동원해서 쇠파이프를 휘둘러도 우리 재벌은 금방 나오더라" 하는 댓글이 달렸거든요.

장 미국이 사실 어떻게 보면 더 심한데, 유전무죄 무전유죄라고, 미국에서 좋은 변호사를 쓰면 어떻게든지 빠져나오는 경우가 많잖아요. 어느 나라나 있는 문제인데, 우리나라도 좀 그런 면이 있죠. 사실 저는 김승연 회장이 폭력 행사한 사건은 불법상속 문제랑은 차원이 다르다고 생각하거든요. 그거(폭력행사)는 말하자면 잡범 수준이니까 엄단해야 하는데, 기업의 상속 문제 같은 건 잘못 다루다가는 자칫 우리 경제가 휘청할 수 있다는 말이죠. 그걸 잘 생각해서 "이 사람들이 이런 식으로 할 수밖에 없었던 과거의 우리 현실과 법의 괴리 문제를 어느 정도 인정해서, 어느 정도로 봐주고 어느 정도로 처벌할 것인가" 하는 식으로 구체적이고 진지하게 토론해야 합니다. 그런데 '완전히 다 봐주기' 아니면 '그냥 다 때려잡기' 식으로밖에 얘기가 안 되고 있는 거잖아요.

지 그런 부분을 타협이나 이런 식으로 공식화하게 되면 사람들에게 위화감과 좌절감을 줄 수도 있지 않습니까? 교회나 학교도 자식들에게 상속하거나 자기들끼리 운영하는 경우가 많은데요.

장 국민들이 그런 걸 용납할 수 없다고 하면 (제가 이런 저런 데서 얘기했던 대로) 국민연금 같은 게 들어와서 대주주를 할 수도 있는 거죠. 제 생각은 꼭 그렇게 가족에게 물려주는 게 중요하다는 건 아니에요. 그것은 재벌 시각에서 얘기하는 거고, 저는 그런 차원에서 얘기하자는 게 아닙니다. 말하자면 "법대로 해서 이것을 깬다고 할 때, 그러면 그 재벌들이 어디로 가서 누구 돈을 빌려가지고, 우리 국민 생활에 어떤 영향을 줄 거냐?" 하는 것을 생각한다는 거죠. 그러니까 국민들이 그런 것을 진짜 용납하지 못하겠다고 한다면 그런 식으로 국민연금 같은 것을 통해서 접수를 하든지, 아주 강력하게 나간다면 국유화할 수도 있는 거죠.

저는 꼭 그런 방법이 더 옳다고 생각하는 건 아니지만, 그런 여러 가지 방법을 생각해봐야 하고, 그런 방법을 쓸 때도 (예를 들어 재벌 상속 문제만 해결하자면 국유화가 맞는지도 모르겠지만) 그게 경제의 다른 면에 미칠 영향도 생각해봐야 한다는 겁니다. 현실주의적으로 예를 들어 국유화부터 시작해서 "그냥 너희 가족끼리 다 맘대로 해먹어라"고 하는 양극 사이에서 여러 가지 해결책들이 있을 것 아닙니까? 그 사이에서 어떤 게 우리 경제에 도움이 되고, 국민정서로 볼 때 어느 정도 받아들여질 수 있느냐 하는 것을 토론해야 한다는 거죠. 저는 나름대로 스웨덴 식의 사회적 대타협을 내놓고 있지만, 그게 꼭 옳다고만 하는 것도 아니고, 이론적으로는 더 낫다고 해도 국민들이 그것을 꼭 받아들일 거라고 생각하는 것도 아니지만, 문제 해결 차원에서 진지하게 토론해볼 필요가 있다고 생각을 하기 때문에 그런 얘기를 하는 겁니다.

과대망상에서 벗어나야 현실적인 대안을 찾을 수 있다

지   전쟁이 역사를 바꾸는 경우도 많지 않습니까? 미국은 영미전쟁, 남북전쟁, 세계대전 등을 거치면서 자연스럽게 관세율을 높임으로써 세계 최강국이 되지 않았습니까? 앞의 두 전쟁은 자국의 유치산업을 보호하는 정책을 쓰는 데 결정적인 명분을 주기도 했고요. 그렇다면 그런 극단적인 사태 없이 자기보호 정책을 사용하기는 역설적으로 힘든 건가요?

장   사실 전쟁이 중요한 일을 많이 했죠. 미국은 1812~1814년에 걸쳐 영미전쟁을 하면서 결정적으로 보호주의로 넘어간 거고요. 남미는 자기들이 전쟁을 한 건 아니지만 1, 2차 세계대전 일어나고 대공황 나고 하면서 국제무역이 자꾸 교란되고 수입도 힘들고 하니까 수입대체 공업화를 자발적으로 시작한 거거든요. 그런 식으로 큰 사건들이 있을 때 결정적인 정책의 변화가 일어나는 경우가 많습니다. 물론 "역사가 그런 식으로 흘러간다면, 전쟁을 해야 사회가 바뀔 수 있느냐?"고 물어볼 수 있는데, 저는 그렇다고까지 생각지는 않아요. 뭐 스웨덴이 꼭 전쟁을 겪어서 사회적 대타협을 이룬 것도 아니고, 노르웨이도 마찬가지거든요. 자기들이 생각할 때 '이렇게 하다가는 다 같이 망하겠다'는 인식을 했기 때문에 자발적으로 바꿀 수 있었던 거고요.

    평온할 때는 변화를 이루기가 힘든 면이 있지만, 그런 식으로 갈등을 겪으면서 재앙의 수준까지 가기 전에 멈추는 일도 많이 있거든요. 일본도 1950년대만 해도 공산당 노조하고 대립하면서 노사관계가 굉장히 안 좋았는데, 전투적인 노조를 탄압하고 그런 수단도 쓰기는 했지만, 나름대로 기업들이 '이렇게 하다가는 안 되겠다'고 생각해서 종신고용제도 만들어주고, 하청기업도 도와주기 시작한 거죠. 그런 식으로 전쟁이나 재앙이 없이도 사람들이 생각을 바꾼 예들이 역사에 많습니다. 특히 역사를 공부하는 이유가 뭐냐면, 사회를 가지고 실험을 한다는 것은 힘들기도 하지만 그러다 잘못될 경우 치러야 하는 비용이 크잖아요. 스탈린이니, 히틀러니, 모택동이니 다 그런 예인데, 어떻게 하면 그런 재앙을 거치지 않고도 뭔가 바꿀 수 있는 방법이 있나를 알기 위해서 역사를 공부하는 거거든요. 공부해보면 그런 치명적인 재앙 단계까지 거치지 않아도 뭔가 사람들이 바뀔 수 있다는 것도 많이 발견할 수 있는 거고요.

지 우리나라도 어느 부분에서는 "사다리를 걷어차는" 입장이 되지 않았습니까?

장 그럼요. 사실 그러고 있죠.

지 그런 가장 두드러진 예는 어떤 게 있나요?

장 예를 들어 WTO에서 선진국들이 공산품 관세를 아주 많이 낮춰야 한다는 식으로 나오거든요. 미국은 2015년까지 공산품 관세를 완전히 없애야 한다고까지 나오는데요. 우리나라는 "미국이나 유럽이 제안하는 수준은 너무 세지만 그래도 지금보다 많이 낮춰야 한다" 는 식으로 부분적으로 동조하는 거죠. 제가 보기에는 미국이나 유럽처럼 강하게 하는 건 아니지만 결국 거기에 동조해서 하는 거거든요. 그리고 지적재산권 이런 것도 옛날에는 다 도용해서 쓰고 그랬는데, 요즘은 자꾸 보호해야 한다는 쪽으로 나가고 있고요.

사람이라는 게 그렇죠. 우리나라가 특별히 다른 나라보다 사악해서 그런 것도 아니고, 모든 나라가 자기 입장이 바뀌면 그런 식으로 하는 행동을 바꾸는 건데요. 다만 제가 아쉽다고 자꾸 얘기하는 것은, 한국이라는 나라는 역사적으로 굉장히 특이한 위치에 있는 나라인데 그 위치를 잘 활용하지 못하고 있다는 점입니다. 알다시피 다른 나라들의 성장을 압축해서 단기간에 하지 않았습니까? 영국이 250년, 미국이 150년 걸려 이룬 발전을 40년 만에 이뤘기 때문에 (조금 다르게 얘기하면) 우리나라의 모든 사람들은 타임머신을 타고 여행한 거나 마찬가지거든요. 그런 특이한 역사를 가졌기 때문에 남들이 못 본 것을 많이 봤단 말이죠. 부자 나라 사람들은 가난했던 기억이 없고요. 가난한 나라 사람들은 잘사는 게 뭔지를 모르는데, 우리나라 사람들은 그 두 가지를 다 아는 몇 안 되는 나라 중 하나라는 말이죠.

그런데 우리와 유사한 경험을 한 다른 나라들의 면면을 보면 국제무대에서 제대로 구실을 할 수 있는 나라가 없어요. 대만은 중국 때문에 국제 미아 신세고, 홍콩은 말하자면 나라도 아니고, 싱가포르도 도시국가다보니 목소리라는 것도 별로 없어요. 그러니까 결국 국제무대에서 말하자면 타임머신을 타고 여행한, 가난과 부를 동시에 경험해본 나라 가운데 국제무대에서 구실을 할 수 있는 유일한 나라라는 말이죠. 이런 특이한 입장에 있기 때문에 남이 못하는 일을 할 수도 있는데, 선진국들처럼 강하게 하는 건 아니지만 결국 그쪽에 끼어들어서 "너무 세니까 좀 약하게 하자"는 그런 소리만 하고 있으니까 안타깝다는 거죠.

지 한미FTA도 힐러리가 "미국 중산층에 도움이 안 되는 정책이니 재고해야 한다"고 하고 있지 않습니까?

장 그렇죠. 지금 사실 미국에서 자유무역에 대한 회의가 엄청나게 일어나고 있거든요. 현대 자유무역이론의 아버지 가운데 한 사람이라고 할 수 있고 경제학 교과서로 유명한 폴 샤무엘슨이나 옛날에 자유무역을 지지했던 경제학자들조차도 "자유무역이 꼭 좋은 것만은 아니"라는 식으로 나오고 있습니다. 미국에서 중산층들이 점점 더 위협을 받고 있는데요. 옛날에는 (미국 입장에서 보면) 국제경쟁이라는 게 (자동차, 철강 정도를 빼고는) 주로 후진국의 값싼 제품이었는데, 이제는 후진국들이 치고 올라오면서 과거에는 실직 걱정을 안 했던 중산층들에게까지도 영향이 오거든요. 그러니까 그 사람들도 다시 생각하는 거죠. 이게 우리한테 꼭 좋은 것만은 아니구나, 하고.

지 "자유무역은 단적으로 말해 개발도상국들이 생산성 증대

효과가 낮고, 따라서 생활수준 향상 효과도 낮은 부문들에 집중하도록 만들기 쉬운 정책"이라고 하셨는데요. 밀어붙이니까 하게 될 것 같은데, 한미FTA를 하게 되면 우리가 어느 부분에 집중해야 하고, 어느 부분이 무너질 것이라고 예상하십니까?

장 후진국이래도 나라마다 워낙 다양한 조건들이 있으니까 일률적으로 말하기 어려운데요. 우리나라 같은 경우 한미FTA를 하게 되면 몇몇 분야를 빼고는 다 타격을 받는다고 봐야죠. 우리나라 사람들이 착각하고 있는 게 우리나라가 굉장히 발전하고 잘사는 나라라고 생각하는데요. 우리나라 국민소득은 미국의 3분의 1이고, 우리가 상대적으로 강하다고 생각하는 제조업마저도 생산성이 미국의 40퍼센트에 불과합니다. 지금 자동차니 철강이니 전자니 조선이니 몇몇 (버틸 만한) 분야는 있지만, 나머지는 다 타격을 받겠죠.

지 심하게 얘기하면 나머지 산업은 다 궤멸할 수도 있다는 건가요?

장 그럴 수도 있죠. 국제무역이라는 게 열린다고 하루아침에 확 무너지는 것은 아니지만, 전반적으로 봐도 우리 주요 수출산업이라고 하는 아까 말한 네댓 개 산업 외에는 우리가 미국에 우월한 게 없거든요. 그나마 한-EU FTA까지 해버리면 미국이 상대적으로 약한 부분까지 (유럽에서) 다 가져갈 테니까요. 제가 보기에는 우리나라가 과대 망상증에 걸려 있어요. 예를 들어 우리 소득이 유럽의 60~70퍼센트 되고, 생산성도 60~70

퍼센트 되는 수준이라면 그런 식으로 자극을 주면 (그것도 보장된 건 아니지만) 생산성이 향상될 수도 있는데, 이건 전혀 그런 게 아니지 않습니까?

지 우리의 과대망상이랄까, 수준을 극명하게 보여준 게 〈디 워〉 사태였던 것 같은데요. 노 대통령도 영화하는 분들에게 "그렇게 자신이 없냐?"고 했는데, 우리가 미국하고 경쟁하려면 할리우드 영화가 가지지 못하는 아이디어에다가 할리우드 영화의 장점인 스케일을 적당히 결합시켜서 우리 것을 만들어야 할 텐데, 그쪽에서 제일 잘한다는 것을 가지고 "우리도 할 수 있다"고 들이밀어 봤는데, 굉장한 망신을 당하지 않았습니까?

장 그럼요. 사람들이 인식을 잘 못하는 게, 지식산업이니 뭐니 해서 김대중 정권 때부터 만날 얘기한 건데요. 머리만 좋으면 된다고 생각하는데, 첫째로 우리나라가 경제는 어느 정도 발전했지만, 문화 수준은 아직도 뒤지는 부분이 많고요. 둘째로 우리가 뛰어난 부분이라고 해도 세계시장은 영미문화가 주류를 이루고 있기 때문에 그쪽에서는 우리가 뛰어난 것도 인정 안 해주는 부분이 있거든요. 〈디워〉 같은 게 노리는 것은 "우리도 미국하고 똑같이 해서 경쟁해보자"고 한 건데, 제조업 같은 것은 물건을 만드는 거니까 그런 경쟁이 상당부분 가능하지만, 영화 같은 문화산업은 그런 게 잘 안 된다는 말이죠.

그런 문화적인 차이가 보일 때 제가 영국 사람한테 대뜸 "너희는 어렸을 때부터 셰익스피어를 읽고 자랐고, 나는 셰익스피어 요약한 것을 읽은 것밖에 없으니까 그 차이"라고 얘기하는데, 사실 셰익스피어가 한국 작가들보다 꼭 뛰어난 것만은 아니거든요. 그러나 주류는 셰익스피어를 읽고 자란 사람인데, 그것도 안 읽은 사람들이 주류 문화에 끼어 가지고 그거랑 똑같이 경쟁해서 이긴다는 게 불가능한 일입니다. 그런데도 그런 것을 그냥 할 수 있다고 생각하는 건 문제죠.

마지막으로 또 하나 지적할 것은, 할리우드 산업이 아이디어만으로 하는 것은 아니라는 거죠. 엄청난 자본력이 동원 되고, 배급망이 있고, 좋은 감독이나 배우들 다 스카우트해서 쓰잖아요. 그런 엄청난 물리력의 차이가 있는데, 아무리 천재가 나온다고 해도 아무 기반도 없이 경쟁할 수는 없는 거죠. 말하자면 시장 구조에 대한 기초적인 연구도 제대로 안 해보고 가서 경쟁하려고 한다는 겁니다.

우리만이 할 수 있는 것을 보여주는 것이 바로 세계적인 경쟁력이자 세계화

지 황우석 사태 때도 그랬지만, 과학이나 예술 같은 부분은 산업적인 잣대로만 볼 수는 없지 않습니까? 우리가 외국에서도 경쟁할 수 있는 것은 김기덕 감독의 영화 같은 걸 텐데요. 버는 것은 적을지 몰라도 그런 저변이 많아지면 한국 문화의 경쟁력이 생기지 않겠습니까? 그런데 우리는 오히려 김기덕 감독을

폄하하지 않습니까? 그런 분이 쓴소리 한번 하면 "너 따윈 필요 없어" 하면서도 심형래 감독이 나와서 그런 얘기 하면 확 그쪽으로 쏠려버리는데요. 그게 문화산업의 경쟁력을 죽이는 것 같다는 생각이 드는데요.

장 그럼요. 한류라는 것도 뭔가 다르니까 성공한 거 아닙니까? 그런데 우리가 나가서 미국이나 영국과 똑같이 하겠다고 하면, 예를 들어 《해리포터》가 성공한 것을 보고 영국에서 살아본 적이 없는 한국 사람이 나도 그런 소설 쓰겠다고 하면 그게 써지겠습니까? 뭔가 우리만의 특성이 있는 것을 가지고 팔아서 그런 것으로 성공을 하고, 우리 문화 코드가 외국인들한테 받아들여지면 그때는 진짜 그걸 기반으로 해서 한번 크게 해볼 수도 있겠죠. 하지만 코드 자체가 다른데, 우리 코드의 특유한 것을 보여줘야지, 저쪽 코드를 처음부터 그대로 따라가려고 하면 되겠습니까? 저쪽은 저쪽대로 자기네 수백, 수천 년 문화유산 위에 서 있고, 우리도 우리대로 우리네 수백, 수천 년 문화유산 위에 서 있는데, 정작 우리 것은 저버리고 바닥으로 내려와서 저쪽 것으로 경쟁하겠다는 것이거든요. 그게 경쟁이 되겠어요, 우리는 우리 것을 갖고 저쪽과 경쟁할 생각을 해야지요.

지 문화에서도 사대주의적인 성향이 있는 것 같거든요. 《해리포터》 같은 걸 똑같이 쓸 수는 없지만, 한국의 판타지 소설도 외국 작품에 뒤지지 않는다는 평을 받는 작품들이 있는데, 한국에서도 《해리포터》에만 열광하지 그런 작품에는 관심을 안 가지는데요. 문화에서 국수주의가 옳은 것은 아니지만, 그래도 우리가 잘하는 것은 공정하게 평가해줘야 되는데 그렇지 못한 것 같거든요.

장 그렇죠. 말하자면 "미국에서 어떻게 생각하느냐?" 이런 게 기준이 되어버렸으니까요. 그렇잖아요. 예를 들어 세계를 기준으로 해서 주는 노벨문학상 같은 것을 보면 영미 문화가 주류니까 영어권 작가들이 많이 타기는 하지만, 포르투갈 작가도 타고, 이집트 작가가 타기도 하는데요. 상업성을 떠나서 하는 거니까 그런 사람들이 타는 게 가능하지, 전체 세계 분위기 자체가 미국이나 영국에서 안 알아주면 아무것도 아니라는 식이 되어버리니까 거기에 우리가 맞서서 의연하게 선다는 게 힘든 거죠.

지 제조업의 중요성을 많이 강조하셨는데요. 노 대통령도 그렇고, 이제 한국이 서비스 산업에 집중해야 한다고 말하지 않습니까? IT강국이니, 게임의 메카니 해서. 우리가 가진 것은 두뇌밖에 없다고 하기도 하고, 서비스 산업이 경쟁력이 있다고 세뇌해왔지 않습니까? 이런 데서도 고민해야 할 부분이 많은 것 같은데요. 우리의 체질이나 체급을 알고 상대와 경쟁해야 하지 않겠습니까? 그런 것을 따져보지 않고 할리우드 영화와 바로 맞붙어보자고 하는 것은 객기일 수도 있고, 골병드는 일일 텐데요.

장 객기죠. 제조업 없이도 잘 먹고 잘사는 나라는 브루나이처럼 기름 위에 떠 있든지, 룩셈부르크처럼 인구 50만 정도밖에 안 돼서 외국 돈 중계해주고 먹고 살든지 하는 나라들밖에 없어요. 제가 스위스 예를 자주 드는데, 그 나라가 마치 서비스업에 의존해서 먹고 사는 것 같아도 1인당 공업 생산량이 세계에서 제일 센 나라 아닙니까? 지금까지 어떤 나라도 그런 것(서비스업에 의존해서 잘 사는 것)을 이루지 못했는데, 왜 우리만 그런 환상을 갖고 있느냐 는 겁니다. 서비스업을 발전시켜서 얻을 수 있는 게 분명히 있죠. 서비스업은 하나도 안 된다는 게 아니고요. 물론 서비스업도 잘하면 좋죠. 그러나 아무리 그렇더라도 왜 하필이면 우리가 잘하는 것을 죽여가면서 그걸 하냐는 겁니다. 잘하는 것은 잘하는 대로 하면서 더 발전시켜야 하는데, 마치 제조업은 나쁜 것처럼 얘기하면서 (100퍼센트 의도적인 것은 아니겠지만) 죽이면서 하거든요.

또 설령 그런 식으로 서비스업 타령만 일삼는다고 해서 그게 하루아침에 키워집니까? 우리나라 제조업도 하루아침에 키운 거 아니거든요. 1960년대에 가발, 티셔츠부터 시작해서 거기서 번 돈으로 투자하고, 인력 키우고 해서 그 다음에 조선, 제철, 자동차 같은 걸로 가고, 그런 식으로 해서 산업화 성공하는 데 30년 이상 걸렸거든요. 서비스업도 1960년대 우리나라 제조업 수준은 아니겠지만, 상대적으로 수준이 낮기 때문에 그것이 경쟁력을 가지려면 또 20년, 25년의 계획이 필요합니다. 그런데 지금 하려는 것은 뭐냐 하면, 그냥 자유화하면 외국인들이 투자해서 우리나라에 골드만삭스 아시아 본부도 만들고 하는 식으로 해서 우리나라 키워줄 거라고 막연하게 생각하는 건데, 누가 그렇게 해줍니까?

또 생각해야 할 것은 어차피 서비스업의 중심지는 지금 뉴욕, 런던인데, 우리는 그 밑에 있는 파리, 프랑크푸르트, 도쿄에도 한참 못 미치거든요. 그러니까 기를 쓰고 해봤자 3급 서비스 산업 중심지밖에 더 되겠습니까? 그러나 그 3급도 되기 힘든 것이 홍콩, 싱가포르 같은 데가 있다고요. 우리나라가 앞으로 아무리 규제완화 많이 한다고 해도 홍콩, 싱가포르도 이미 그 이상으로 되어 있는데, 왜 한국에 와서 사업을 합니까? 올 이유가 없거든요..홍콩, 싱가포르는 옛날부터 영국 식민지 전통이 있어서, 홍콩 같은 데 가보면 많은 재벌기업들이 영국계 기업이 잖아요. 케세이 퍼시픽 항공사를 가지고 있는 스와이어 그룹 같은 거요. 홍콩이라는 이름도 보면 "홍들이 사는 항구"라고 해서 홍콩이에요. 16, 7세기부터 거기 와서 장사하는 영국 사람들을 중국 사람들이 향기 향香자 써서 '홍'이라고 불렀다는 것 아닙니까? 그런 300년의 전통이 있고, 싱가포르는 영미문화권과 150~200년의 끈이 있습니다. 이처럼 외국인들도 많이 살고 있고, 제도도 다 영미 식으로 되어 있고 하는 데서 이미 사업을 하고 있는데, 정말 많은 돈을 집어주기 전에는 왜 그런 기업들이 한국으로 옵니까? 너무나 현실 파악도 못하는 과대망상이에요.

지   서울은 특색이 없다는 얘기도 많지 않습니까? 뉴욕이나 런던, 파리 그러면 그 도시가 가진 이미지와 문화가 있는데요.

서울은 팽창만 했지, 어떤 문화적인 이미지를 못 갖고 있는데요. 그런 걸 만들어가야 하지 않겠습니까?

장 우리나라로서는 뭔가 세계인들의 눈길을 끌려면 지금 우리가 이뤄놓은 것을 잘 살려야죠. 영화 같은 것이 그런데, 그것도 정부에서 이를 갈고 미워하는 스크린쿼터 때문에 된 거잖아요. 요즘 영국 비디오 가게에 가보면 외국 영화로는 중국, 프랑스, 한국 셋이 다툽니다. 그런 식으로 해서 특이한 이미지가 형성되어 있는데, 그런 것을 열심히 발전시켜가는 가운데 수십 년이 지나야 "한국이라는 나라 참 특이하고 재밌는 나라"라는 식으로 사람들이 생각하게 되겠죠.

지금은 옛날보다 많이 나아졌지만, 저 영국에 처음 왔을 때만 해도 한국에서 왔다고 하면 "한국에서는 중국말 하느냐, 일본말 하느냐?"고 물어봐요. "아니, 한국말은 중국말이나 일본말과 다르다"고 해도 "아니, 그러니까 한국에서 쓰는 말이 중국말 사투리야, 일본말 사투리야?" 하고 물어보거든요. 우리가 아직 이런 나라인데, 뭘 가지고 특히 그런 금융이니, 고급 서비스 산업을 유치한다는 겁니까? 그런 것은 완전히 인적자원과 인맥으로 하는 건데, 그런 사람들을 끌어들이겠어요? 무슨 매력을 가지고.

지 경제 발전의 결과로 문화가 변한다고 하셨는데요. 그러니까 "문화는 경제 발전에 영향을 미치지만, 경제 발전은 문화에 더 많은 영향을 미친다"고도 하셨는데, 이것이 경제우위론이나 경제결정론으로 읽힐 수도 있지 않겠습니까? 생물학자들이 생물학을 경제나 문화, 정치 등 다양한 분야에 접목시키는 것에 대해 다른 분야의 학자들은 '생물학결정론'이라고 비판하기도 하는데요.

장 누가 와서 머리에 총 들이대고, "경제랑 문화랑 어느 게 더 힘이 세냐? 둘 중에 하나만 택하라"고 하면 저는 경제라고 얘기를 하긴 하겠어요.(웃음) 꼭 그렇게까지 볼 필요는 없는 거지만요. 제가 문화 얘기하는 장에서도 얘기를 한 거지만, 단기적으로는 문화라는 게 굉장히 영향이 크죠. 단기적으로는 문화라고 표현할 수 있는 행태나 사고방식이 다른 것 때문에 경제가 다르게 돌아가는 부분이 상당히 많은데요. 그렇지만 장기적으로 보면 경제가 문화를 규정하는 면이 더 크거든요. 아주 단적인 예로 (책에서도 잠깐 그 얘기를 했는데), 옛날 우리나라에 '코리안 타임'이라는 게 있었잖아요. 두 시간 늦게 와도 늦었는지 안 늦었는지 신경도 안 썼고요. 이제는 그런 거 안 한단 말이죠. 그런 게 아주 단적인 예지만, 그런 식으로 경제라는 게 얼마나 문화를 바꾸고 사람을 바꿀 수 있는가를 얘기해주는 거죠.

지 휴대폰 때문에도 코리안 타임이 없어졌지 않습니까? 예전에는 어떻게든 약속 장소를 찾아가야 하는데, 요즘은 아예 약속을 취소해버리니까요.

장 그것도 경제가 문화를 바꾼 또 하나의 사례가 되겠죠.

우선 먹기는 달다고 **곶감**을 먹어치워선 안 된다

비용의 효율을 따지는 냉철한 사고가 필요

지 17대 대선을 경제 신화의 대결이 될 것이라고 보는 시각들도 있는데요. 이명박, 문국현 후보의 경제 정책에 대해서는 어떻게 생각하십니까?

장 글쎄요. 제가 사실 두 분의 정책을 보고 자세히 비교해본 일이 없어서요. 뭐라고 말을 잘 못하겠는데요. 잘 알지도 못하고 얘기하면 안 되니까요.

지 이명박 후보는 대운하 공약을 내놓았다가 내부에서도 혼선을 빚고 있는 것 같은데요. 전형적인 개발시대의 토목공사를 통한 경제 부흥을 노리는 것일 텐데요.

장 뭔가 그런 큰 프로젝트를 통해서 경제에 자극을 줘보겠다는 그런 아이디어 자체는 꼭 틀렸다고 말하고 싶지는 않은데, 대운하라는 게 꼭 그런 식의 해결책이 될 것이냐 하는 부분에 대해서는 잘 모르겠어요. 그런 걸 통해서 할 수도 있겠지만, 그거 할 정성과 돈이라면 다른 산업도 많이 발전시킬 수 있을 것 같은데, 정말 지금 우리나라에 가장 큰 문제가 그런 식의 운송 문제인가 하면 저는 그렇게 생각지 않아요. 정말 그럴 돈이 있으면 투자해서 우리만의 색깔을 갖는 문화산업을 키워보든지, (말로만 중국 추격 때문에 제조업이 큰일 났다고 하지 말고) 제조업을 세게 키워보든지 하는 좋은 방법이 얼마든지 가능할 것 같은데 왜 하필 운하로 나오는지, 그건 잘 모르겠어요. 말씀드린 대로 큰 프로젝트를 통해서 국민의 노력을 모아보자는 의도 자체는 틀렸다고 보지는 않지만요.

지 대운하 얘기의 대안으로 새만금 땅이 크니까 거기다 여러 가지 IT 산업도 유치하고, 영화 스튜디오도 만들고, 골프장도 100개 만들고 해서 관광특구로 만들자는 제안도 나오는데요.

장 글쎄요. 땅 없어서 뭐 못하는 나라는 별로 없잖아요. 자금을 엄청나게 투자해서 사막에다 라스베가스를 세운 것과 같은 식으로 할 수도 있겠지만, 지금 우리나라에서 그렇게 정말 세상을 바꿔놓을 만큼 투자할 돈이 있는지도 모르겠어요. 또 그렇게 해서 관광특구라고 만들어놓은들 누가 얼마나 올지 잘 모르겠거든요. 간단히 얘기하면 이런 거죠.

돈 있는 사람들이 오고 싶어 하는 데가 바로 관광지가 되는 건데요. 유럽이나 미국 같은 선진국 사람들로서는 자기네한테서 볼 수 없는 굉장히 특이한 자연이라든가 (특히 유럽 사람들로서는) 기후가 특별히 좋은 곳이라든가 하는 것을 바라는 거죠. 그래서 결국 그런 사람들은 카리브 해 휴양지로 가든지, 자기네하고 굉장히 뭔가 다른 일본이나 중국으로 가든지 하는 거죠. 그런데 우리나라는 전쟁에서 다 없어지고 뭔가 그 사람들한테 보여줄 만한 게 별로 없잖아요. 그렇다고 기후가 유럽이나 미국에 비해서 특별히 좋은 것도 아니고요.

　결국 우리나라에 올 법한 돈 가진 사람들은 일본이나 중국 부자들 정도인데, 그 사람들로서는 자기네들과 너무 비슷해서 신기하지도 않고요. 세계 문화의 주도권을 쥐고 있는 것은 구미이기 때문에 돈 있으면 구미로 구경 가지, 왜 한국에 오겠어요? 그런 관광업을 개발해야 한다고 얘기할 때, 과연 진짜 관광산업이라는 것을 제대로 스터디를 해보고, 시장조사도 해보고 하는 얘긴지, 그냥 막연하게 만들어놓으면 오겠지 하는 생각으로 하는 건지는 잘 모르겠어요.

지　서양 사람들로서는 구경하려면 옆에 중국이 있고, 일본이 있으니까…….

장　우리가 생각할 때 우리나라가 중요한 나라 같지만, 다른 사람들한테는 그렇지 않거든요. 그걸 알아야 해요. 우리나라는 사계절이 뚜렷하다는 걸 자랑으로 내세우곤 하는데, 다른 나라는 사계절이 뚜렷하지 않습니까? 우리나라 문화가 훌륭하면,

다른 나라는 훌륭하지 않습니까? 그리고 일본이나 중국에 비해서 나라도 작고, 특히 중국에 비하면 문화의 역사도 짧고…… 비교가 안 된다는 말이죠. 서양인들이 보면 그 나라가 그 나라 같기는 한데, 기왕이면 역사도 깊고 스케일도 큰 중국으로 가겠죠. 일본은 지난 수십 년간 생성된 신비한 이미지 같은 게 있기 때문에 괜히 호기심 있는 사람이 많거든요.

우리나라는 그런 게 없단 말예요. 우리나라도 20년 정도 문화산업 독특하게 잘 발전시키면 할 수 있어요. 그런데 지금은 그게 없단 말이죠. 관광을 이렇게 개발하기 위해서 문화산업을 동시에 발전시켜야 한다는 전략을 세운다면 몰라도 오히려 문화산업은 스크린쿼터 폐지니 뭐니 해서 다 죽이는 것 아닙니까? 뭘 보러 관광을 오겠어요? 우리가 생각할 때야 우리나라가 멋있고 좋겠지만, 다른 나라 사람들은 그렇게 생각하지 않는다고요.

지 우리나라 사람들까지도 여행을 가면 제주도보다 동남아시아, 캄보디아, 베트남 같은 데를 선호하니까요. 그런 걸 봐도 경쟁력이 없는 것 같은데요. 교수님께서는 우리가 제조업의 어떤 부분에 투자하면 경쟁력을 가질 수 있다고 생각하십니까?

장 지금 잘하는 분야들에서도 "조선업은 10년이면 중국한테 따라잡힌다"고 하는 얘기들을 염불처럼 하잖아요. 그거를 완전히 버리고, 갑자기 해본 일도 없는 서비스업을 하기보다는 이 산업에서 우리가 살아남기 위해 업그레이드를 해야죠. 조선업으로 말하면 제일 만들기 어렵다는 게 관광하는 크루즈 선인데 그런 것을 한다든가, 전자 기술이 좋으니까 기존의 같은 배라도 전자를 통해서 뭔가 경쟁력을 가질 수 있는 것을 개발한다든가. 그리고 그에 더해 앞으로 나오는 신산업들을 키우기 위해서 어떻게 해야 할 것인가를 고민해야 답이 나오는 거죠.

여우 피한답시고 호랑이 아가리로 들어가는 어리석음

지 정성진 교수는 장 교수님에 대해 "국제금융자본과 국내자본, 금융자본과 산업자본을 지나치게 이분법적으로 보고 있다. 한국 경제의 신자유주의적 재편 역시 국내 재벌들이 주도한 것"이라고 비판했는데요.

장 그런 면이 크죠. 신자유주의 이론을 제일 먼저 들여와서 퍼트리기 시작한 게 재벌들이었고요. 아주 아이로니컬하게도 그런 것에 앞장섰던 SK 최태원 회장이 그런 걸로 해서 결국 감옥까지 갔잖아요. 재벌들이 순진한 희생자라는 식으로 얘기하는 건 아닌데요. 우리 재벌들은 지금까지는 산업자본과 금융자본이 섞여 있는 양면성이 있거든요. 그것을 어떻게 해서든 산업자본적인 특성을 살리도록 하는 게, 더 많은 국민들이 인간답게 사는 데 더 낫다고 생각하기 때문에 그 특성을 살리고, 외국 금융자본하고 손잡으려고 하는 것을 어떻게 하면 못하게 할 것인가, 그런 잣대에서 생각하는 거죠.

지 정성진 교수는 또 "신자유주의적 금융자본과 국내 재벌의 관계는 모순이 아니라 공생관계"라고 했는데요.

장 공생할 수가 있죠. 제가 보기에는 지금 그런 일이 아직 벌어지지 않았지만, 삼성, 현대, 이런 데는 "다 귀찮으니까 현대자동차, 삼성반도체를 외국 사모 펀드에 팔아버리고, 우리는 주나 가지고 배당 받으면서 살고, 우리도 금융회사 조그만 거 만들어가지고 한몫 떼어가지고 돈 벌어서 편히 살겠다"고 할 수 있거든요. 그런 면에서 충분히 잠재적으로 짝짜꿍하면서 갈 수가 있다는 거죠. 그걸 어떻게 하면 막느냐, 그걸 어떻게 하면 산업자본으로 잡아놓고 정부규제 같은 것을 통해서 국민이익을 위해 봉사하게 하느냐, 이런 것을 위해서 자꾸 그런 타협도 얘기하고 그러는 거죠. 제가 어느 집안의 아들이 재산 물려받는 것을 위해서 그런 얘기를 하는 게 아니거든요.

지 그 분은 사회주의자니까 "결국 자본주의 안에서 해결책을 찾자는 거 아니냐, 자본주의를 넘어서는 대안을 찾아야 한다"고 말씀하셨는데요.

장 정성진 교수님은 자본주의 자체를 넘어서야 한다고 생각하시는 분이니까, 그런 입장에서 보면 미국 자본주의나 일본 자본주의, 스웨덴 자본주의나 다 자본주의니까 타파 대상으로 보시겠지만, 저는 그거는 너무 비현실적인 얘기라고 생각하거든요. 만약 제가 고등학교만 졸업하고 특별한 기술도 없는 사람이라면 스웨덴에서 살지 미국에서는 안 살아요. 미국은 상위

10퍼센트를 위해서 존재하는 나라고, 스웨덴은 100퍼센트는 아니라도 국민의 90퍼센트는 인간답게 살 수 있는 체제를 갖춘 건데, 둘 사이에는 분명한 차이가 있거든요. 우리가 꼭 스웨덴처럼 되어야 한다는 건 아니지만 기본적으로 사회주의 체제가 좋은 체제가 아니라고 생각하기 때문에 자본주의적 틀 안에서 뭘 할 수 있을 것인가를 고민하는 거죠. 300년, 500년이 지나면 사회주의가 올지 모르지만, 저는 지금은 그렇지 않다고 생각하거든요. 그러면 지금 있는 상황에서 그래도 더 인간적인 자본주의를 만들 수 있는 길이 뭔가를 생각하는 거죠. 자본주의 다 마찬가지인데, 우리나라가 미국식으로 가건, 한국 모델을 고수하건, 스웨덴식이 되건 아무 상관도 없다고 말하는 건 무책임한 얘기라고 봅니다.

지 아까 베네수엘라 얘기도 나왔지만, 거기는 21세기형 사회주의를 실험한다고 얘기하고 있지 않습니까?

장 베네수엘라 정부에서 얘기하는 21세기 사회주의라는 게 큰 내용은 없다고 봅니다. 저도 차베스 대통령 이하 내각 전원이 참여하는 토론회에서 얘기도 하고 그랬는데요. 솔직히 제가 보기에는 큰 내용이 없어요. 그냥 지금까지 인간 기본권을 박탈당하고 사는 가난한 사람들에게 인간다운 삶을 살게 하기 위해서 기본적인 서비스를 제공하고, 그 사람들이 주눅 들어 지내던 것을 말하자면 기를 세워주고, 조직할 수 있는 능력을 가르쳐주는 차원이지, 그 이상의 내용이 없습니다. 우리가 그렇게 따라갈 수 있는 구체적인 내용이 있는 게 아니죠.

지 그렇게 따지면 경제적인 부분이라기보다는 정치적인 레토릭이라는 말씀이신가요?

장 그렇죠. 그러니까 경제는 완전히 국유화해서 운영하는 부분이 늘어난다는 정도지, 경제는 기본적으로 자본주의 체제를 유지하고 있는 거고요.

지 우리하고 다른 점은, 우리 정부는 양극화 해소 같은 것을 말로는 하고 있지만, 정책은 반대로 가고 있는데요. 그쪽은 빈민들에게 실질적인 이익을 주기 위해서 정치적으로 노력은 하고 있다고 볼 수는 있을 것 같은데요.

장 그렇죠.

지 "투자 감소 추세가 이대로 가다간 한국은 영원히 '프리미어리그'에 못 들고 그저 좀 괜찮게 사는 나라로 끝나고 말 것"이라고 하셨는데요. 대기업의 투자가 줄지 않았다는 반론도 있습니다. 산업은행이 발표하는 대기업 설비 투자액이 매년 증가하고 있다고 반론하는 얘기도 있거든요. 물론 그것을 보면 기업이 토지에 투자하는 것까지 포함한 것 같긴 하지만요. (웃음)

장 제가 그런 이야기를 하면서 사용한 통계는 한국은행 통계인데, 산업은행 통계하고 한국은행 통계하고 좀 차이가 있고, 제가 통계 내용 수집 방법까지 파악하고 있지 못하기 때문에 어느 통계가 더 맞다고 얘기할 수 없지만, 대기업의 투자라는 게 최근 몇 년 전년 대비로 조금 늘었다는 거지, 그전에 확 떨어졌었거든요. 아직도 한창 왕성하게 투자하던 1990년대하고 비교하면 (각 통계에 따라 다르긴 하겠지만) 25~35퍼센트나 낮다는 거고요. 그런 면에서는 최근 몇 년 대기업 투자가 증가했다고 해도 외환위기 이후 한참동안 투자를 안 해놓은 게 있기 때문에 그것을 벌충하는 정도도 안 되고 있다는 말이죠.

지 그런 얘기 중에는 기업들이 수출도 비교적 잘되고 해서 가지고 있는 돈을 다른 데 투자하기 불안하니까 부동산을 산다든지 하는 부분이 있었던 것 같은데요.

장 바로 그거죠. 조금만 공격적으로 위험한 투자를 하려고 하면 외국인 주주뿐 아니라 금융에 투자해놓은 내국인 주주들이 얼굴 찌푸리고, 바로 바로 이윤 안 나오고, 배당금 안 주고 그러면 주가가 떨어지거든요. 예를 들어, 포항제철은 통상적인 의미의 재벌기업은 아니지만, 민영화된 다음에 무조건 50퍼센트 배당하는 식으로 정책을 펴거든요. 말이 안 되는 거죠. 기업이 경기가 좋으면 배당을 많이 할 수도 있는 거고, 투자할 데가 많으면 돈 많이 벌었어도 배당은 조금할 수도 있는 건데요. 기업들이 얼마나 주주들 눈치 보며 벌벌 떨고 있나 하는 것을 단적으로 보여주는 예입니다. 만약 그런 게 없었다면 포항제철이 얼마나 더 투자를 하고 얼마나 더 기술개발을 했겠는가를 생각하면 안이하게 볼 일이 아닙니다. 지금 당장은 수출도 잘되고 하니까 괜찮은 것 같지만 장기적으로는 투자 안 하고 버틸 재간이 있습니까? 장기적으로는 걱정되는 일이죠.

지 교수님께서는 노키아 사례를 많이 인용하시는데요. 벌목사업을 하다가 전자산업에 투자해서 17년 만에 흑자를 냈다고 하셨는데요. 지금의 주주자본주의에서는 그런 게 불가능하다는 것 아닙니까?

장 불가능하죠. 노키아는, 당시 핀란드 주식시장이 외국인 투자에 거의 막혀 있는데다가 정부가 납품 같은 것으로 상당히 밀어줬기 때문에 큰 건데요. 지금 현재 핀란드가 그런 기업을 또 키울 수 있냐 하면 어렵겠죠. 핀란드도 이제 주식시장이 다 열려 있거든요. 그나마 핀란드는 그동안 쌓아놓은 기술력이 있고, 돈도 있고 하니까 또 한번 할 수 있을지 모르겠지만, 그것에 못 미치는 나라들은 더 힘들다는 거죠.

지 정승일 교수는 《쾌도난마 한국경제》에서 "한국의 경우 이미 은행에서도 기업에 효율적인 자금 공급을 기대하기가 어렵게 됐다는 겁니다. 은행 시스템 전체가 주주자본주의에 포획되어 버렸거든요. 은행들도 외국인 주주들의 눈치를 보면서 리스크가 큰 기업 대출을 피하고 가계대출, 주택담보대출에 전력하고 있지 않습니까? 그 결과 지금 부동산시장에서 거대한 투기적 거품이 창출되고 있고요. 이 같은 모습들이 바로 김대중, 노무현 정부가 경제개혁이라는 슬로건 아래 추진해온 주주자본주의 또는 자본시장 중심의 영미 형 금융 시스템의 본질입니다. 그리고 지금 한국 경제의 문제점들은 이 같은 경제개혁이 잘못 실행되어 발생한 것이 아니라 오히려 너무나 잘 실현된 결과라고 봐야 합니다"라고 했는데요. 그렇다면 주주자본주의에서는 부동산 거품을 잡기 어렵다는 건가요? 정부는 보유세라든지 양도세 등을 통해 부동산을 잡고 있다고 얘기하지 않습니까?

장 부동산 가격을 결정하는 게 세금만도 아니고요. 저나 정승일 박사가 얘기하는 대로 은행들이 돈을 어디다 빌려주는가 하는 문제만도 아니고, 여러 가지 다른 요소들이 있잖아요. 저나 정승일 박사님이 그런 식으로 얘기하는 것은 다른 조건이 같다고 할 때 그런 식으로 되면 부동산 쪽으로 유휴자금이 들어갈 수밖에 없다는 얘기를 하는 거죠. 단적인 예로 1990년대 초까지만 해도 우리나라 은행들 대출의 90퍼센트가 기업대출이었는데, 이제는 40퍼센트 부근에서 왔다 갔다 하거든요. 나머지는 대부분 주택담보를 통한 소비자 대출이라는 말이죠. 그런 면에서는 부동산시장으로 흘러들어갈 수 있는 자금이 엄청나게 커진 거거든요. 조건이 그렇게 됐다고 해도 세금을 그렇게 때린다든가 하는 식으로 해서 그 영향을 줄일 수도 있는 거지만, 문제는 그게 구조적이라는 거죠. 부동산시장이 달궈질 수밖에 없는 구조가 만들어져 있기 때문에, 향후 새로운 정부가 들어서서 부동산 세금을 낮춘다든가 하는 식으로 하면 부동산 거품이 언제든 다시 확 일어날 수가 있는 거죠.

"이성으로는 비관해도 의지로는 낙관하라"

지 이번 책에서는 여러 가지 절망적인 가정이나 사례 끝에 다소 희망적인 결론을 내지 않았습니까? 그런데 예전에 《국가의 역할》에서는 "신자유주의 부활 이전으로 지식사회의 시계를 되돌리는 것이 불가능하다"고 하셨지 않습니까? 그래서 "신자유주의의 유효한 통찰로부터 이데올로기적 장막을 벗겨낸 뒤, 더욱 넓고 객관적인 지식 틀로 통합시키는 새로운 종합이 우리의 목표"라고 하셨는데요. 그때보다 더 낙관적이 되신 건가요?(웃음)

장 옛날 책에서 그런 식으로 얘기했던 것은 다른 이유가 아니라 신자유주의가 다 틀린 말만 하는 건 아니기 때문인데요. 예를 들어 옛날 1960~70년대 개입주의가 득세하고 있을 때는 사람들이 정부 자체의 문제, 부패라든가, 정부기관의 비효율성이라든가 이런 것을 몰랐던 건 아니지만 거기에 대해서 상대적으로 가볍게 봤는데, 신자유주의가 나오면서 (물론 신자유주의는 그것을 너무 강조해서 마치 정부는 다 안 되는 것처럼 말하는 게 문제지만) 그런 문제에 대해서 경각심을 불러일으킨 것은 사실이거든요. 이제 그런 식으로 사람들이 보는 시각이 바뀌었기 때문에 시계를 되돌릴 수 없다고 얘기한 거고요.

그러나 이제 이번 책에서 마지막에 하려고 했던 것은, 정말 잘 못하면 굉장히 안 좋게 될 수도 있다는 것을 우선 보여줬지만, 그래도 희망이 없는 것이 아니라는 겁니다. 제가 아까도 말씀드린 것처럼 단기적으로 비관주의자인지는 몰라도 장기적으로는 낙관주의자이기 때문이죠. 이탈리아의 마르크시스트 그람시가 얘기한 것처럼 "이성으로는 비관해도 의지로는 낙관하라"는 생각을 가지고 있습니다. 그런 식으로 현실이 어렵다는 것을 제대로 파악해야 현실을 제대로 바꿀 수 있다고 생각하기 때문에 그런 면에서는 비관적인 색채가 강하지만, 바꿀 수 있다고 생각하기 때문에 이런 책도 쓰고, 얘기하고 다니는 거죠. 바꿀 수 없다고 생각하면 이런 것을 할 필요가 없는 거 아닙니까? 시간 낭비지. 그런 면에서 낙관주의자라고 할 수 있는 거죠.

지 '장하성 펀드'에 대해서는 어떻게 생각하십니까? 그 분을 재벌 개혁의 화신이나 소액 주주의 권리를 지키는 수호신이라고 평가하기도 하고요. 먹튀 외국자본의 앞잡이라는 극단적인 평가도 있지 않습니까?

장 저와 생각은 다르지만, 장하성 교수가 훌륭한 분이라고 생각하는데요. 기본적으로 그 분의 시각은 주식시장을 통해서 문제를 해결하겠다는 건데, 저는 그것 가지고는 부족하다는 거죠. 펀드 같은 것들이 기업구조를 투명하게 하는 데는 나름의 역할을 하겠지만, 과연 지금 그것만으로 우리의 문제가 해결될 것이냐, 그것이 한편으로는 좋은 면도 있겠지만, 한편으로는 문제를 일으키는 면도 있지 않느냐, 이런 식으로 생각하는 거죠. 말하자면 그 자체에 대해서 반대를 하는 것은 아니지만, 그것만으로는 부족하다고 생각하는 겁니다.

지 최근 이정우 교수님이《프레시안》초청 강연회에서 "박정희 때 경제가 좋았다고 하지만 그렇지 않다는 증거를 최근 발견했다. 어느 역대 정권에서도 불로소득이 생산소득을 초과했던 적은 없었는데, 박정희 정권 당시에는 불로소득이 생산소득의 2.5배나 됐고, 이 기간 동안 부동산 가격이 무려 100배나 폭등했기 때문"이라고 지적하셨는데요.

장 아니 그런 나쁜 점도 있었지만, 기본적으로 모든 통계를 봐도 그 시대에 국민소득도 늘고, 국민평균 수명도 늘고, 유아사망률도 줄고, 여러 가지 사회지표가 좋아졌잖아요. 그것을 종합적으로 판단해야지, 부동산 문제가 중요하긴 하지만, 부동산이나 불로소득 문제로 모든 것을 판단할 수는 없는 것 아닙니까? 이정우 선생님 얘기를 자세히 들은 적은 없어서 더는 뭐라고 얘기 못하겠네요.

지 "박정희 경제의 본질은 이 같은 거품경제고, 박정희 모델의 양적 성장은 당시의 미래, 즉 현재 우리들의 몫을 미리 앞당겨 사용한 것에 불과하다"고 했는데요. 이 지적에 대해서는 어떻게 생각하십니까?

장 앞당겨 사용했으면 이미 망했어야죠.(웃음) 그렇게 앞당겨 사용했는데, 30~40년 동안 크게 성장하고, 국민생활 좋아지고 그런 것을 불가능하죠. 예를 들어 5,6년은 정부에서 국채 발행해가지고 앞당겨 사용해서 할 수 있는지는 몰라도 수십 년이나 간다는 것은 그런 식으로 되지 않았다는 증거죠.

지 "링컨은 가장 열렬한 유치산업 보호주의자로, 남북전쟁은 노예 문제로 일어난 전쟁이라기보다는 관세 문제로 일어난 전쟁"이라고 하셨는데. 우리는 그렇게 알고 있지 않습니다.

장 그렇죠. 가르치지를 않으니까요.

지 이렇듯이 우리가 알고 있는 전제 자체가 잘못되었기 때문에 문제 해결이 안 된다는 생각이 드는데요. 그러면 교육이나 이런 부분까지 다 개선되어야 하는 것 아닙니까?

장 제가 말하는 게 다 진실이라는 건 아니지만, 최소한 우리가 알고 있는 게 다 맞지는 않다는 걸 학생들에게 알려줘야 하거든요. 그런데 언론, 교육기관 다 나서서 (좌파가 되었건 우파가 되었건) 자기네 얘기만 맞다고 하는 거니까요. 제가 주장하는 것은, 뭐든지 다 뒤집어보고, 다시 생각해보고, 확인해보고 하는 것이 교육에서 중요하다는 겁니다. 학문이라는 게 객관적인 것 같지만 그렇지 않거든요. 미국 관세 문제 같은 것도 요즘은 그래도 다시 얘기하는 사람들이 좀 있지만, 2차 대전 후부터 1970년대 무렵까지만 해도 아예 얘기하지 않았습니다. 미국이 2차 대전 때까지 1세기 이상 세계에서 보호무역을 가장 세게 한 나라인데, 미국 경제사 책에 관세 얘기는 각주에 몇 번 나오고 말아요.

그런 식으로 학자들 자체도 편향성이 있는 거고, (꼭 나쁜 의미에서 이용하는 게 아니더라도) 그것을 갖다가 쓰는 초·중등 교육기관에서도 무비판적으로 받아들이고, 환상에 젖어 있는 게 많아요. 앞에서 말씀드린 스위스가 공업 강국이라는 것도 찾아보면 금방 나오거든요. 엄청난 비밀 자료도 아니고, 유엔 웹사이트에 들어가서 2~3분만 찾으면 나오는 겁니다. 그런데 안 찾아보거든요. 그런 의식 자체가 없기 때문이죠. 그러니까 그런 의미에서는 꼭 학교에서 하는 교육뿐 아니라 언론 같은 것을 통해서 하는 잘못된 교육도 바로잡아야죠.

지 정리하는 차원에서 마지막으로 한 말씀 해주십시오.

장 무조건 내 말이 진리니까 다른 사람은 다 틀렸다고 생각하지 않고요. 제가 하는 얘기가 맞더라도 어떤 부분은 가치관이 다르면 반대할 수도 있거든요. 예를 들어 정성진 교수님 같은 분이 "나는 사회주의자니까 자본주의는 다 틀렸다고 믿는다"고 얘기하는 게 제가 보기에는 무책임한 얘기일 수 있지만, 그 분 입장에서는 그런 얘기할 수 있거든요. 그런 의미에서 말하자면 "내가 복음을 썼으니까 다 들어라" 이렇게 얘기하는 것으로 오해받고 싶지도 않고요. 다만 제가 이런 식으로 듣기에도 귀에 거슬리고, "어떻게 저런 얘기를 할 수 있나, 이상한 놈 아냐" 하는 얘기 들을 것을 알면서도 자꾸 하는 게, 세상에는 진실이 하나만 있고, 누구나 그렇게 하고, 그렇게 안 하면 다 바보고, 나쁜 놈이고, 이런 태도가 우리나라 사람들뿐 아니라 모든 사람들에게 너무 강하게 있다는 말예요. 그걸 어떻게 하면 깨보고, 다시 사람들이 '우리가 알고 있는 것이 꼭 맞지만은 않구나' 하는 생각을 하고, '같은 얘기라도 이렇게 얘기하면 이렇고, 저렇게 얘기하면 저렇구나' 하는 생각을 했으면 좋겠다는 겁니다.

가장 좋은 예가 프리드먼의 《렉서스와 올리브나무》에 관한 얘기인데요. 같은 도요타를 가지고 그렇게 다르게 얘기할 수 있단 말이죠. 그런 것을 좀 사람들이 보고 '세상이라는 것이 이렇게 복잡하고 어려운 거구나. 여러 가지 길로 갈 수도 있고, 나름대로 방법을 찾을 수도 있구나' 하는 것을 알아줬으면 해서 자꾸 그런 얘기를 하는 겁니다.

우리나라 재벌 문제가 됐건 WTO 얘기가 됐건, 미국 역사에 관한 얘기가 됐건 그런 것이 다 그런 의도에서 하는 거란 말이죠. 특히 저는 직업이 학자기 때문에 그런 것을 하는 게 제 의무라고 생각하고요. 여러분이 그런 얘기를 들을 때 꼭 제가 무슨 꿍꿍이속이 있어서 이러나 생각지 마시고, 세상이 꼭 흑백이 아니고, 진실이 한 가지만은 아니라고 생각하셨으면 좋겠습니다. 조금 나쁘게 말하면 지금 우리가 갖고 있는 생각들이 단순 논리라고 말할 수 있는데, 그런 것을 깨볼까 하는 의미에서 이번 책도 그렇고, 다른 얘기도 하는 거니까 그렇게 생각해주셨으면 고맙겠습니다.

한미FTA는 대한민국의 미래를 좌우할 수 있는 중대한 사안인데도 불구하고
그 심각성에 대한 우려의 목소리는 잠잠해진 가운데 정부를 비롯한 찬성론자들의
일방적인 선전만 유포되고 있어 국민 여론이 크게 왜곡되고 있는 바,
한미FTA가 우리 국민경제에 미칠 치명적인 해악을 제대로 알리기 위해 시대의창과
오마이뉴스가 공동기획하여 특별대담을 마련하였습니다.
장하준(영국 케임브리지 대학교 경제학과 교수)과
정태인(민주노동당 한미FTA 저지 사업본부장)의 대담으로 사회는
김종철(오마이뉴스 경제팀장)이 보았으며, 2007년 8월 23일 서울 광화문
오마이뉴스 회의실에서 진행되었습니다.

특별대담
장하준 VS 정태인

한미FTA 그리고
대한민국의 **현실**과 **미래**

대세론의 **허구**와 **사기성**
그리고 발효 후의 비극

'대세론'은 위험하고 무책임한 발상

김종철(이하 **사회자**)　안녕하십니까? 저는 오마이뉴스 경제팀장 김종철입니다. 최근 한미FTA 타결 이후에 우리 경제에 관련하여 논란이 많습니다. 그런 가운데 한미FTA의 진실을 밝히고 한국 경제의 향후 대안을 모색하는 자리를 마련했습니다. 오늘 이 자리에는 민주노동당 한미FTA 저지 사업본부 정태인 본부장과 영국 케임브리지 대학교 경제학과 장하준 교수를 모셨습니다.

정태인 본부장님, 우선 한미FTA의 국회 비준 전망을 간략하게 말씀해주십시오.

정태인　한미FTA는 2006년 2월 3일 협상에 착수해서 4월 2일 협상본부장 선에서 타결되었고, 대통령 사인으로 최종 체결된 것이 6월 30일입니다. 한미 양국 국회 비준 절차가 끝나면 법률로 발효되는데, 금년 내에 되기는 힘들 것 같습니다. 한나라당이 무리해서 비준 동의할 이유가 전혀 없고, 신당이 된 정부 여당도 무리해서 할 이유가 없으니까요. 사실은 한미FTA 이슈를 묻어버리고 싶겠죠, 한나라당도 그렇고 신당도 그렇고 그게 부각될수록 자기네한테 불리하니까요. 청와대에서 전격적으로 밀어붙이지 않는 한, 2008년 4월에 총선이 있으니까 이후로 미룰 것 같아요. 그 전에 밀어붙이는 건 특히 농촌 지역구 국회의원들한테 부담이 클 테니까요. 대선과 총선에서 한미FTA에 반대하는 세력이 승리한다면 비준을 막을 수 있는 상황이 되겠지만, 대선과 총선에서 찬성하는 세력이 승리한다면 5,6월에 빠르게 처리될 가능성이 있습니다.

또 하나의 변수는 미국 의회의 비준 동의 여부입니다. 미국에 압도적으로 유리하게 타결되었는데도 미국은 쇠고기, 자동차에서 더 얻어내려고 '비준 동의'를 무기 삼아 들이대고 있잖아요. 미국에서 아직 인간 광우병이 발생할 시기는 안 됐지만 2003년 소한테 발생했으니까 2013년쯤 되면 인간한테도 발생할 시기가 되는 거죠. 물론 빠르면 그 전에도 발생할 수 있겠지만요. 현재 광우병에 대한 우리 국민의 인식이 굉장히 낮아요. 일단 인간 광우병 발생하면 완전히 공포 분위기로 들어갈 텐데, 우린 아직 광우병 소도 발생하지 않은 상태라서 설마 그거 먹고 어떻게 되랴, 하는 안이한 생각으로 미국산 쇠고기 먹고 있다가 뼛조각 붙은 고기 들어오고 하자 다시 경각심이 강하게 일고 있는데, 이런 식으로 미국산 쇠고기 소비되지 않고 수출 막히면 미국 의회가 비준을 거부할 가능성이 있다는 거죠. 그걸 빌미로 한국 정부에 더 많은 것을 요구하겠죠.

만약 우리 정부가 미국의 추가 요구를 사실상 다 들어주게 되면 미국 의회 비준은 무난하겠지만 우리 국회 비준 동의가 난항을 겪겠죠. 무엇보다 우리 국민들이 한미FTA 내용을 제대로 알게 되면 적어도 80퍼센트의 국민들은 도저히 찬성할 수 없는 수준이거든요. 더구나 본인뿐 아니라 애들의 애들까지 상위 10~20퍼센트 안에는 들어야 수혜를 받을 수 있는 구조기 때문에 국민들이 한미FTA에 대해 잘 알게 되면 막을 수 있다고 생각합니다.

사회자 한미FTA에 대해서 국민들이 그동안 나름대로 알려고 한 측면이 있었던 것 같고요. 반대 여론도 비등했지 않았습니까? 그런데 타결 이후에 찬성률이 높게 올라가고 한미FTA 그거 불가피한 것 아니냐 하는 인식이 일반국민 사이에 넓게 퍼진 것 같아요.

정태인 저는 국민들께 제가 보는 관점을 충분히 얘기했으므로 이제 장하준 교수님이 국제적인 관점에서 얘기해주세요.

장하준 일단 대세론처럼 잘못된 주장은 없다고 생각하거든요. 대세론을 따르려면 친일파 재산 환수는 왜 합니까? 그때 그 사람들 말하자면 대세 따라서 제국주의 편승해서 잘 했는데, 그렇다면 재산 환수는 말이 안 되는 거예요. 그러니까 결국 대세라고 따라야 한다는 것은 용납이 안 되는 논리죠. FTA가 대세라는 식으로 자꾸 국민들을 압박하는데 사실 대세가 아닙니다. FTA가 다수 체결됐다는 식으로 말하는데 대개는 유럽연합, 메르코수르Mercosur(남미 공동시장)처럼 비슷비슷한 나라들끼리 지역 통합하려는 것조차 다 FTA로 치니까 그런 거죠. 예를 들어 미국-한국, 미국-말레이시아 식으로 차이가 크게 나는 나라들끼리 맺은 조약은 몇 안 되거든요. 미국과 FTA 맺은 나라 보면 호주, 싱가포르 정도 빼고는 가난해서 어떡하면 바나나 하나라도 미국에 팔아먹을까 하는 차원에서 한 거죠, 자기 나라 산업의 미래야 어떻게 되든 간에. 아니면 중동에서 전략적 이유로 미국과 동맹 맺어 우리는 죽으나 사나 같이 가야 한다는 나라들뿐입니다.

결국 경제적으로 의미 있는 나라는 한국밖에 없다고요. 그렇잖아도 미국이 다자간 무역질서를 자꾸 교란하면서 자기들 같은 선진국한테 유리한 양자간 질서로 몰아가는데, 왜 한국이 이렇게 먼저 나서서 그 장단에 춤을 추는지 모르겠어요. 선진국들은 후진국 윽박지르기 좋죠. "원조 끊을 거야, IMF한테 얘기해서 돈 안 주게 할 거야" 이런 협박해서 따낼 게 많기 때문에 선진국들은 양자 체제를 선호하거든요. 그렇잖아도 미국이 그러고 다녀서 국제 다자간 무역질서가 불안해지고 있는데 한국이 앞장서서 거기에 동조한 겁니다. 우리나라 처지에서 보거나 국제적으로 봐도 매우 잘못하고 있는 겁니다.

사회자 정 본부장님이 청와대에서 일할 당시, 그러니까 참여정부 초기에 이미 FTA 로드맵이 나와 있지 않았습니까?

정태인 초기는 아니고요. 2003년 8월에 FTA 로드맵 만들어졌는데, 그때 미국은 맨 마지막에 가 있었어요. 이게 참여정부 임기 내에 추진될 거라고 생각한 사람은 아무도 없었어요. 당시 추진되고 있었던 것은 국민의정부 때 이미 시작했던 일본과의 FTA였고, 그러고는 거대 경제권이라 할 수 있는 미국, 중국, EU로 가기 전에 교두보 격으로 싱가포르, 아세안, 캐나다, EFTA(European Free Tarde Association, 유럽자유무역연합 : 노르웨이, 핀란드, 아이슬란드, 리히테슈타인 4개국) 같은 비교적 작은 나라들하고 먼저 한다는 것이었는데, 캐나다와 협상을 하다가 갑자기 바꾼 거거든요.

 2004년 12월 일본과의 FTA 협상이 깨지는데, 정부는 일본이 농산물 시장을 많이 개방하지 않아서라는 이유를 대지만 제가 보기엔 한국 자동차 관련 업계가 심하게 반대했던 거고, 또 김현종 본부장이 일본과의 FTA를 탐탁지 않게 여겨 대단히 간간하게 굴었어요. 가령 김 쿼터 빨리 늘려주지 않는다고 해서 중단된 건데, 그런 태도로 미국하고 협상했다면 수백 번 깨졌어요.

 첫 번째 국정 브리핑에서 김현종 본부장이 밝힌 한미FTA 추진 이유는 뭐냐면, 낡은 일본식 경제 체제를 버리고 미국식으로 개조한다는 거거든요. 처음부터 미국식으로 한국을 개조하겠다는 생각이 앞선 그런 FTA였기 때문에 준비할 겨를이 없었죠. 일본과의 FTA는 상당히 많이 준비된 것이지만 미국과의

FTA는 거의 준비가 없는 상태에서 급물살을 타게 된 것이죠. 2004년 11월, 12월 되어서야 관련 연구소들이 본격적으로 조사에 나서거든요. 2006년 2월에 본 협상에 착수했으니까 사실상 하나도 제대로 준비하지 않은 채 협상을 시작했고, 당연히 그 결과는 참담할 수밖에 없는 거고요.

우리나라는 이미 세계적으로 손꼽히는 통상국가

사회자 국민들에게 가장 많이 알려진 '통상국가' 선전하지 않습니까. 어차피 세계화 흐름 속에서 한국이 살아남을 수 있는 방법의 하나가 '통상국가론'인데, 현재 동시다발로 추진되고 있는 FTA가 그런 축에 의해 진행되고 있잖습니까. 국민들은 "수출로 먹고 사는 상황에서 그게 맞지 않느냐" 하고 동조하는 분위기가 강하지 않나요?

장하준 제가 보기엔 그건 왜곡선전을 많이 한 탓이에요. 통상국가가 되어야 살아남을 수 있다고 겁 주는데, 지금 우리나라는 통상국가 아닌가요. 세계에서 손꼽히는 통상국가에다가 개방 정도도 상당히 높은 나라에 속합니다. 그런데도 더 개방하지 않으면 쿠바나 북한처럼 된다는 게 말이 되는 얘기에요. 제가 어느 언론에 이런 식으로 쓴 적 있는데, 어떤 사람이 "자동차 배기가스 규제해야 한다"고 얘기하니까 반대편에서는 "자동차 없이 살 수 있을 것 같아? 한번 원시시대로 돌아가자는 거야?" 하는 거예요. 아니 자동차 배기가스 규제하자는 건데 왜 그런 식으로 사람을 반대쪽으로 확 몰아붙이면서 마치 이거 한미FTA 반대하면 대원군 지지하는 것처럼 만들어버립니까?

우리나라 이미 개방되어 있고, (저는 잘 믿지 않지만) 주류 경제학 이론으로 볼 때도 그런 식으로 개방하고 싶으면 그냥 일방적으로 개방하면 되요. 이런 식으로 양자간 무역협정 맺어서 하는 개방은 진정한 자유무역이 아닙니다. 예를 들어, 우리나라가 한미FTA 맺으면 미국 제품에 비해서 다른 나라 제품 차별하는 건데 그건 자유무역이 아니죠?

그럼 동시다발적으로 다 내주면 되지 않느냐고요. 다 내주려면 시간도 오래 걸리고 비용도 많이 드는데다가 나라마다 이해관계도 달라서 왜곡된 거 많이 나오기 때문에 그거 하지 말자고 WTO 만들어놓은 것 아녜요. 그러니까 자기들이 신봉하는 이론에도 맞지 않는 방향으로 억지로 몰고 나가는 셈입니다. 결국 정태인 본부장 얘기대로, 그냥 "우리 사회를 미국식으로 개조하자" 그러면 국민들이 싫어하니까 "세계화 물결을 타지 않을 수 없다"고 하면서 제대로 된 토의도 없이 그런 식으로 밀고 나가는 것이겠죠.

정태인 한미FTA가 발효되면 거기에 맞춰 바꿔야 할 우리 법률과 제도가 100여 개 안팎이 될 것으로 예상됩니다. 시행령을 넣느냐 마느냐에 따라 숫자가 커지고 작아지는데, 그 내용은 다 미국식으로 바꾸는 것입니다. 자동차 배기가스 규제완화도 미국 기준으로 바꿀 거구요. 약에 관한 자료 독점권 강화라든가 특허 연계 사안도 전부 미국의 제도 들여오는 거거든요. 한마디로 미국의 요구를 받아들여 우리나라 법과 제도를 미국식으로 바꾸는 거예요. 문제는 우리 정부가 "미국은 선진국, 따라서 미국 제도도 선진제도, 그러므로 한미FTA 하면 우리 제도도 선진화해서 우리나라 선진국 될 것"이라는 선진경제론을 주장하는 거거든요. 어느 제도도 그 나라 산업, 경제 행위 패턴에 맞춰져 있는 건데, 미국 것을 가져온다고 해서 갑자기 우리나라가 선진국 된다는 건 웃기는 얘기예요. 사실은 그게 아니라 산업 구조조정이 빨리 진행된다는 걸 의미하는 거예요.

예를 들어, 의약품 특허권 굉장히 강화했어요. 그와 관련하여 대통령이 한 얘기가 "우리나라도 화이저 같은 혁신 신약회사가 나올 것"이라는데, 혁신 신약 만든 나라는 몇 안 되거든요. 미국, 영국, 스위스, 독일 정도예요. 게다가 우리나라에서 제일 크다는 동아제약과 화이저의 매출액은 1:100, RND(연구개발비)는 1:160이에요. 실상이 이 지경인데, 제도 바꾼다고 동아제약이 어떻게 화이저가 됩니까. 사실은 장기 모험 자본시장을 만드는 게 어렵습니다만 그런 게 있어야 하고, 인력을 적어도 10~20년에 걸쳐 상당히 배출해놓은 상태여야 제도 바꿨을 때 뭐가 될까 말까 한데, 지금 미국식으로 바꾼다는 것은 우리나라 복제약 회사 다 망하는 걸 의미합니다. 아마 상위 서너 개만 남고 다 망할 겁니다. 이게 무슨 선진제도예요.

그러니까 대통령한데 투영된 요새 재경부 관료들의 인식이란 이런 거예요. "외환위기 잘 맞았다. IMF 없었으면 우리나라 금융기관 어떻게 구조조정했겠느냐?" 외환위기 맞아서 우리나라 금융기관이 좋아졌다고 보는 거죠. 부채비율 줄어들고 이윤율 높아졌다고 얘기하는 건데, 금융이 잘 바뀐 건지는 이따 얘기합시다. 한미FTA는 뭐냐면, 외환위기 이후에는 금융부문에서만 집중적으로 구조조정이 일어났는데 모든 부문에서 다 일어난다는 얘기거든요. 우리나라가 미국보다 강한 분야는 거의 없어요. 자동차 최종 조립, 조선, 철강, 반도체 정도고 나머지는 미국이 전부 강해요. 제조업 평균 노동생산성도 우리가 미국의 40퍼센트에 불과해요. 특히 정밀화학, 정밀기계, 우리가 특히 취약해서 육성해야 한다고 했던 부품 산업은 궤멸할 가능성 많아요. 제조업, 서비스, 농업은 말할 것도 없고요.

이런 게 과연 옳은 방향이냐 하면, 지금까지의 우리나라 정책하고도 어긋나는 빅뱅형 방식이에요. 또 하나 문제는 미국하고 했으니 이제 EU하고도 하겠다는 것이에요. 그런 나라는 멕시코와 칠레밖에 없어요. 어떤 나라도 이런 바보 같은 식으로는 하지 않아요. 중국하고도 하게 되면 한국이 세계 최초, 유일한 나라예요. 그러고도 경제가 남아나기를 바란다면 착각이죠. 고급, 중간, 하위 제품 전부 구조조정될 거기 때문에 굉장히 무모한 일입니다. 정부가 그걸 통해서 잘할 수 있다는 게 기껏해야 법을 미국식으로 바꾼다는 것, 우리 국민은 뛰어나니까 잘 해내리라는 것, 이런 거예요. 저도 우리 국민이 뛰어나다고 생각합니다만 한꺼번에 세상이 바뀌면 내가 어떻게 행동하는 게 낫겠다는 갈피를 잡을 수 없어요. 우리 국민들의 한미FTA 반대가

40퍼센트에서 멈춘 이유가 너무 큰 정책이라서 그래요. 너무 거대하면 실감이 가지 않는 법이거든요.

사회자 그러니까 국민들이 지금 한미FTA에 대한 여러 가지 혼란에 빠져 있는데, 그 가운데 하나가 내 생활에 어떤 피해가 올지 실감하지 못하고 있다는 거고, 또 하나는 정부가 실상을 알리지 않고 막연한 장밋빛 전망만 과대포장하여 선전하다보니까 주류 경제학에서 말하는 통상국가론이나 세계화 대세론에 덮어놓고 동조하는 분위기가 되었다는 거죠. 그런데 그로 인한 피해는 발효된다고 곧바로 나타나지 않는 부분이니 실감하지 못할 수도 있는데요. 그거 발효되면 정말로 10~20퍼센트 빼고는 다 죽는가요? 우석훈 박사가 "연봉 6000만 원 안 되면 한국을 다 떠나라"고 얘기한 것처럼.

정태인 FTA 하면 제일 주장하는 게, 수출이 늘어나고 경상수지 흑자가 는다는 건데, 사실은 흑자가 줄어들고 잘못하면 적자가 될 수도 있어요. 당연한 거 아녜요. 현재 우리나라 관세가 미국의 3배인데 FTA 해서 동시에 0으로 만든다면 미국 제품이 훨씬 유리한 거 당연하잖아요. 그리고 대부분의 산업이 미국보다 경쟁력이 약하기 때문에 구조조정이 대폭으로 일어나고 특히 중소기업이나 노동시장은 심각할 거예요. 거시경제적으로도 피해가 클 것은 불을 보듯 하고요.

또 하나는 (협정문에 명시되어 있진 않지만) 우리 스스로 법과 제도를 미국식으로 바꿔서 공기업의 민영화를 본격 추진할 거라는 거죠. 민영화 계획은 오래 전부터 있었지만 1997년 외환위기 때 IMF가 요구한 바 있습니다. 거기에 대해서 재경부는 IMF가 요구한 것보다 더 많이 개방한다는 계획을 세웠던 거죠. 참여정부 들어와서 잠시 중단된 상태였는데, 이게 한미FTA로 본격적으로 추진될 겁니다. 대표적인 게 이미 발표된 '물 산업 육성 방안'인데요. 정부는 민영화가 아니라고 우기지만 내용을 들여다보면 실상은 다 민영화예요. "물은 경제제다. 상품으로 처리해야 하고 민간기업이 참여해야 한다. 민간기업이 참여하려면 현재 수돗물 값 수준에서는 이익이 안 나기 때문에 가격을 현실화해야 한다. 수돗물 값 올려 제시해서 수에즈 같은 세계적 물 기업 유치하겠다"는 게 민영화 아니고 뭐예요.

장하준 특히 EU하고 FTA 하면 프랑스에서 다른 나라 물 산업 사는 데 관심이 많기 때문에 그거 그 꼭 관철할 거라고요.

정태인 이 시점에서 왜 갑자기 물 산업이 먼저 나왔는가 하면요. 의료도 마찬가진데요. 그거는 EU하고 하는데 또 강요받아서 열었다는 소리 듣기 싫으니까, 원래 또 민영화 계획도 가지고 있었고 그래서 미리 발표한 거죠. 그러니까 EU가 강요해서 우리나라 물이 개방되는 것이 아니라 우리 스스로의 계획에 따라 물 산업 육성을 위해 개방한 거다, 이렇게 만들어놓은 거죠. 이건 물뿐이 아녜요. 이익이 많이 나는 순서에 따라서 철도·전기·수도·가스·우편 같은 네트워크 산업 분야, 의료·교육·주거 같은 기초 서비스 분야까지 망라하는 거예요. 사적인 공급과 공적인 공급이 경쟁하는데, 사적인 공급 규제 풀리고 그쪽의 이익이 높아지면 결국 공적인 게 죽을 수밖에 없어요.

우리 국민하고 직접 연관되는 이런 사업에서의 민영화, 개방화, 규제완화, 이런 것들이 굉장히 빨리 추진될 겁니다. 이건 기초 서비스이기 때문에 공적 개념을 적용하여 우리가 가격을 낮추는 데 성공하고 있는 건데, 민영화되면 일반국민에게 엄청난 타격을 주겠죠. 네트워크 산업의 경우, 수도권 인구밀집지역 외에 사는 사람들의 비용 부담이 굉장히 높아지거든요. 철도, 전기, 수도, 그거는 민간에게 맡기면 (현 요금 체계로는) 끊긴다는 얘기거든요. 민간기업으로서는 차라리 공급하지 않는 게 낫죠, 민간기업이 적자 보면서 사업하지는 않잖아요.

장하준 영국도 철도 민영화하면서 역 많이 닫았죠, 시골에.

정태인 전기, 철도 민영화는 영국이 선구죠.

사회자 영국 민영화 사례가 나왔는데, 영국의 민영화를 놓고 평가가 다르지 않습니까?

장하준 영국에 와서 기차 안 타본 사람들은 좋다고 얘기하죠. 와서 기차 타보면 민영화 성공했다는 얘기 안 나옵니다. 저는 교조적인 국가소유주의자는 아니에요. 일본은 철도 민영화되어 있지만 규제 잘하기 때문에 안전, 시간 지키기 잘 되고 있어요. 민영화 추진하는 사람들은 규제완화도 같이 원하는데, 영국 철도는 그거 때문에 문제가 생겼어요. 1970년대 경제가 어렵고 해서 투자들을 많이 안 하니까, 영국 정부가 민간투자 유치해서 서비스 질을 높인다는 등 그럴듯하게 얘기했는데, "그거 팔 때 투자를 얼마를 해야 하고, 안전을 어느 정도로 지켜야 한다"는 그런 규제를 거의 안 하다보니까 철도 회사는 (투자는 하지 않고) 낡은 시설로 계속 우려먹기만 하는 거예요.

이런 게 1990년대 후반에 가서 가장 심각해졌는데, 역에 가면 열차가 반은 취소 아니면 지연이에요. 반면에 스위스 같은 데 가보면 몇 시 기차가 몇 번 플랫폼으로 들어온다는 게 다 나와 있거든요, 그만큼 시설에 자신 있다는 거죠. 영국 역에는 심할 경우 열차 들어오기 2, 3분 전에도 플랫폼에 안 나와요. 그래서 어느 선로 차단기가 작동할지 모르는 거예요. 그러니까 해마다 크고 작은 사고가 끊이지 않았어요. 이를 보다 못한 영국 정부가 철로 설비 운영 분야는 사실상 국유화해버렸어요.

물론 민영으로 가더라도 계획 잘 짜서 잘 운영하고 규제만 잘 하면 공공 서비스도 제대로 조달할 수 있습니다. 그런데 대부분 이런 얘기하는 사람들이, 미국식 물 산업 EU식으로 하는 것은 그런 의도가 아니라 어떻게 하면 돈 많이 버느냐 하는 거니까 문제죠. 볼리비아는 예전에(요즘은 좌파정권이 들어와서 물 산업 민영화 취소) 물 산업을 미국 백텔에 팔았는데, 그 회사는 어느 정도 악랄했냐면 물 값을 3~5배 올린 것도 모자라 빗물 받아 쓰는 것까지 고소했어요. 그런 사람들하고 지금 물 산업 하겠다는 건데, 뭘 모르는 건지? 그쪽하고 파트너십이 있어서 자기들도 이익을 볼 자신이 있어서 그런 건지? 굉장히 조심해야 하는 것인데, FTA 하면 관세 내리는 것 정도로만 가볍게 여겨서 '관세 7~8퍼센트 내려간다고 설마 우리나라 망할까?' 이렇게 생각하는 사람들이 많거든요.

정태인 문제는 장기투자는 하지 않는다는 거죠. 시설에 대한 투자는 언제 빠져나갈지 모르니까요. 교차 보조는 민간기업에게 강요할 수 없죠. 사실 시골에 들어가는 것은 수익성은 없지만 인구밀집 지역에서 돈을 많이 받아서 그걸로 하거나, 세금 보조금 들어가서 하는 건데, 민간기업이 그거 할 이유가 없으니까 문제가 되는 건데, 그걸 하기 위해서 서비스 보편성, 또는 장기 투자 가능성을 위해서 언제나 규제위원회가 같이 들어가야 해요. 민영화할 때는 적절한 규제기구가 들어가야 하는데, 문제는 한미 FTA와 규제기구는 양립하지 못한다는 겁니다. 투자 조항에 보면 의무 부과 못해요. 미국 기업이 한국에 투자할 때 무슨 의무든 부과할 수 없게 되어 있어요. 원천봉쇄된 거죠. 사적인 계약으로는 들어갈 수 있어요.

문제는 그런 계약으로 단전·단수 같은 불상사가 발생했을 때, 계약 조건 바꾸려고 하면 그건 불가능해요. 이건 하려면 돈으로 보상하는 수밖에 없어요. 안 그러면 '투자자국가제소권'에 걸려요. 그러니 민영화하게 되면 그 폐해 줄이기 위해 규제가 필수인데, 한미 FTA 틀 속에서 규제는 극히 제약적입니다. 예를 들어, 의료보험 들어와 있죠. AIG 들어와 있죠. 이제는 한미FTA 맺으면 우리나라 건강보험공단이 암에 대한 보장을 더 늘리지 못해요. 더 늘리면 AIG가 직접 피해를 보겠죠, 암 보험 팔잖아요. 암을 건강보험공단에서 100퍼센트 보장해주면 개네들 망할 거 아녜요. 그러면 투자자국가제소권 대상이거든요.

앞으로 우리나라 공공 서비스는 확대 불가능하게 되는 거죠, 그 영역에 미국 기업이 들어와 있을 때는요.

거대 다국적기업만 배불리는 알량한 '선진 금융기법'

사회자 정부는 그래도 의료, 교육, 법률 등의 일정한 시장 개방은 단계적으로 우리 체질을 강화하고 산업경쟁력도 강화한다는 얘기 많이 하잖아요? 그런 부분은 전혀 없나요?

정태인 사회 서비스 있잖아요? 법률, 회계, 컨설팅은 상당히 개방되어 있고, 법률은 아니지만 그런 건 개방해도 되요. 문제는 그런 건 굉장히 막아놨어요. 공공 서비스는 미래유보로 넣었으니 이건 아니라고 합니다만 미래유보에는 예외규정이 있어요. 가령 물 경우, 환경 서비스는 국가독점 인정받는 건데, 국가가 그 권한을 포기하고 사기업과 계약을 맺는 건 예외로 한다고 나와 있거든요. 물 산업 육성 법안을 보면 외국 기업은 우리나라 민간기업과 여러 가지 형태의 계약을 맺도록 되어 있어요. 명시되어 있진 않지만 장기 위탁 관리, 리스, 양도, 매각까지 여러 가지 형태를 취할 수 있기 때문에 그런 계약을 맺으면 국가독점이 풀리는 거예요. 풀리고 나면 한미FTA 적용이 되죠. 미래유보에 있다고 하더라도 자발적으로 개방하여 공기업을 민영으로 하겠죠. 그게 된다면 한미FTA 적용을 받습니다. 유보했다 하더라도 이 협정에 의해 절대 안 된다는 뜻은 아니죠.

장하준 그런 걸 개방하면 선진기법 들어온다고들 선전하는데, 영국 은행가 격언에 "돈 필요한 사람한테 절대 돈 꿔주지 마라"는 게 있어요. 선진 금융기법 도입한다고요? 이른바 선진금융 한다는 미국이나 영국계 은행들이 우리나라에 와서 하는 게 뭐예요? 다 주택담보 대출하고, 좀 위험한 기업 대출 줄이고, 그런 식으로 안전운행해서 돈 많이 버는 게 선진 금융기법이라고요? 영미식 금융기법이 결코 좋은 게 아녜요. 예를 들어 의료를 보세요. 미국이 국민소득의 15퍼센트를 의료비에 쓰고 있거든요. 세계 최고 수준이죠. 유럽에서 가장 높다는 프랑스·스웨덴이 11퍼센트, 영국·한국이 6~7퍼센트 되는데, 미국이 우리나라 포함해서 이런 나라들보다 건강지표가 더 나쁘게 나오는 걸 보면, 굉장히 비효율적인 의료 시스템이거든요. 돈은 다른 선진국에 비해 2배 이상 쓰는데 건강지표는 그 중 제일 나쁜 미국의 비효율적인 시스템을 왜 들여옵니까?

정태인 영국은 NHS라고 해서 세금으로 병원 전체가 운영되고 일부 민간이 도입됐지만, 우린 의료보험, 곧 국가보험 시스템이죠. 반면에 미국은 민간보험 시스템이에요. 미국에는 건강보험이라는 게 없고, AIG가 머리부터 발끝까지 보험 상품 만들어 파는 거죠. 민간기업이니까 당연히 부자들 보험부터 만들어요. 부자들 생리가 이른바 VIP 대접 받는 거잖아요. 구질구질하게 줄 서지 않고 1인실에 들어가서 5분 말고 30분 진료받는 걸 원하잖아요. 그런 거 해주겠다는 옵션 달아서 1년에 1000만 원, 2000만 원짜리 보험 만들면 우리나라 부자들도 드는 사람들 꽤 많을 거예요. 이건 보험회사, 병원 다 행복합니다. 왜냐면 부자들은 돈은 많이 내지만 병원 잘 안 가거든요. 그러면 남는 돈 많으니까 나눠가지면 되잖아요. 1500만 원짜리 만들어서 다 팔면 1000만 원, 500만 원짜리 만들어서 팔아요.

나머지 가난한 사람 가지고는 보험 성립 안 되죠. 보험료 조금 내고 보험금 많이 축내는, 가난한 사람들을 위한 보험은 언제나 파탄이에요. 그러니 장사꾼들이 그런 보험 팔겠어요. 그래서 미국 국민 5000만 명은 아무런 보험도 없이 살아가고 있거든요. 보험 없다는 게 얼마나 끔찍한 거냐면 (우리나라 사람들은 잘 상상하지 못하는데) 감기 하나 가지고 10만 원이 들 수도 있는 거고, 손가락 하나 곪았는데 치료비 못 대서 그 손가락 자를 수도 있는 거예요.

장하준 미국보다 더 심한 곳이 멕시코인데, 거기서는 누가 슈퍼마켓에서 뇌졸중으로 쓰러져서 앰뷸런스 불러도 미화 1000달러 선금으로 내지 않으면 실어주지 않는데요. 사람이 쓰러져 죽어가고 있는데 말예요. 미국은 그 정도는 아니지만 극단적 시장논리가 도입되면 그렇게 되는 거죠.

정태인 그런 시스템은 돈 많은 순서로 가격 차별하면서 고급 서비스 제공하는 건데, 다른 공공 서비스에도 다 적용됩니다. 부동산, 교육 같은 것도 잘 생각해보면, 비싼 거에 부자들이 돈 많이 지불하잖아요. 거기서부터 교육에 대한 재원이 그쪽으로 쏠리면 공교육은 무너지게 되어 있는 거죠.

사회자 교육은 이번에 예외적인 부분인가요?

정태인 의료에 대해 한마디 더하고 교육을 보죠. 미국 병원이 우리나라에 들어오려면 현재의 건강보험은 없어질 수밖에 없어요. 가령 송도에 미국 병원 들어오는데 (한국의) 건강보험 안 받겠다는 게 조건이에요. 600병상 다 1인실이에요. 이 병원에 가기 위한 보험은 1000만 원짜리 정도로 따로 생길 것으로 보이는데, 한국 건강보험 없어져야 미국 병원 들어올 겁니다.

교육도 마찬가지예요. 스탠포드, 하버드 같은 사학들이 우리나라에 들어오면 수업료 어마어마하게 비싸질 텐데, 올 사람 몇 명이나 있겠어요? 그러니까 안 들어오는 거죠. 우리는 유치하려고 하잖아요. 경제자유구역도 만들고 하면서 여러 가지 특혜를 주는데, 우리나라의 보편적인 공공 서비스 제도가 없어지면 그게 가능해지거든요. 지금은 3불 정책으로 등록금 규제하잖아요. 그거 없애면 사립학교 등록금 막 올라요, 어느 순간 미국 학교 들어와서도 가능한 시스템이 되는데, 그렇게 되면 우리나라 공교육 재원 확 줄어들고, 아니 사실상 사라진다고 봐야겠죠.

눈 가리고 아웅 하는 짓은 이제 그만둘 때

사회자 한미FTA가 발효되면 얼마쯤 지나서 피부로 느낄 만큼 우리 사회에 영향을 미칠까요?

정태인 그거는 개방 효과에 따라 다르게 나타날 것인데, 제일 먼저 제약업에서 나타날 거예요. 이미 중소 제약업체는 수입상으로 업종을 전환하거나 문을 닫는 변화가 일어나고 있고, 정밀기계 분야도 마찬가지예요. 물론 농업이 제일 먼저 직격탄을 맞겠죠. 사람들이 농업에 대한 피해는 당연하게 생각하고 있기 때문에 저희가 지금 초점을 맞추는 것은 우리네 식탁이죠. 광우병 쇠고기도 있고, LMO(유전자 변형 식품)도 있고, 건강보험 문제도 있고, 또 단체급식 문제와도 연결되어 있죠. 군대 급식은 선택의 여지가 없잖아요. 어쩔 수 없이 먹어야 하잖아요.

장하준 쇠고기는 광우병뿐 아니라 (우리나라에서 왜 그 문제는 부각이 안 되는지 모르겠는데) 미국에서 소 키울 때 놓는 성장 호르몬 문제도 있어요. 그거에 대한 안전성이 아직 입증이 안 되서 유럽에서는 미국산 쇠고기를 수입금지하고 있습니다. 광우병은 놔두고라도 그거 때문에 미국산 쇠고기 수입이 금지되어 있는 지경인데, 우리나라는 왜 그 얘긴 안 하는지 모르겠어요. 일부 언론에서는 "할머니가 사랑하는 손자에게 쇠고기 한번 실컷 먹여보는 게 소원이라는데, 한미FTA 반대하는 사람들이 그 소원마저 막는다"는 식의 사람 본능을 자극하는 감상적인 기사로 문제의 핵심을 흐리더라고요. 핵심은 "실컷 먹여보는" 게 아니라 "안전한 것을 먹이는" 거잖아요. 손자 실컷 먹여 이상하게 되면 그 할머니가 행복하겠습니까? 손자에게 그 병이 날 때면 그 할머니는 돌아가셔서 안 계실지 모르겠지만, 굉장히 위험한 발상이거든요.

정태인 광우병은 최소한 10년 후에 발생하는 것이거든요.

2008년에 우리가 뼈 있는 쇠고기 수입한다면 인간 광우병이 나타나는 시기는 아무리 빨라야 2018년이에요. 막상 발생하면 그게 미국 쇠고기에서 발생했다는 걸 어떻게 증명해요? 불가능하죠. 공무원들도 책임질 일이 전혀 없어요.

장하준 지금 광우병 잠복기를 아무도 모르잖아요. 길게는 최장 25년까지 잡는 사람도 있는데요. 그래서 영국에서는 (우선 잠잠해진 것 같지만) 더 나올 수 있다는 얘기가 있는데, 하여튼 잠복기가 상당히 길기 때문에 정작 책임져야 할 사람들은 다 은퇴하거나 해서 없겠죠, 사건 터질 때쯤 되면.

정태인 제가 영국에서 돌아온 지 10년 됐어요. 이제부터 광우병이 발생할 수 있어요. 그래서 헌혈도 못해요.

장하준 반대하는 언론에서 그렇게 쓰겠네요. 정태인 교수, 광우병 때문에 저런 소리 한다고.

사회자 헌혈도 못하시다니요?

정태인 저도 미처 몰랐는데요. 제 딸이 고등학교 때 헌혈하려고 했는데, 몇 년부터 몇 년까지 그 기간에서 영국에서 살았느냐고 물어서 그렇다고 하니까, 너는 광우병 걸려 있을 수 있으니까 헌혈 못한다고 했대요. 우리 방역당국이 이미 아는 거예요, 그게 얼마나 무서운 병인지. 그런데도 그 원인을 제공하는 미국 쇠고기 수입은 허용하는 거거든요. 도대체 앞뒤가 안 맞는 거예요.

사회자 최근 수입 미국산 쇠고기에서 척수가 나오면서 한바탕 비판여론이 비등해졌는데, 그전까지만 해도 언론들도 "미국산 쇠고기 들어오면 할머니가 손자에게 쇠고기 마음껏 먹일 수 있다"느니, "우리 한우는 경쟁력을 가지고 있으니 염려 없다"느니 하는 식으로 여론몰이를 했잖아요.

장하준 그런 거 추진하고 돈 많은 사람들은 한우만 먹겠죠. 뭐 자기들이 광우병 위험이 요만큼만 있으면 먹겠어요? 우리나라 사람들 건강에 강박관념이 있다시피 골라먹는데.

정태인 2006년 하반기에 "미국 사람들 다 먹지 않느냐. 그렇게 위험한 거면 미국 사람들이 먹겠느냐"는 논리가 먹혀들어 갔는데, 사실 미국은 아직 인간 광우병 발생할 때 되지 않았어요. 그러나 인간 광우병 발생 전과 후는 완전히 다릅니다. 소에 발생하더라도 인간 광우병 발생 전까지는 슬슬 경각심이 약해져서 다 먹게 되요. 심지어 영국 농림부 장관 딸한테 먹였죠, 안전하다고. 그런데 인간 광우병 발생했거든요. 그 다음부터는 팔아도 못 먹죠. 정부가 괜찮다고 해서 어렸을 때부터 먹은 그 사람들은 평생을 공포에 떨겠죠, 언제 발생할지 모르니까요. 어른들 본인은 괜찮아요, 저처럼 나이 많은 사람들은. 그러나 애들은 무슨 죄예요?

장하준 영국에서는 광우병 났을 때 텔레비전에 그거 관련 방송을 했는데, 어떤 할머니가 쇠고기를 엄청 사가지고 슈퍼에서 나오는 걸 보고 기자가 "어쩌자고 이렇게 막 샀느냐"고 물었더니, "나야 곧 죽을 거니까 이거 먹어도 괜찮아" 하고 가더랍니다.

정태인 결국 쇠고기 수입 허용하면 가난한 사람이 먹게 되요, 상대적으로 쇠고기가 싸지니까.

장하준 이렇게 할 수 있겠네요. 미국 쇠고기 도입 찬성하는 공무원들이나 정치인들한테 "항상 미국 쇠고기만 먹겠다"는 서약서를 쓰게 해서 감시하면 되겠네요.

정태인 텔레비전에 나와서 장난처럼 그런 얘기는 했어요. 반 농담이었는데, "대통령이 손녀와 함께 미국 쇠고기로 두 달간 설렁탕 끓여 드시면 수입해도 좋다"고요.

사회자 저도 한미FTA 취재하면서 미국 측 협상 대표단의 웬디 커틀러와 기자회견할 때 그런 얘기 했었어요. "당신이 직접 국민들 앞에서 미국산 쇠고기 안전하다는 보여주기 위해 시식 한 번 해주는 거 어떠냐?" 그랬더니 검토해보겠다고 하더라고요.

장하준 몬태나 상원의원은 먹었잖아요. 용감한 사람이죠.

정태인 자기 지역구니까요.

사회자 참, LMO(유전자 변형 식품)도 말씀하셨는데요.

정태인 FTA의 문제가 뭐냐면, 미국식 FTA원리에는 '리세 테스트'라는 게 있어요. '필요 불가결성 증명'이라는 거죠. 한국 정부가 규제를 하려면 이 규제가 왜 필요한가를 증명해야 한다는 겁니다. 상업적으로 유효한 건지, 수입을 막기 위한 건지 먼저 입증해야 하는데, LMO는 완전히 새로운 생명체잖아요? 그걸 먹었을 때 무슨 일이 벌어질지 아무도 모릅니다. 이건 집단적으로 20~30년 실험해야 결과가 나오는 거예요. 먹고 난 뒤의 일을 아무도 모르는데, 그걸 어떻게 먹어요?

환경과 건강에 관한 제도는 예방 우선의 원칙이 있습니다. 그러니까 문제가 있을 거라고 짐작이 되면 일단 규제해놓고 충분한 검사와 테스트를 거치는 거예요. 이건 상업성의 논리에 정면으로 위배됩니다. 미국 입장에서는 수입 규제 조치니까 하지 말라는 거죠. 스위스에서는 국민투표까지 간 사안이고 미국과의 FTA를 깨지게 한 사안입니다. 그런데도 우리는 섬유제품 관세율 좀 줄이기 위해 이걸 허용하는 이면합의 양해각서를 써줬어요. 이건 우리 국민이 잘 모르는 사안이지만 알게 되면 찬성할 수 없는 거죠.

또 하나는 국민의 삶과 직결된 공공 서비스 쪽의 노조라든가 그런 분들이 FTA에 훨씬 경각심을 가져야 합니다. 그리고 금속노조가 이미 파업했지만 아직 금속노조가 나라를 위한 파업이라고 생각했지, 자기들을 위한 파업 생각 안 하거든요. 사실 한미FTA는 금속노조에게 큰 위협입니다. 가령 우리나라에 미국에서 생산된 혼다 어코드, 도요타 캠리가 한미FTA로 인해 200만 원 정도 싸게 들어오면 우리나라 소나타 시장 무너져요. 외국에 살아본 사람은 알아요. 혼다 어코드랑 소나타가 값은 비슷하지만 평가는 완전히 다르거든요. 그러면 한국 자동차 산업 전체가 위기에 빠질 수 있어요.

정책결정자들의 너무도 안일한 현실인식

사회자 금속노조가 "한미FTA 반대 정치파업 한다"고 했을 때 보수언론에서는 "너희들이 제일 수혜 업종인데 왜 그런 파업을 해서 공장 가동 멈추게 하느냐?"고 했는데요.

정태인 우리나라 11개 국책 연구원들이 "한미FTA 체결하면 한국 자동차 대미 수출은 약 8~10억 달러 증가할 것이다. 반면에 미국 자동차의 대한 수출은 8000만 달러 증가에 그칠 것이다. 우리의 수출 증가분이 10배쯤 더 많기 때문에 무역수지 흑지가 대폭 확대될 것"이라고 했는데, 실제로는 그렇지 않다는 거죠. 제가 볼 때도 우리나라에서 미국 자동차는 그다지 많이 안 팔릴 거예요, 대형에다가 기름 엄청 잡아먹기 때문에. 그런데 미국에서 생산되는 일본 자동차는 원산지 규정상 미국 자동차예요. 그게 관세혜택 받고 들어오는데, 혼다 회장이 한 대당 200만 원씩 주머니에 넣는 대신 그것을 가격 인하에 썼을 때 과연 소나타가 견딜 것이냐는 거죠. 한 급 위인 렉서스는 이미 눈에 띄게 고급차 시장을 장악해가고 있는데, 어코드까지도 그렇게 되면 우리나라 자동차산업 무너지는 겁니다. 사실 삼성반도체는 어떻게 되더라도 그 파급력으로 보면 우리나라 경제에 심각할 정도로 큰 영향은 없어요. 그러나 현대자동차가 흔들리면 우리나라 금속기계 다 무너진다는 얘기거든요.

사회자 정부나 이쪽에서도 "거기까지 생각하는 건 성급하지 않느냐. 미국에서 생산되는 일본 자동차는 현재 미국 내 수요를 감당하기도 어려운데, 언제 그걸 빼가지고 한국까지 수출하느냐"고 하는데요.

정태인 라인 깔면 되는 거죠. 한국하고 FTA 맺어서 한국시장에서 몇 십만 대 팔 수 있다는 확신이 서면 당연히 라인 까는 거죠. 한국에 가까운 서부지역에 라인 깔아 수출하면 되는 거죠. 우리 정부 관계자들도 픽업 얘기 나오면 대뜸 "라인 깔면 된다"고 해요. 지금 우리는 픽업 생산 안하고 있잖아요. 픽업에 관세가 20퍼센트 붙어 있거든요. 이게 제로가 되면 우리나라 픽업 수출이 늘 거라고 그래요. 그래서 제가 "생산도 안 하는 걸 어떻게 수출하느냐"고 했더니, 통상교섭본부와 산자부에서는 그걸 지금 생산하고 있는 것으로 알고 있었어요. 생산 안 하고 있다고 확인해줬더니, 라인 깔면 된다는 거예요. 그런데 픽업은 생판 새로운 라인을 설계하고 모델 만들고 해서 깔아야 하는 거고, 혼다 어코드는 있는 거 그냥 그대로 하나 더 복제하면 되는 거예요. 누가 더 유리하겠어요?

사회자 어차피 한미FTA는 이제 양국 국회 비준 절차만 남겨놓은 상태고, 통과되면 즉시 발효되는 거죠. 지금 본격적인 대선국면에 들어가 있는데, 각 후보들 사이에 한미FTA는 아직 주요 이슈로 떠오르지 않은 것 같아요. (언론이 부각하지 않아서 그런지 모르겠지만) 각 후보들이나 정당 쪽에서도 대세론에 휘말려서는 지금 와서 새삼스럽게 찬반 논의가 무슨 의미가 있느냐는 인식이 강한 것 같은데요.

정태인 한미FTA는 한나라당은 물론 범여권도 다 찬성이에요. 민주노동당은 다 반대고요. 당내 경선에서는 찬성이든 반대든 다 똑같으니까 이슈가 안돼요. 정치권 전체로 보면 반대하는 민주노동당과 찬성하는 나머지 모두로 찬반 대립 구도가 형성되는데, 민주노동당의 얘기가 얼마나 언론에 반영되어서 주요한 이슈가 되느냐의 문제죠. 한미FTA 반대는 혼자 하는 게 아니고 적어도 40퍼센트의 국민이 반대하고 있기 때문에 이건 요구해야죠. 국회에서도 대부분의 국회의원들이 꼼꼼히 살펴보고 찬반 결정하겠다고 했는데, 사실은 그런 사람 거의 없어요.

장하준 읽기도 힘들게 만들어 놓은 거 아녜요?

정태인 그래도 읽어야죠, 이게 얼마나 큰 정책인데요. 제가 알기로는 그래도 한미FTA에 대해서 자유롭게 말할 수 있는 사람은 다섯 손가락에 꼽힙니다. 나머지는 몰라요. 75명 이상의 의원들 서명을 받아서 국정조사 요구할 거고, 조사 과정에서 꼼꼼하게 살펴볼 겁니다.

사회자 국정조사는 이번 정기국회에서 하게 되나요?

정태인 그때 비준동의안을 상정한다 해도 국정조사가 시작되고 있으면 처리는 못하는 거거든요. 국회의원들이 꼼꼼히 조사하겠다는데 거기다 대고 당장 동의해달라고 할 수는 없는 거잖아요.

장하준 현재 인식이 너무 안일하거든요. 이게 단순히 소비자로서 국민의 건강의 권리, 기본적 서비스 권리 위협을 받을 뿐더러 소비자인 동시에 생산자인 국민의 일자리까지 위협받거든요. 거기 더해서 미래를 볼 때 미국과 FTA 맺는다는 건 분업구조를 고착화하는 건데, 그렇게 되면 우리 경제가 생존하기 위해 더 생산성 높은 산업으로 옮겨가는 수밖에 없는데요. 그걸 내부에서 어떻게 분배하느냐의 문제는 둘째 치고 그것 자체가 현실적으로 굉장히 어려운 문제죠. 이건 굉장히 큰 이슈인데, 이걸 마치 농민 몇 백만 명쯤 희생하고 우리 다 같이 미국산 자동차 타고 쇠고기 먹고 잘살지 뭐, 이런 식으로 보수언론이 몰아간단 말예요. 제가 하고 싶은 말은, 그런 주장을 하는 보수언론 사람들로서도 자기 자손들의 미래에 좋은 게 아니란 겁니다. 굉장히 안일한 인식으로, 별거 아닌데 이미 약속도 했고 하니 대강 하지, 이렇게 넘어갈 이슈가 아니거든요.

섶을 지고 **불길**로 뛰어드는 몽매한 **배짱**

주제파악도 못하는 친미주의자들의 잠꼬대

사회자 한미FTA를 정리하고, 여러 가지 말씀을 해주셨는데, 지금 한-EU FTA가 진행 중에 있잖아요. 물 산업 관련하여 정부를 비롯한 보수언론의 얘기는 뭐냐면 한미FTA 반대하던 사람들이 왜 한-EU FTA에 대해서는 아무 말도 하지 않느냐는 겁니다. 심지어 유럽 상공회의소 말을 인용하여 "한국 지식인들에 실망했다. 왜 한-EU FTA는 놔두고 한미FTA만 물고 늘어지느냐?"고 하는데요.

장하준 그때 그렇게 했는데 말도 안 되는 논리로 막 선전선동해서 억지로 이겼으니까요. 저도 한미FTA 타결되기 전에 비판 많이 했는데, 지쳐가지고 협정문도 안 봤어요. 어떻게 저런 말도 안 되는 논리로, 예를 들어 광개토대왕이 칼 차고 미국 정벌

하는 그런 거 해가지고 이기나 생각하니까 솔직히 맥이 빠지더라고요.

정태인 한-EU FTA는 사실 한미FTA 추진하기 위해 맞불 놓는 식으로 추진하는 건데, 지금과 같은 비판을 염두에 둔 것이죠. 한-EU FTA도 반대 목소리 높아지면 "봐라, 쟤네들 쇄국이다. 모든 걸 다 반대한다"고 나갈 거고요. 그에 대한 반대 목소리 없으면 "봐라, 쟤네들 반미다. 미국만 반대한다"고 할 거고요. FTA도 EU형과 미국형 사이에 차이가 있죠. 가령 서비스 개방의 경우 미국은 네거티브 방식이고, EU는 포지티브 방식입니다. EU는 이런 거 개방한다고 하면 그것만 개방하면 되는 거고, 미국은 이런 거 개방하지 않는다고 하면 그것만 빼고 나머지는 다 개방하는 식이죠. 따라서 미국식으로 하면 미래 산업은 다 개방하는 셈이에요. 미국에서 새로운 서비스 산업이 개발되면 자동으로 개방되는 거죠. 이건 큰 차이예요.

현재 유보에서도 미국형에는 레칫ratchet(역진방지) 조항이라는 게 있어서 우리한테 아주 불리해요. 가령 우리가 한미FTA에서 선결조건으로 스크린쿼터를 50일 줄였더라도 한-EU FTA에서는 다시 73일로 갈 수가 있어요. 그러나 그 반대는 안 되는 거예요. 현행 유보에는 73일로 되어 있지만, 이건 개방화・민영화 쪽으로 가도록 만든 조항인데 미국형에만 있는 거예요.

또 미래의 MFN(Most Favored Nation Treatment, 최혜국대우)이라는 게 한미FTA에 들어갔는데, 이건 세계에서 유일합니다. 앞으로 우리나라가 다른 나라와 맺는 FTA 조항에 미국보다 유리한 개방이 있으면 자동으로 한미FTA로 이동한다는 겁니다. 이것도 EU형 FTA에는 없는 거예요.

그뿐인가요. 제일 문제 되는 ISD(Investor State Dispute, 투자자국가소송제)도 있습니다. 유럽형 FTA에서는 분쟁을 양측 정부와 정부가 해결하도록 규정하고 있는데, 미국형에서는 사적인 투자자가 정부를 제소할 수 있게 되어 있죠. 앞에서 말한 조항들은 굉장히 큰 차이인데, 문제는 우리 정부가 EU에도 미국형 FTA를 요구하고 있다는 거예요. 투자자국가소송제도 미국형으로 집어넣자는 거죠. 이건 정말로 "이왕 버린 몸, 막 가자"는 심사나 다름없습니다.

장하준 주제파악을 못하는 거죠.

정태인 한미FTA, 한-EU FTA 추진하는 이유 가운데 하나로 중국의 추격을 뿌리친다는 게 있어요. 우리나라가 빨리 따라잡히는 이유는 우리나라 부품 소재, 기계 분야가 약하기 때문입니다. 말하자면 기초기술이 약하다는 거죠. 우리나라는 최종 제품을 조립하는 능력은 발전했지만 핵심 부품 소재, 정밀기계와 같은 기초산업이 약하거든요. 그건 일본이 많이 들어와 있는데, 미국과 EU가 다 그게 강한 나라들이에요. 우리가 그런 나라랑 FTA 한다는 건 그걸 포기한다는 얘기거든요. 중국의 추격을 더 쉽게 허용하는 거죠. 중국과의 경쟁에서 매우 위험한 산업구조상의 위치를 선택하는 거거든요. 이거는 정말 이해가 안 갑니다.

한-EU FTA도 별로 준비한 게 없어요. EU는 미국하고 맞먹는 경제규모인데다가 여러 나라가 있잖아요. 미국보다 훨씬 복잡해요. 농업만 봐도 (미국에 비해) EU 농산물이 안전하고 고급 농산물에 강하기 때문에, 우리 농업은 미국에 의해서 한바탕 작살나고, 그 대안으로 고급 농산물 개발해놓으면 EU에 의해서 여지없이 무너지는 거죠. 또 중국이랑 FTA 하면 밑바닥까지 깨지는 거죠.

정밀기계, 정밀화학을 산업의 허리라고 하는데, FTA로 그 허리를 포기하는 겁니다. 그러면 재벌들이 임금격차를 가지고 마지막 완제품에서 어느 정도 경쟁력을 유지할 수 있을지 모르겠지만 우리나라 고용을 거의 다 책임지고 있는 중소기업 분야라든가 앞으로 발전 가능성이 많은 분야들이 사실상 없어지는 거예요.

우리 정부 주장 중 제일 우스운 게, 칠레 성공 사례 얘기하는데 칠레는 제조업이 없어져 버렸어요. 지금 기름 값 높고 1차 상품 가격이 높으니까 칠레 경제 성적표는 좋거든요. 어느 순간 1차 상품 가격 떨어지고 세계가 불황에 빠져 기름 값 폭락하면, (당장 서브 프라임 모기지 때문에 그럴 가능성 높아졌는데) 이 나라는 외환위기 바로 들어가요.

장하준 칠레는 이미 환경 지속가능성 문제에 직면해 있어요. 연어 양식 많이 하는데 너무 집중적으로 양식하면서 항생제 투여하고 뭐하고 하다보니까 환경이 파괴되어서 점점 지속가능성이 떨어지거든요.

정태인 FTA를 한다는 건 산업구조조정이고, 저쪽이 경쟁력이 강하면 우리는 특정 분야에 집중하게 되어 있는데 굉장히 위험한 상황입니다. 특히 상대적으로 약한 우리나라 기계나 부품 소재 산업을 생각하면, 한-EU FTA를 EU형으로 하더라도 지금 할 일은 아니죠. 적어도 미국, EU, 중국은 FTA로 해결할 문제는 아니에요.

사회자 정부의 예정 프로그램에 보면 한-EU FTA는 올해 안에 타결하겠다고 하는데요.

정태인 우리나라 친미주의자들 있잖아요, 한미FTA 안 되면 한-EU FTA는 또 먼저 안 해요. 전술적으로 그런 게 있어요. 한미 FTA 저지되면 절대 한-EU FTA 먼저 안 해요.

사회자 통상교섭본부장이 바뀌었잖아요. 김현종 본부장이 UN대사로 가고, 김종훈 추진단장이 본부장 되었잖아요. 신임 김종훈 본부장이 기자들과 만난 자리에서 의회 비준 얘기하면서 미국 의회 비준이 현 상황에서 만만치 않아 보이니까 이런 얘기했다고 하는데요. "우리 국회에서 먼저 비준 통과하는 게 미국을 압박할 수 있다. 차라리 적극적으로 그걸 알려 올해 안에 우리가 먼저 통과시키는 게 향후에 미국과의 교섭에서 유리할 수 있다."

장하준 그건 미국을 모르고 하는 소리예요. 미국이 옛날에 국제연맹 만들 때도 그랬고, 2차 대전 끝나고 ITO(International Trade Organization, 세계무역기구)도 그랬고, 온 세계 온 나라 다 사인하는데도 혼자 비준 안 하는 나라예요. 국제연맹도 윌슨이

제창해서 만들었는데, 미국 의회가 비준 안 해줘서 미국 없이 출발해서 약해진 거고요. 1946년 하바나 회의에서 지금의 WTO와 유사한 ITO 만들기로 조약을 맺었는데, 미국 의회에서 비준 안 해줘서 GATT(General Agreement on Tariffs and Trade, 관세 및 무역에 관한 일반협정) 그거 한 거거든요.

정태인 IMF 이런 건 기구인데 GATT는 협정이거든요. 이건 ITO가 무산됐기 때문이거든요.

장하준 온 세계가 한다 해도 안 하는 나라인데, 한국이 먼저 비준한다고 해서 압박이 돼요?

정태인 그거는 어쩌면 당연한 얘기를 대단한 전술인 것처럼 얘기한 거죠. 다른 나라가 안 했는데 미국이 먼저 비준한 적이 있나요? 미국이 그런 나라가 아녜요. 다른 나라가 하는 거 다 보고, 그러고도 비준하기 전에 더 요구할 게 있으면 추가 협상해서 얻어내는 나라입니다.

장하준 지금 문제가 뭐냐면 "하면 된다"는 거거든요. 지금 그러는 건 박정희 식의 "하면 된다"보다 더 못해요. 박정희는 "하면 된다"고 하면서 역량을 키울 수 있도록 유치산업 보호도 하고, 그걸 키우면서 했는데, 이건 그거는 없애고 무조건 "하면 된다"는 식이니까, 박정희보다 더 말이 안 되는 거죠.

우리나라가 일종의 과대망상증에 걸려 있는데, 우리가 생각하기에는 잘사는 나라인 것 같지만 미국, 스위스, 일본 같은 나라에 비하면 국민소득이 3분의 1에 불과해요. 제조업 생산성은 미국의 40퍼센트예요. 우리나라 사람들 자만심에 차 가지고,

프랑스나 독일만 가도 "이 나라, 왜 이렇게 못살아?" 그러지만 우리나라 국민소득이라는 게 (요즘에야 동구권 나라들 가입해서 더 가난한 나라들 있지만) 옛날 유럽 최빈국 포르투갈이랑 같습니다. 그런 식으로 경쟁하면 이길 수 있다고 생각하는데 망상이에요.

"하면 된다"는 의지를 갖는 건 좋은데, 그러려면 준비를 하고 투자를 하고, 개방을 하더라도 복지국가 만들어서 개방 충격 줄이고, 인적자원 키우고 해야죠. 뭐 '금융 허브' 한다고 하는데, 금융 인적자원이 있어야 그걸 하죠. 그런 걸 다 준비해놓고 해야 뭐라도 되는 거지, 뭘 가지고 "하면 된다"는 거예요. 제가 옛날에 한번 그런 비유를 쓴 일이 있는데, 축구도 히딩크 같은 외국 감독 불러오고 외국 강팀하고 많이 하니까 월드컵 4강 들지 않았느냐는 식으로 "하면 된다"는데, 그건 몰라도 뭘 모르는 소리인 게, 옛날 차범근 선수 뛸 때 생각해보세요. 아무리 가르쳐도 후반 되면 체력이 떨어져서 뛰질 못합니다. 그런 상황에선 아무리 외국 강팀이랑 해도 실력이 늘지 않는 거예요. 월드컵 4강 들 수 있었던 건 잘 먹고 튼튼하게 자란 박지성 같은 선수(그런 선수들은 경쟁에 노출하면 더 잘하는 거지만)가 있었기 때문이라고 생각하거든요.

정태인 축구나 공부야 실력이 안 느는 데 그치지만 그게 격투기면 죽는 거죠. 또 국민들이 오해하고 많이 그쪽으로 기울고 있는 것 가운데 하나가 "개방하고 한번 해보자"는 거죠. 대통령이 그런 말 많이 하잖아요. 그 말은 굉장히 진취적인 것처럼 들리지요. 가령 광개토대왕을 내세운 이유도 그거예요. 국가주의적인 데 편승해서 본질을 가리는 거죠. FTA 반대하는 사람들을 광개토대왕(진취적인 도전정신)에 반대하는 찌질이들로 만드는 거죠. 또 자꾸 대안을 내놓으라고 하는데 한미FTA가 어떻게 대안이 됩니까? 이건 말이 안 됩니다. 이건 모험이 아니라 도박이죠. 시장에 맡기는 것만이 대안이라고 생각하는 황당한 사고를 하는 사람들 머릿속에서는 한미FTA만이 대안인 것 같지만 실제로 우리나라 상황에 비춰볼 때는 이건 취해서는 안 될 정책이에요.

장하준 진짜 자유화하고 싶으면 그런 조약 맺을 필요 없이 그냥 관세 다 철폐하면 돼요.

사회자 우리로서 정말 필요한 부분만 하면 되지 않는가요?

정태인 처음에 대통령 만났을 때 대통령이 그래요. "정말 관심을 가진 건 사업 서비스 분야다. 이쪽에 생산성을 올려서 제조업 생산성 올릴 수 있는 거 아니냐." 그래서 제가 그랬어요. "그러면 사업 서비스업만 전 세계에 다 개방하면 되지. 그 말대로라면 외국 기업들 그게 제조업으로 흘러들어가는 것 아니냐." 그러니까 그 생각은 못해보셨다 하더라고요.

사회자 언제 그 말씀 하신 거예요? 인수위 때인가요?

정태인 내가 있는 동안에는 한미FTA 얘기 나오지도 않았죠. 그땐 한일FTA가 관심사였죠. 내가 그만두고 나서 2005년 10월,

11월 무렵에 한미FTA 추진한다는 얘기 들었어요. 그때부터 대통령 면담을 요청했는데, 결국 이듬해 2월 26일 착수 선언한 다음에 만났을 때 얘기한 내용입니다. 박정희 시대는 선별 개방이었어요. 그리고 적절한 산업정책이 있었어요. 무리하거나 실패한 것도 있었지만, 어쨌든 그때는 산업정책과 개방을 연결시켰는데, 지금은 무슨 산업정책이랄 것도 없이 무조건 개방일변도거든요.

장하준 그래서 한나라당이 박정희 계승한다는 건 거짓말이에요.

정태인 양쪽(한나라당, 통합신당) 다 같아요.

장하준 박정희가 뭘 했는지도 모르고 (표 의식해서) 계승한다는 거죠.

정태인 한나라당하고 여권하고 정책에 관한 한 똑같아요, 둘 다 무조건 개방하여 시장에 맡기자는 정책이잖아요. 합당해도 괜찮을 것 같아요.

장하준 그래서 연정하려고 했던 거 아녜요.

시장주의는 성장주의를 가장한 약육강식의 단기주의

사회자 지금까지 FTA에 관해서 하신 말씀을 현재 우리나라의 경제정책이나 발전 모델 전반과 같이 묶어서 연결할 수 있을 것 같은데요. 참여정부가 현재 추진하는 경제정책이 우리 사회의 양극화와 불평등을 조장하고 가속화하는 것으로 말씀하셨

않아요. 참여정부에 대한 평가를 집약해서 말씀해주시죠.

장하준 저는 참여정부가 처음부터 그렇게 나쁜 뜻을 가지고 출발했다고 생각지 않습니다. 이게 문제가 뭐냐면, 과거에 독재체재가 경제정책상 개입주의적이었기 때문에 그걸 부정하는 게 아주 중요한 민주화의 일부가 돼버렸거든요. 물론 그 당시 특수한 상황에서 재경부나 특정 부처의 힘을 약하게 하는 게 민주화에 도움이 되는 개별적인 사안이 되었을지는 모르지만, 민주정부는 기본적으로 다수를 위해 일하는 것이므로 시장에 개입하라는 겁니다. 왜냐하면 시장은 1원 1표고 민주주의는 1인 1표니까요. 가난한 사람의 힘은 시장에서는 부자의 1억분의 1에 불과하지만 투표장에서는 똑같은 힘이 있는 거란 말이죠. 그런 사람들 돌봐주라고 민주주의 만든 건데, 우리나라는 불행하게도 과거에 독재정권이 개입주의였기에 무차별적으로 개방하고 무조건 정부 개입 안 하는 게 민주주의다, 진보적이다 하는 인상이 심어지면서 집권 후반에 가서는 완전히 두 개가 융합되어버린 거죠. 처음에는 정태인 교수 같은 분도 (청와대에) 있고 해서 어느 정도 긴장관계가 유지됐는데, 그걸 막는 브레이크가 없어지니까 그냥 그런 식으로 조합해버리면 못할 게 없거든요.

정태인 1987년에 6월 항쟁, 노동자 대투쟁 일어났던 거는 그 이전 박정희 체제로는 더 이상 안 된다는 얘기거든요. 과거 체제를 '국가 동원'이라고 한다면 그건 안 되는 거고, 대안은 두 개가 있었는데, 하나는 시장에 맡기는 '시장 동원'이죠. 시장에 모든 걸 맡겨서 생산요소 결합하고 생산하는 거죠. 또 하나는 '민주적 동원'이라고 하는 사회적 대타협에 따른 체제인데, 김대중, 노무현은 분명히 그런 민주적 동원에 가까운 아이디어를 가지고 있는 사람들이었어요.

1994년부터 불기 시작한 세계화 바람으로 우리나라에서 본격적인 신자유주의가 전면적으로 펼쳐지는데, 이미 1980년에 그런 이데올로기가 들어왔지만 전두환 시대라는 건 사실 국가(군사) 동원이었고, 그런 이데올로기가 실제로 큰 정책에 나타난 건 1994년 세계화였어요. 그게 자본시장 개방하고 외환위기 낳았잖아요. 외환위기 때 김대중이 집권해서 위기극복책으로 쓴 것이 신자유주의 정책에다가 플러스 사회안전망이었거든요. 뒤에 가서는 성장에 집착해서 카드 남발했죠.

참여정부도 비슷한 길을 걸었어요. 앞에 2년 동안은 양쪽 다 가지고 있었어요. 사회적 대타협과 시장에 맡기는 거를 (재경부 입장을 어느 정도 용인하면서) 번갈아 정책에 끼워넣는 식으로 하다가 2005년 여름 지나면서 이정우 위원장 퇴장으로 사실상 개혁파는 (정권 내에) 아주 없어진 거죠. (이때 사회적 대타협은 아주 포기한 거예요.) 그 다음에 나온 게 대연정 논리였고, 바로 한미FTA 나왔거든요. 급속하게 시장만능주의로 간 거죠. 김영삼 정권이 시장만능주의 정책화 길을 열었다고 한다면, 김대중 정권이 IMF의 요구를 받아들여서 그걸 상당히 제도화했고, 노무현 정권에 와서 그걸 전면적으로 실행한 거고, 한미FTA는 그걸 완성하는 겁니다. 그걸 제도화하는 거고 반영구적으로 만드는 것이죠. 그거에 반대하는 강력한 의지를 가진 정권이 국민들 지지를 묶어내서 한미FTA를 폐기하지 않는 한, 이대로 가도록 놔두면 이거 (나중에 아무리 후회해도) 50년, 100년 계속 갈 수밖에 없는 구조거든요.

장하준 혹시 딴 생각 해도 거기서 제동이 계속 걸리니까요.

정태인 그러니까 여태까지는 국제적 기준이다, 글로벌 스탠더드다, 뭐다 해서 우리 국내의 새로운 산업정책에 제동을 걸었는데 이젠 한미FTA에 바로 저촉되는 거예요. 미국 투자자들이 한국 정부를 직접 제소할 수 있는 장치가 마련되었기 때문에 이건 엄청난 사태예요. 대통령은 뭐 애국심, 진정성, 이런 얘기 하시는데 그게 정말이든 아니든 상관없이 결국 우리나라 지배하는 재벌, 재경부, 조중동, 초국적기업의 이해를 정확히 대변하는 거예요. 그런 사람들의 소원이에요, 한미FTA는. (대통령의 의도가 아무리 좋으면 뭘 해요, 결과가 이 지경인데.)

사회자 참여정부가 알레르기성 반응을 보이는 게, 실제 지표상으로 주가, 무역수지, 성장률을 보면 경제 성적이 나쁜 편은 아닐 뿐더러 기업의 정경유착 고리를 끊고 투명성을 높인 부분에서는 어떤 정부보다 잘했다고 보는데, "경제 개판 쳤다"는 얘기거든요.

정태인 거시지표는 나쁘지 않아요.

장하준 저는 그 해석에는 굉장히 반대인데, 예를 들어 주가는 국민생활과 아무 관련 없는 겁니다. 이런 식으로 투기자본 횡행

하는 상황에서 주가 높아지는 건 더 나쁜 거라고 얘기할 수 있고, 주류 경제학 이론에서도 최소한 주가가 단기적으로 펀더멘탈을 반영하지 못한다는 거 대부분 인정하거든요. 그러니까 주가는 정부의 치적으로 얘기할 수 없어요. 심지어 케인즈는 주식시장이 카지노가 돼서 경제에 해롭다고까지 얘기한 거 아닙니까. 설사 그 정도까지는 아니더라도 단기적인 주가는 펀더멘탈과 아무 관련 없는 거예요. 국제 외환시장에서 무역, 직접투자하기 위해 필요한 외환 수요는 3일이면 조달되요. 나머지 362일은 환투기하는 겁니다. 그런 상황에서 주가는, 특히 우리처럼 시장이 작으면(우리는 미국시장의 1~2퍼센트에 불과하거든요) 크게 의미가 없어요. 그런 시장에 돈 좀 들어오면 확 올라가고, 나가면 확확 빠지는데, 그런 거 가지고 치적이라고 하면 안 되죠.

　무역수지도 그래요. 세상에 무역흑자가 좋다는 경제 이론은 없어요. 균형이 되어야 좋은 거지, 물론 적자도 문제지만 흑자 역시 문제거든요. 왜냐면 자기네가 쓸 수 있는 만큼 못 쓰고 뭔가 잘못되어 가지고 돈을 쓸데없이 쟁여놓고 있다는 얘기니까요. 성장률도 세계적 기준으로 보면 높은 편이지만 우리가 지금까지 해왔던 기준, 지금 우리가 최대한으로 할 수 있는 기준으로 보자는 거죠. 사실 우리나라는 OECD에서 제일 말석에 있기 때문에 후발자 효과에 의해 선발자보다 성장률이 높은 거거든요. 다른 조건이 같다면, OECD에서 소득이 제일 낮은 나라가 거기서 성장률 상위권에 드는 건 당연한 거예요. 실상을 보자면, 우리나라 성장률은 과거하고 비교해서 거의 절반 수준으로 떨어진 거예요. 야단맞아야 할 성적표거든요. 제가 앞의 인터뷰에서도 비유를 든 건데요. 아들이 매번 90점 맞다가 갑자기 70점으로 떨어지자 아버지가 "무슨 문제가 있냐?"고 하니까 아들이 벌컥 화를 내면서 "60점 맞는 애들도 많은데 왜 그래요?" 하는 거예요. 아니, 90점 맞을 능력이 있는 녀석이 갑자기 70점을 맞아오니까 아버지가 걱정하는 건데 왜 딴소리를 하냐고요. 물론 60점, 50점 맞는 애들도 많죠. 만날 50점 맞던 애가 70점이 아니라 60점만 맞아도 칭찬받아야죠, 어쨌든 발전한 거니까. 그런 차원에서 봐야죠. 과거 우리나라에서 그것도 정부는 과잉투자니 과잉성장이니 우겨대지만 6~8퍼센트 성장 능력이 있었는데, 갑자기 3~5퍼센트로 떨어졌단 말이죠. 물론 장기적으로 경제가 성숙하면 성장률이 서서히 떨어지는 건 맞지만 그게 하루아침에 반 토막 나는 거는 뭔가 문제가 있단 말입니다. 이런 식으로 시각을 달리해 짚어보면 정부에서 말하는 게 내세울 만한 치적이 아니에요.

사회자 정 본부장님은 한때 정부에 계셨는데요.
정태인 제일 잘한 거는 무리한 성장 정책은 안 썼다는 거예요. 특히 2,3년까지 인위적 경기부양책은 안 했어요. 사실 유혹을 많이 받았습니다. 물론 거시정책 목표는 인플레이션, 성장률, 국제수지 이런 거지만 그 결과보다는 내용이 중요해요. 양극화가 아직 최악까지는 아니지만 산업이나 소득 여러 분야에서 꾸준히 심화되고 있어요. 제가 특히 주목하는 건 자산의 양극화예요. 부동산, 인적자산에서 양극화가 일어나면서 질적으로도 상당히 나빠지고 있거든요.

우리 성장의 동력이 교육에 있다는 것은 경제학자들도 좌파든 우파든 다 인정해요. 과거에는 내가 좀 덜 먹고 덜 소비하면서 공부시켜서 애가 나보다는 잘 살 것이라는 희망이 있었고, 다 믿었어요. 앞으로는 점점 냉소적으로 될 겁니다. 아직은 과외열풍이 있고 중산층도 어떻게든 따라가려고 하지만 조금 지나서 이건 원래 안 되는 게임이다, 그렇게 되어버리면 다들 포기하고 말겠죠. 그러면 당연히 우리나라 전반적인 노동의 질이 떨어질 테니까, 자산에 의한 소득격차가 더 벌어질 거란 얘기죠.

금융 접근도 마찬가지예요. 이걸 어떻게 참여정부가 이른바 통합을 얘기하면서 나갔단 말이죠. 그런 정책을 제대로 시행하지 못했고, 말년에 이르러서야 증세론과 사회투자국가론을 내놓은 거에 불과하거든요. 2006년 1월쯤에 그런 종합적인 정책을 만들었지만 밀려났죠. KDI(한국개발연구원)와 재경부가 만든 성장 위주 정책에 그 안이 밀려났고, 그 다음에 한미FTA 추진한 거죠. 한미FTA 추진하면서 양극화 해소한다는 건 사실상 거짓말이죠. 적어도 경제학자라면, 아니 학자가 아니라도 약간의 경제 지식만 가진 사람이라면 그 말이 얼마나 엉터리인지 다 압니다. 한미FTA 통해서 양극화 해소한다는 건 정말 소가 웃을 말입니다.

장하준 문제는 그런 시장주의 정책이 성장주의와 맞아떨어지는 것도 아니라는 거죠. 지금 전 세계적으로 신자유주의 채택한 대부분의 나라에서 성장률이 떨어졌어요. 우리나라도 예외가 아니죠. 왜냐면 신자유주의라는 게 일시적으로 관세 낮춰서 그 효과로 성장하고 비정규직 늘려서 임금 깎아 이윤 내는 것인데, 지금 투자가 제대로 안 돼서 장기적으로 성장이 안 되거든요. 지금 당장은 단기요법을 써서 잠시 성장하는 것 같지만 장기적으로는 환상이라는 거죠. 그런 것 때문에 단기 지표도 문제 많다고 했지만 설사 좋아 보인다고 하더라도 실상은 그런 게 아녜요. 그렇잖아요,

1980년 중반 이후 새롭게 발전시킨 산업이 뭐가 있습니까. 포스코는 미탈이 무서워서(세계 최대 철강기업 아르셀로-미탈이 외국인 지분을 사들여 포스코를 접수하려는 야심을 드러내고 있는 것 때문에) 무조건 이윤의 50퍼센트를 주주들에게 배당하는 정책을 쓰고 있는 실정이에요. 세상에 그런 기업이 어디 있어요? 장기적으로 승부를 해보겠다는 기업이라면, 투자가 필요할 때는 배당 하나도 안 줄 수도 있는 거고, 더 많이 벌어서 투자하고도 남는 돈이 있으면 70퍼센트도 줄 수도 있는 거죠. 그런데 이런 식으로 경영하고 있단 말예요. 지금 당장은 그런 경영이 주주들 행복하게 하고 돈 좀 들어와서 왔다 갔다 하니까 반짝 성장에는 도움이 될지도 모르지만 장기적으로는 망하는 경영이란 말예요. 그렇게 되서 포스코, 현대 부품소재 망하고 우리 산업 전반적으로 성장률 떨어질 텐데, 그게 성장주의예요? 아니거든요.

정태인 막연한 얘기거든요. 시장이 완벽하면 물론 그런 것들이 경제학자 머릿속에 있어요. 가장 효율적인 곳으로 사람과

돈이 이동하고 가장 효율적인 체계가 된다는 막연한 믿음을 가지고 풀어버리면 된다는 것이죠. 영국 철도 실패했잖아요. 《이코노미스트》가 정말 그래도 믿을 만한 보수적 잡지인데, 거기 평가가 딱 그래요. "정부가 규제를 해서 철도가 실패했기 때문에 규제를 다 없애야 한다." 이런 논리는 언제나 반복됩니다. 개방, 민영화 하다가 부작용이 나오면 "개방, 민영화 덜 해서 그런 거니까 더 해야 한다"는 논리로 끝없이 시장에 다 맡기자는 거죠.

장하준 사교 교주들이 그러잖아요. 신도가 "교주님 시킨 대로 했는데 왜 안 되나요?" 그러면 "아직 네 신앙심이 부족해서 그런 거다" 하잖아요. 그런 거랑 비슷한 거죠.

정태인 그렇죠. 신앙이에요. 신앙 이데올로기에요.

장하준 숫자를 봐도 안 나오거든요. 예를 들어 멕시코의 경우 나프타만 가지고 자꾸 얘기하는데, 멕시코가 1980년대 중반부터 시장 개방하고 완결점을 찍은 게 나프타거든요. 그 이전에 멕시코가 수입대체화 공업 해서 망했다고 하는데, 그 기간에 멕시코의 1인당 소득 성장률이 3퍼센트입니다. 그런데 1980년 중반 이후에는 1퍼센트도 안 돼요. 멕시코가 개방 이후 그렇게 기울어서 1985년 나프타 할 무렵에는 성장률이 거의 0퍼센트였어요. 그러던 것이 나프타 이후 1퍼센트로 올랐으니 잘한 거다 하는데, 1980년대 (전반적으로 저조한) 성장률이 무역자유화 결과라는 것은 얘기 안 하죠. 사람들이 그래도 0퍼센트 하던 나라가 1퍼센트 했으면 잘한 거다 하는데, 그 전에 그런 거(개방,

무역자유화) 하나도 안 하고도 3퍼센트 성장했다는 사실을 알면 그런 얘기 나올 수 없죠.

시장만능주의 늪에 빠져죽는 건 결국 사회적 약자들

사회자 : 참여정부 후반기 경제 실적 평가가 굉장히 안 좋은 상태에서 이명박 후보가 '747'(7퍼센트 성장, 4만 달러 소득, 7대 강국)이니 뭐니 하니까 국민들이 성장에 대한 환상이 있는 것 같아요. 보수 쪽 사람들은 한나라당에 대한 국민들의 지지가 과거보다 한결 높아진 것이 시장원리 홍보가 먹혀든 걸로 보는 것 같습니다. 시장이 알아서 다 하면(개방은 최대화하고 정부 개입이나 규제는 최소화하면) 자연스럽게 기업들이 투자 늘리고, 그러면 일자리 늘고 국민소득 높아져서 잘 살게 되는 거 아니냐는 논리가 먹히고 있다는 거죠.

정태인 이명박 후보의 공약은 전통적인 시장주의에 기댄 것으로, 7퍼센트 성장 하겠다는 것은 자기한테 익숙한 토건 하겠다는 것인데, 한반도 운하 파면 건설경기 엄청나게 일어나서 성장률은 올라갈 거예요. 그런데 그 후유증은 어떡할 건데요.

장하준 기본적으로 신자유주의 체제라는 게 장기투자 안 하는 체제예요. 모든 걸 다 열어놓고 움직이기 좋게 만들었기 때문에 조금만 어려워도 다 빠져나가는 거거든요. 역설적으로 주주가 명목적으로 주인인데 주인의식 제일 약합니다. 제일 빠져나가기 쉽거든요. 기업들이 좀 어려운 장기투자 하려고 해도 그것 때문에 못하는 겁니다. 외국자본이 우리나라 재벌체제 싫어하는 것도, 이게 자꾸 신사업에 진출한다고 기존 산업 이익을 당장 이익도 안 나는 새로운 산업에 꼬라박으니 미운 거란 말이죠. 그래서 배임이다 뭐다 공격하는 거죠.

세계 역사상 가장 성공한 기업이라는 노키아가 원래 하던 사업이 문어발식 경영이에요. 벌목, 공무장갑, 전선피복 하다가 1960년에 전자산업에 진출했는데 전자산업부가 무려 17년 만에야 흑자를 낸 겁니다. 그때 핀란드 주식시장이 꽁꽁 닫혀 있었으니까 가능했던 거지, 지금 어느 기업이 나와서 "17년만 기다려주면 그때부터 흑자 낼 테니 밀어달라"고 그러면 누가 하겠어요. 지금 구조가 단기적으로 가게 되어 있거든요.

성장 안 해도 되는 미국이나 스위스, 일본이 한다고 해도 문제지만 아직 한참 성장해야 하는 나라는 절대 하면 안 되는 겁니다. 또 이런 식으로 돈이 돌다보면 성장이 일어날 수도 있지만 매우 불평등하게 분배되게 마련이에요. 크루그먼이 만날 얘기하는 숫자 있잖아요. "1950년대 미국 최고경영자와 노동자의 평균임금 격차는 40배가 채 안 됐는데, 지금은 스톡옵션으로 1000배가 넘는다." 그럼 지난 40년 동안 미국 경영 생산성이 노동 생산성보다 25배 향상됐나요? 아니거든요. 그런 식으로 그나마 있는 성장도 다 위에서 다 가져가고, 국민들이 성장 혜택을 볼 수 있는 체제가 아니거든요.

정태인 양극화를 보면 옛날부터 심했다고 생각되는데, 우리나라가 그렇게 소득재분배 잘된 나라가 아니지만, 실제로 1985~95년 시기 전까지는 산업 연관도 강해지고 임금격차나 소득격차도 줄어들었어요. 수출도 잘됐지만 내수도 잘된 시기였거든요. 그러다가 세계화니 개방화니 해서 그게 무너지면서 양극화가 급속도로 진행된 겁니다. 글로벌 아웃소싱 가지고 세계경영이니 뭐니 하면서 외국으로 공장 이전하거나 외국 공장과 비교해서 이익을 보기 위해 하청도급단가 낮춰버리는 추세가 굉장히 강해지면서 양극화가 쫙 벌어지기 시작한 거거든요.

양극화 그거 필연적인 것 아녜요. 정책에 의해서 충분히 줄여나가고 국내 연관 강화하는 거 가능합니다. 그거는 장기투자고 사람에 대한 투자예요. 개방을 하고, 국제 금융자본에 유리한 상황을 조성하고, 더구나 모든 국민이 주식시장에 열광하는 그게 마치 중요한 지표가 되는 것처럼 설명하는 분위기에서는 굉장히 어려운 얘기들이죠. 사실은 주주자본주의는 오래 못갈 것 같아요. 미국에 위기 닥치면 신자유주의 금융자유화, 주주자본주의 같은 거 심각한 문제가 된다는 사실은 웬만큼 신중한 경제학자라면 다 하는 얘기예요.

장하준 엊그제 보니까 사뮤엘슨까지 나와서 반대하고 있던데요.

정태인 주식시장의 제일 건전한 기능이 정보가 돌아다니게 한다는 것인데, 스트리치는 이렇게 얘기해요. "쓰레기만 돌아다닌다." 실제로 고위급끼리 만나서 고급정보가 왔다 갔다 하는 거지, 주식시장에 나온 정보는 누구나 다 아는 '쓰레기'이기 때문에 항상 개미는 당하게 되어 있는 거죠.

장하준 어떻게 보면 고용이 불안해지니까 절박해지는 거죠. 잘못하면 복지국가도 안 돼서 언제 잘릴지 모르고 노후대책도 불안한데, 이렇게 해서 대박이라도 터트려야 나중에 자식들한테 누 안 끼치고 살겠다 싶은 생각으로 있는 돈 다 집어넣었다가 다 날리는 거 아닙니까?

정태인 영국 초등학생들에게 장래 희망을 물어보면 다 똑같아요. 70퍼센트가 '베컴'입니다. 베컴을 희망으로 삼은 그 많은 아이들 가운데 특출한 한두 명만 베컴 같은 선수가 될 수 있을 텐데, 다들 희망이 그거에요. 우리 주식시장이 꼭 그거 같아요. 이거는 굉장히 위험한 상황입니다. 한미FTA 하면 할 수 있는 일이 거의 없어지는데, 저지할 수 있다면 대안이 없는 게 아닙니다. 세계화가 된다고 해서 모든 나라가 똑같지는 않아요. 굉장히 달라요. 정책만 잘 수립해서 지속적으로 실행하면 북유럽 모델, 아니 좀 양보하면 네덜란드 모델까지는 충분히 따라갈 수 있습니다. 이를 위한 기본 정책은 사회적 타협인데요.

노무현 정부는 초기 2년 동안은 어느 정도 사회적 타협을 추진했는데, 화물연대에 의해서 타협이 안 되는 게 아니라 노조의 기대수준이 높아졌잖아요. 보수 언론으로부터 심하게 공격당하니까 포기합니다. 그러면 옆으로라도 서로 동의하는 것만은 같이 하자는 것이 대연정 제의입니다. 결국 이도 저도 안 되니까 외부쇼크에 의해서 정책 틀을 만들어버리고 어쩔 수 없이 따라가게 만든 거거든요. 사회적 타협이 다시 중요한 의제가 되어야죠. 물론 어려운 일이에요. 강력한 재벌, 허약한 노조를 생각하면 굉장히 어려운 과제지만 그걸 해야죠. 어느 정도만 하면 살 수 있겠다는 희망을 주는 게 정치거든요.

사회자 사회적 대타협에 관해서는 참여정부 초기에 대통령 스스로도 노사정에 직접 들어가서 결론을 내겠다고 했죠. 사회적 대타협의 필요성을 다들 충분히 공감하고 있는 것으로 보이는데, 재벌들의 영향력을 감안했을 때 그게 가능하겠느냐는 얘기 많이 하잖아요.

정태인 가능하던데요. 구속한다니까 몇 천 억씩 내잖아요. 사실은 (좌파 쪽에서) 얘기하기 좋으라고 '국민'을 '민중'으로 부르기도 하지만 그 사람들이 하나가 아니고 사실은 여러 개별이에요. 그 사람들 역시 이기적인 환경에서 이기적으로 행동합니다. 대표적인 게 노조인데요. 물론 현대자동차 노조가 단기적인 임금 인상에 총력을 기울이는 건 합리적인 행위예요. 한번 봤거든요, 외환위기 때 '기술의 신'이 잘려나가는 거. 자기들도 언제 잘릴지 모르니까 있는 동안에 최대한 받아낸다는 거예요. 문제는 현대자동차 임금 올라가면 하청업체 임금은 그만큼 낮아진다는 거죠. 과거에는 원청기업과 하청기업의 임금격차가 그리 크지 않았어요. 그래서 그때는 잘리더라도 거기 갈 수 있었어요. 이제는 너무 차이가 나니까 거기로 더 못 가요. 여긴 더 올라가고 저긴 더 낮아지니까 격차가 더 커질 수밖에요.

비정규직이 미워하는 건 '(정작 비정규직을 끌어안고 가야 할) 정규직이 거꾸로 (비정규직의) 사용자 노릇을 한다는 것'입니다. 우선 내부 사람들끼리 연대를 통해 한 목소리를 내야 해요. 자본가들은 다 따로 놀다가도 자기들 공통의 이해관계가 걸리면 모두 완전히 일치합니다. 그런 주체의 형성이 이뤄져야 합니다. 그러니까 먼저 노동계 내부적으로 국민들의 공감대 형성을 위한 연대 정책을 수립하고 실행해야 합니다. 그런 바탕 위에서 자본가와 생산성을 둘러싼 협약을 맺어야죠. 자본가 입장에서도 생산성을 올릴 수 있다면야 임금 올려도 손해 보는 거 아니거든요. 우리 노동, 재벌을 보면 생산성을 향상시킬 여지는 충분합니다. 예를 들어 현대차를 도요타, 아니 혼다하고만 비교해도 1대당 생산비용 차이가 크거든요. 혼다, 도요타 노동자들은 평생고용이 되는 거예요. 우리는 언제 잘릴지 모르고요.

장하준 고용안정이 중요하죠.

정태인 고용안정과 생산성 향상을 일부러 타협하기보다는 노동자가 그 기업에서 계속 일할 수 있다는 믿음만 준다면 자연히 충성심 높아져서 생산성 향상되고 통제비용은 줄어들겠죠. 이처럼 노사의 관계구조를 선순환으로 바꾸면 두 마리 토끼는 저절로 손 안으로 들어오게 되어 있어요. 이런 부분에서 충분히 타협 가능하거든요.

장하준 저는 지금까지 고용안정을 기업 차원보다는 사회 전체 차원에서 복지국가를 통해 근본적으로 해결해야 한다고 생각합니다. 고용안정이 되어야 기술 발전이 있어요. 세계에서 노동자 1인당 산업 로봇 대수가 제일 많은 나라가 일본과 스웨덴입니다. 왜냐면 그 두 나라의 핵심 노동자들은 고용이 안정되어 있기 때문에 신기술 도입 반대 안 하거든요. 자동화되어 그 자리에 인력이 필요 없게 되면 일본에서는 다른 데 배치합니다. 스웨덴에서는 잘리면 실업수당 받고 재교육 받아 다른 데로 가니까 그걸 목숨 걸고 저항할 이유가 없어요.

역설적으로 그런 경직된 노동시장을 가진 나라들이 신기술 도입 제일 잘합니다. 일본 체제는 문제가 뭐냐면, 그런 종신고용을 보장받을 만한 핵심 노동자가 아니면 보장이 안 되는 거예요. 그러니 나머지 사람들은 인생이 팍팍할 수밖에 없는 거죠. 그러나 스웨덴 같은 복지국가에서는 중소기업에 있는 사람이나 대기업에 있는 사람이나 기본은 다 보장이 되니까 더 공평한 시스템이 된다는 거죠. 똑같은 신기술 도입 효과를 내면서도요. 그리고 그런 걸 하면 기업이 구조조정하기가 더 좋거든요.

미국은 복지국가가 잘 안 되어 있어서 기업이 구조조정하면 갈등이 많아요. 옛날에는 사설탐정 고용해서 쏴 죽였잖아요. 보호주의 압력도 굉장히 강해요. 한미FTA에서 자동차 문제 그렇게 되는 게 지역구 의원들이 자동차 노동자에게 잘못보이면 선거에 지장이 있기 때문에 그것도 생각하는 거거든요. 복지국가가 잘 안 되어 있어서 그 사람들 직장 잃으면 끝이거든요. 양극화가 심화되어 있기 때문에 거기서 잘리면 너무 말도 안 되는 곳에 가야 하니까 보호무역 압력이 셀 수밖에 없어요.

그래서 스웨덴, 핀란드 이런 데가 구조조정 더 원활히 할 수 있고, 이런 나라들이 그래서 노조 조직률 80퍼센트, 조세부담률 50퍼센트인데도 무슨 국제경영지수 이런 거에서 기업하기 좋은 나라로 전 세계에서 다섯 손가락 안에 들거든요. 바로 이런 나라들의 얘기가 "복지나 분배는 성장에 안 좋다"는 고정관념을 깨주는 거죠. 그러니까 결국 복지를 잘하면 성장에도 좋다는 걸 보여주는 거죠. 그런 식으로 보면 훨씬 더 타협할 여지가 많고 주고받을 게 많아지는 거죠.

조세저항을 없애려면 복지의 패러다임을 새롭게 짜야

사회자 이번 대선 후보들도 복지 얘기 많이 하는데요.

정태인 그런데 이번 대선을 보면, 복지 줄이는 얘기가 공공연히 나와요. 전부 감세론 떠들잖아요. 사실 증세라는 게 정치적으로 어렵습니다. (증세 얘기 했다가는 당장 표가 날아가니까요.) 우리나라는 상대적으로 세금 부담도 적은 편인데 세금 문제를 이데올로기적으로 들고 나와서 조세에 대한 거부감을 확산시키는 거거든요. 물론 국가기구들 불신 많이 받죠, 이명박 후보가 절약할 부분이 몇 십 퍼센트 있다고 하니까. 참여정부도 사실 바로 실행했어야 하는 양극화 방지 정책을 2030년에 맞춰 약하게 설정해놓고 있는데, 효과는 둘째치고라도 많이 늦은 감이 있어요.

그건 장기계획으로 만들어놓고 증세 얘기 하고 싶었거든요.

근데 마지막에 보면 감세했어요. 어떻게 증세에 대한 국민들의 거부감을 없애야 하는 걸 생각해봐야죠. 증세하면 대부분 누진세 적용되잖아요. 그래서 어떤 세금이든 대부분 도움이 돼요. 근데 자기는 손해라고 생각하거든요. 우리나라 이거 참 문제예요. 요새는 대놓고 얘기하는 편인데, 과외비 몇 십만 원 내놓으면서 교육세 몇 천 원 더 내놓으라고 하면 난리치는 이런 분위기 바꿔야 하거든요.

사회자 스웨덴 같은 복지국가는 높은 조세부담률만큼 개인이 국가로부터 받는 복지 혜택을 피부로 느껴서 그런 거 아니겠습니까?

정태인 그게 보편성이거든요. 우리는 최소한 정책을 만들 때, 세금 낭비 이런 거 의식하다보니까 정말로 도움을 받는 사람들만을 대상으로 정부 세금 들어가도록 짜잖아요. 중산층은 자기 돈 그냥 빼앗기는 기분이 드는 거예요. 복지 혜택의 보편성이 커질수록 오히려 지지자는 많아져요.

장하준 그래서 유럽에서 복지국가가 그렇게 강한 거죠. 대처가 들어와서 그렇게 복지예산 깎는다고 했는데, 십 몇 년 집권하고 나갈 때 결국 GDP 대비 복지예산 비율 처음하고 똑같이 해놨어요. 미국과 같은 사회안전망 개념은 못사는 사람한테 잘 사는 사람이 조금 도와준다는 식의 개념이잖아요. 구조적으로 반복지주의 정서를 중산층 이상에서 만드는 겁니다. 그 사람들은 "왜 돈을 내는데 나는 혜택을 못 받고 빈민가에 사는 흑인 미혼모에게 돈 대주느냐?" 하는 거거든요. 유럽에서는 세금을 훨씬 많이 거둬도 그런 거부감이 없는 게 "가난한 사람들이 상대적으로 혜택을 더 보긴 하지만, 우리 가족도 공짜로 병원가고 자식들 공짜로 학교 다니는 혜택을 보니까 좋다"는 거거든요. 우리나라도 그렇게 만들어야 해요. 사회안전망 개념으로 하면 구조적으로 반복지주의 정서 만드는 겁니다.

정태인 또 하나 강조해야 할 게 소득재분배를 넘어선 구조적인 재분배가 필요하다는 겁니다. 저는 그걸 '자산재분배'라고 말하는데, 유럽이나 미국의 좌파 쪽에서는 자산을 소득보다 중요하게 생각합니다. 금융 하게 되잖아요. 금융화의 핵심 내용은 자산의 유동화 기법을 발전시키는 것인데, 자산이 경제적 행위의 목표가 됩니다. 결국 자산이 소득을 낳고 그게 다시 자산으로 불어나는 구조가 되어서 양극화가 심화되는 거죠. 따라서 재분배 정책에서 자산재분배가 중요한 정책 수단이 되는 거죠. 근데 좌파들이 오히려 보편성을 강조해요, "부자들도 혜택이 가도록 해야 한다"고. 조세저항을 없애기 위해서는 부자들한테도 혜택을 줘야 한다는 거죠. 이런 얘기 하면 "부자도 혜택을 받는 게 무슨 재분배냐"고 반대할지 모르지만 미국 상황을 보면 뭐가 맞는지 보이잖아요. 우리나라는 아직 미국 정도는 아닌데, 증세하려면 유럽의 시스템을 가지고 국민들을 설득하는 수밖에 없잖아요.

장하준 사실 우리나라는 조세부담률 엄청 낮잖아요. 하다못해 남미의 코스타리카보다 낮은데요.

정태인 전체적으로 낮을 뿐 아니라 세원 파악이 안 되는 자영업자가 너무 많고, 면세도 너무 많아요. 모든 소득에 과세를 해야 하는데 말이죠, 나중에 정산해서 돌려줄지라도. 지금은 면세 항목이 너무 많으니까 거기로 들어가려는 사람이 너무 많아요.

시장만능주의에서 비롯한 한국사회의 병리현상

사회자 현 경제체제에서 향후 전반적인 고용불안 얘기 많이 하더라고요. 진보진영에 대한 비판적 시각일 수도 있는데요. 시장주의 경쟁 효율 설파하고 FTA 들어가면서 "진보진영에서는 그 동안 한 게 뭐냐? 재벌 개혁, 경영 투명성 그런 것 말고는 발전적 모델에 대한 구체적인 대안 제시도 못했지 않았느냐?"는 비판이 있는데, 국민들이 실감할 수 있는 모델 같은 거 얘기해주세요. 스웨덴 식으로 가면 좋긴 한데 현실적으로 안 된다는 말도 많거든요.

장하준 안 된다고 생각하니까 정말로 안 되는 거죠. 스웨덴은 뭐 조건이 좋아서 사회적 대타협 이룬 게 아니거든요. 1920년대에는 파업이 가장 심한 나라였어요. 노사 협조 전통이 없었던 거죠. 자본가들도 조세저항이 굉장히 심해서 소득세도 1932년에야 도입했어요. 참고로, 영국이 1842년에 소득세 도입했고, 조세저항이 심하다는 미국도 1913년에 소득세 도입한 거에 비하면 늦은 거죠. 이런 거 보면 스웨덴의 자본가들이 옛날부터 사회적 책임감을 갖고 노동 쪽과 사이가 좋았던 게 아니거든요. 그런데도 결국 사회적 대타협 했잖아요.

우리는 자꾸 안 된다고 생각하고, 현재 그쪽하고 다른 점만 보니까 그렇죠. 사람들이 "인구 1000만도 안 되는 스웨덴 같은 나라에서 뭘 배울 수 있느냐?"고 하는데, 그러면 제가 그래요. "우리나라 인구 5배나 되는 미국에서는 어떻게 배웁니까?" 미국에서는 무조건 뭐든 배울 수 있다고 생각하고, 스웨덴은 우리와 규모가 달라서 배울 게 없다고 해요. 5분의 1인 나라에서 배울 게 없으면 당연히 5배 되는 나라에서도 배울 게 없어야죠. 솔직하게 안 하고 싶다는 말은 못하니까 엉뚱한 핑계로 둘러대는 거죠.

정태인 선진 통상국가 모델은 싱가포르인데, 거긴 인구가 불과 400만이에요.

장하준 물론 노조 조직률이 낮다든가 하는 면에서 스웨덴처럼 똑같이 할 수는 없고 다른 여러 가지 방법을 생각해봐야 하는데, 자기들 마음에 드는 얘기 나오면 무조건 하면 된다고 하면서 마음에 안 드는 얘기가 나오면 이래서 못하고 저래서 못한다는 식이거든요. 그런 식으로 접근하면 안 되고, 진짜 우리에게 필요한 게 뭐냐를 놓고 고민해야죠. 입버릇처럼 "우리는 잘 하고 있는데, 보수언론에서 못한다고 왜곡하고 있다"는 식으로만 얘기하지 말고 국민들이 왜 불만을 터뜨리고 불안에 떨고 있으며, 여러 가지 기이한 상황이 일어나고 있는가는 살펴야지요.

이공계 기피 현상 보세요. 의사가 아무리 돈 잘 버는 직업이라고 한들 상위권 1000명 줄서가지고 다 의대로 가는 나라가 우리 말고 세상에 어디 있어요? 우리나라가 원래 그랬던 건 아니거든요. 외환위기 이후에 고용이 불안해지니까 부모부터 나서서 "애야, 공대 나와 기업 들어가서 일생 바친다고 했는데 40대 후반 되니까 자르더라. 너는 그런 설움 당하지 말고, 공부 잘하니까 의대 가서 죽을 때까지 잘 먹고 살아라"는 거거든요.

이런 현상이 있으면 "문제가 참으로 심각하구나. 어떻게 고용 안정시키고 국민들 불안을 해소해서 이런 병리 현상을 고칠 것인가"를 진지하게 고민해도 모자랄 판인데, 재경부 관리가 뭐라 그런지 아세요? "좋은 인력의 의사들 많으니 의료 허브 만들어야 한다"고 그래요. 이런 안일한 문제의식으로 뭘 하겠어요? 우리가 당면한 문제를 잘 들여다보고 해결책을 모색하다 보면 자꾸 떠오르는 화두들 있잖아요. 고용안정, 복지국가, 생산성 향상, 기업 경영권 같은 거요. 제가 나름대로 이런 거 조합해서 대안을 제시하는데요. 사람들이 자꾸 편견을 가지고 본단 말예요. 물론 제가 조합하는 방식이 다 옳다고 하는 건 아니지만 그걸로 조합을 해서 해결책을 모색해봐야 하는데, 뭐 그냥 정해진 답만 가지고 이거는 이래서 안 맞으니까 안 하고, 저거는 저래서 안 맞으니까 안 한다는 식으로 하고 있는 거죠.

정태인 여하튼 한미FTA 국면에서 시장만능주의가 퍼질수록 그런 거 하기 어려워지는 환경인 건 맞아요. 그런 환경에서 자기가 이기적으로 행동해서 의대, 법대 가겠다는 식의 행동양식이 굳어져서 일반화되면 그걸 못하면 사람들은 사회 변화에 대한 희망을 잃어버립니다. 미국이나 영국에서는 이미 문제인데, 우리나라도 한미FTA 발효되고 시장주의에 경도된 후보가 대통령이 되면 심각한 문제가 발생합니다. 성장 동력이 완전히 떨어지는 거죠, 기본적인 노동 생산성이 떨어지니까요. 이 문제를 어떻게 해결하느냐가 중요합니다.

제가 실제로 정책을 2년 수행하고 나서 제일 반성하는 게 이런 건데요. 크게 얘기하면 제도경제학, 정보경제학 같은 것을 정책 만들 때 이용했는데, 그렇게 하다보니까 대상을 너무 객체로만 설명했다는 겁니다. 인센티브 구조 만들어서 이 사람이 이기적으로 행동하게 해서 정책 목표 달성하도록 하는 게 경제학자들의 기본적 발상인데, (작은 정책을 만들려면 그럴 수밖에 없다고 하지만) 그게 주체 형성 측면을 아주 간과한 정책일 수 있다는 건데요. 아까 지역공동체 얘기했는데, 그렇게 해서 지역의 비영리행위, 사회적인 책임을 생각하는 층이 두툼해져야 지역 자체 거버넌스governance가 변화할 가능성이 생깁니다. 단순히 지방으로 돈이 내려가 봐야 현재의 거버넌스 구조에서는 상층의 지배세력 몇몇이 나눠먹고 마는 것입니다. 정책의 목표는 전체적으로 이익이 조화가 되도록 타협하는 것인데, 이걸 할 수 있는 주체들이 타협적으로 움직이도록 하는 건 뭘까, 생각해야죠.

그 사람들의 발언권을 키워주는 정책, 단순하게 양적 목표만 추구하는 것이 아니라 주체를 형성하는 문제까지 동시에 고려하는 경제 정책, 예를 들어 비정규직 재교육 정책 같은 게 필요하거든요. 비정규직에서 정규직으로 가려면 해야 하는 것이니까요. 물론 이건 넓은 의미의 적극적 노동시장 정책이긴 합니다만, 이런 기본적인 복지가 너무나 부족해요. 이런 것들이 지역에 갖춰져야 수도권 과밀 문제 어느 정도 풀릴 수 있어요. (육아, 교육, 생활편의시설, 금융 같은) 기초 서비스를 지역에서도 제대로 받을 수 있도록 하고 전반적으로 수도권과의 격차를 줄여가는 정책이 문제를 근본적으로 풀 수 있다는 거죠.

사회적 대타협을 일시에 이루려는 것은 외환위기 이후 했던 노사정위가 그랬던 것처럼 상당히 어려울 수밖에 없어요. 현재의 주체 상황으로 봐서는 지역사회 협약이라든가 지역, 산업에서 성공 사례를 만들어내는 게 일단 할 수 있는 일이 아닌가 생각합니다. 지역 내 그런 것들이 다 들어갈 수 있거든요. 가령 재교육이라든가, 지역 내에 대기업이 있다면 대기업 펀드 내게 하고, 그 다음에 노동자들도 일정하게 내서 비정규직도 재교육하고 정규직 늘려나가고 하는 식으로 충분히 할 수 있죠.

장하준 그런 것도 "우리나라는 중앙집권 전통이 너무 강해서 안 된다"는 얘기 많이들 하는데, 할 수 있어요. 프랑스도 중앙집권 얼마나 강했는데요. 1980년대에 미테랑 대통령이 들어와서 지방분권 한다니까 영국 사람들이 "쟤네들은 워낙 중앙집권적이라 지방분권도 중앙집권적으로 할 것"이라고 비웃었어요. 그런 비웃음 사면서 했는데, 지방분권화 상당히 성공적으로 되어서 지방이 많이 살아났어요. 그 전에는 우리랑 마찬가지로 수도권으로 몰리는 체제였는데 말예요. 하기 싫으면 그냥 하기 싫다고 얘기할 것이지, 자꾸 있는 핑계 없는 핑계 다 갖다 붙이면서 "그건 해도 안 되는 거니까 그런 소리는 옳지 않다"고 몰아붙이거든요. 솔직히 자기 생각 그대로 "몰리는 게 좋은 거"라고 말하면 좋은데, 그런 식으로 말할 용기는 없으니까 "스웨덴, 프랑스도 좋긴 한데 우리나라는 역사적 조건이나 민족성도 달라서 현실성이 없다"고 눙치는 거죠. 물론 다르죠, 세상에 같은 나라가 어딨어요?

정태인 현재의 기조는 민영화로 가는 거거든요. 기업에게 맡기면 효율적일 것이라는 환상이죠. 게다가 한미FTA나 한-EU FTA를 통해 초국적 기업들이 들어오게 되는데, 민영화를 가장 세련되게 표현하는 말로 PPP(Private Public Partnership)라는 게 있어요. 물론 Private에는 민간대기업도 있고, NGO도 있고, 여러 가지 의미가 있지만 실제로는 민간대기업 얘기하는 거거든요. 대기업은 공익이 아니라 자기 이익을 제일 잘 추구하는 집단이죠. 그래서 규제 같은 것을 걸고넘어지는데, 그 거버넌스가 문제가 되요. 저도 PPP 좋아요. 하지만 Private 대신 People이 들어간 PPP(People Public Partnership)라야 우리가 나아갈 바람직한 방향이라고 생각합니다.

지역 토호라는 기존 구조에 대기업, 초국적기업 끼어들면 야합이 일어나서 계약이 초국적기업한테 유리하게 되고, 거기서 나오는 초과 이윤은 서로 나눠먹는 시스템이 생겨날 겁니다. 그걸 막는 것은 역시 풀뿌리에서 사람들 참여가 늘어나고, 여러 가지 방식으로 정치에 관여할 수 있어야 하는 것입니다. 이게 말하자면 사회경제적 민주주의인데, 이게 말처럼 쉽지는 않죠. 그런데 민주주의 그거 귀찮죠, 참여해야 하니까. 이런 것 저런 것 신경 안 쓰고 축구나 보고 게임이나 하면 행복하다고 생각할 수도 있는 거죠. 하지만 그거 안 하면 사회적 대타협도 경제 성장도 어렵죠.

장하준 그래도 우리나라가 그런 에너지는 많이 있죠.

정태인 자기보다 잘난 놈들 우습게 알고, 이래봬도 왕년에 내가 날렸는데…… 나도 한다면 하는 놈이야 어쩌고 큰소리치는 게 있죠.

장하준 아니, 그게 굉장히 중요해요.

정태인 장하준 교수랑 내가 다른 점은 재벌, 중앙은행 쪽일 텐데요. 재벌 부분은 경영권 얘기하더라도 사실은 해법이 간단해요. 장하성 교수가 한 게 주주자본주의에 의한 재벌의제잖아요. 반면에 장하준 교수나 저는 이해관계자 자본, 이해관계자 사회 쪽에 가까운데, 우리사주 늘리면 그거 해결됩니다. 재벌 경영권과 직결된 우호지분을 함부로 내다 팔아버리면 안 되니까 그걸 조합에 주고 주식을 바탕으로 해서 다른 수익을 나눠주면, 그게 가장 강력한 우호지분이거든요. 아까 얘기한 고용 안정성 있으면 떠날 이유 없고, 주식도 있고 하면 더 그렇지요. 그런 식으로 상당 부분 해결할 수 있거든요. 이걸 무리하게 불법, 편법 동원해서 경영권 승계하려니까 어려워지는 거죠. 임금의 일부를 우리사주로 주면 계속 쌓이는 거잖아요. 인수합병 문제는 노동자가 제일 민감합니다, 자칫 잘못하면 자기가 잘릴 수 있으니까요. 그래서 결국 우리사주 가진 노동자들이 경영권 적극적으로 방어해줄 수밖에 없는 거예요.

장하준 나라마다 여러 가지 방법으로 그런 장기적인 시각을 가지고 경영할 수 있는 환경을 만들어줬거든요. 일본의 경우에는 관련 계열사 20퍼센트, 주거래 은행 같은 금융기관 30퍼센트 해서 한 50퍼센트는 우호지분으로 늘 확보해주니까 인수합병 위험에서 벗어날 수 있는 거고요. 독일의 경우에는 공동결정제도라고 해서 노동자들이 인수합병 같은 사안에는 발언권이 세기 때문에 그것 막을 수 있었던 거고요. 스웨덴은 차등주식으로 해결했어요. 저는 딱히 어느 방법이 옳다고 잘라 생각하는 건 아니고, 지금같이 기업들이 단기 경영하는 건 막아야 한다는 취지로 머리 맞대고 얘기해보자는 거죠. 뭐 재벌 아들 편법 상속한 거 봐주자는 얘기가 아니라 (예를 들어 하나의 방법으로) "국민연금에서 들어가서 그룹 구조 깨지는 것 막아주고, 조건부로 할 수 있다"고 얘기한 적이 있는데요. 그런 식으로 유연한 사고를 해서 우리 상황에서 가능하고 (제가 말한 것은 정치적으로 인기가 없겠지만) 정치적으로 받아들일 수 있는 걸 찾아야 하는데, 무조건 "이런 거 하면 야합하는 것"이라는 식으로 나가기 시작하면 곤란하죠.

정태인 여러 가지 방식이 있을 수 있어요. 주주자본주의는 회사의 소유에 대한 굉장히 협소한 이해잖아요. 무슨 놈의 주인이 회사도 맘대로 못 들어가요? 회사 가서 아무 의자나 앉으면 쫓겨나잖아요. 주인이 아녜요. 실제로 회사의 장기 운명에 목을 거는 건 노동자예요. 그리고 대주주, 하청기업, 지역주민이 이해를 가지고 있거든요. 이 사람들이 회사를 지키도록 만들면 되거든요. 적절하게 이 사람들에게 이익을 나눠줄 수 있는 시스템을 만들어서 말이죠. 그런 것들은 금융기법으로 얼마든지 만들어 낼 수 있는 소유 구조예요.

장하준 IMF 같이 가면서 지방 은행들이 다 죽어가지고…….

정태인 미국에도 지역 재투자법이 있어요. 얼마 되지도 않은 지역산업에서 돈 생기면 어디로 가요? GRDP(Gross Regional Domestic Product, 지역내총생산)가 제일 높은 데가 울산인데, 그 울산 돈이 부산 아니면 서울로 갑니다. 그 돈이 밖으로 새지 않고 지역 내에 다시 투자되도록 환경을 만들어야 합니다. 우리나라 노인들 휴양지가 일산, 분당에 있는데 최악이에요. 선진국 어느 나라의 노인들이 그런 데 살아요? 해안가 풍광 좋은 데 살죠. 그뿐 아니라 아예 눌러 사는 정주형이에요. 지나는 길에 잠깐씩 들르는 유흥시설, 숙박시설 그런 거 말고, 돈 있고 여유로운 노인들이 지역에만 살게 만들어도 1970년대 토건식의 난개발 막고 옛 정취, 풍광 보존하면서 (약간의 편의시설만 마련하면) 충분히 살 수 있는 거거든요.

서울에서 암 걸린 노인은 죽습니다. 그러나 시골에 내려가서 요양하면 회생하는 경우가 많아요. 참여정부가 국가균형발전한다고 클러스터Cluster(비슷한 업종의 다른 기능을 가진 관련 기업이나 기관이 일정 지역에 모여 있는 것) 막 만들었잖아요. 그런데 클러스터를 그렇게 한꺼번에 군대식으로 마구 만들면 안 되는 거예요. 제가 나중에 분야가 달라서 발언권을 박탈당했는데, 몇 개의 성공 모델을 만드는 게 훨씬 빠를 겁니다. 될 만한 데는 갖춰져 있는 데가 있거든요. 그래서 지역이 스스로 자기 특성에 맞는 방안을 만들어내고, 그런 거버넌스 만들어 실천하도록 서둘러야 합니다. 제 경험으로 얘기하면, 구체적인 정책을 들고 가서 전격적으로 시행해야지, 관료들이랑 토론하기 시작하면 결국 다 바꿔놓고 말아요.

사회자 참여정부 마지막에 국가균형발전 클러스터 해왔고, 보수언론들은 부동산 역효과, 토지보상비 같은 걸 가지고 대립했는데, 아까 말씀하신 사회적 대타협의 필요성은 인정하지만 사회적 대타협까지는 넘어야 할 산이 많잖아요. 그거 하기 전에 무엇보다도 지역공동체 기능을 다각적으로 강화해야…….

정태인 그건 지역, 산업 차원에서 가능할 수 있고요. 노동자들로서는 연대를 강화해야죠. 지금 노조 조직률이 12퍼센트 이하인데다가 비정규직 비율이 50퍼센트가 넘어요. 비정규직 노조 못 만들면 노조는 힘 발휘할 수 없어요. 노조 내부에서 비판받고 거기에다 (비정규직) 50퍼센트에게도 비판받잖아요. 보수언론이 또 때려버리면 '이기주의'에 발목 잡혀 스스로 고립될 수밖에 없어요. 그것을 뚫고 나가야 해요. 그래서 산업에서의 모델이 만들어지면 지금 민주노총 산별로 전환하잖아요. 그러니까 거기서 그런 모델을 만들고 좀더 전체를 보는 정책을 해서 성공하게 되면 전체 사회의 대타협도 가능하죠.

우리나라 재벌들은 국민들에게 큰 빚을 지고 있다

사회자 장 교수님께서는 사회적 대타협 주체의 하나로 '노조'가 아니라 '국민'을 언급하셨는데, '재벌 vs 국민·정부'와 같은 타협이 가능하다는 얘깁니까?

장하준 제 생각엔 두 가지가 섞여있는 건데, 하나는 다른 나라에 비해 우리나라는 계급분화가 덜 되어 있기 때문에 '국민'이라는 집단이 다른 나라보다 실체가 있거든요. 영국에서는 국민이라고 하면 모호한데, 우리나라에서는 과거에 (나쁜 방식이건 좋은 방식이건) 새마을운동, IMF 금 모으기 같은 거 하면서 실제로 국민동원 했기 때문에 다른 나라에 비해 실체가 있다고 보고요. 지금 상황이 상당히 급박하다고 보니까 '노조, 공동체 운동 발달하는 거 기다리다간 다 망하겠다'는 생각이 들어 그런 차원에서 한번 맺어야 하는 거 아니냐는 거죠. 사실 우리나라 재벌들은 국민들에게 빚이 있죠. 단순히 국민들 노동자로 고생시킨 그런 빚뿐 아니라 정부에서 국민들 세금으로 보조금 주고, 보호무역 해서 국민들 울며 겨자 먹기로 후진 자동차 타고 다녔잖아요. 우리 '국민'은 재벌에 대하여 그런 정당성이 있는 겁니다. 이렇게 두 가지를 같이 생각하면서 그런 그림을 그려본 겁니다.

사회자 재벌 쪽에서 구체적인 파트너가 있어야 얘기할 수 있는 부분이 있지 않을까요?

정태인 장하준 교수 얘기로는 정부가 국민을 대변해서 할 수밖에 없는 건데, 제가 (청와대에) 있는 동안은 재벌이 정부를 무서워하지 않았어요. 특히 국민의 힘이 완전히 뒷받침되어서 어떤 요구가 집약되지 않는 한 말예요. 다만, 총수의 인신구속에 대해서는 굉장히 민감하게 반응하더군요. 사실은 투자가 잘 안 돼서 성장률이 낮아지는 건데, 소비도 문제예요. 양극화가 심해지니까 가난한 사람들의 필수 소비가 줄어드는 거죠. 따라서 소득분배만 개선하면 소비 문제는 40퍼센트 해결됩니다.

결국 문제는 투자인데, 기업들이 어떻게 투자하게 만드느냐 하는 겁니다. 그 어떤 기업도 국내에서 성공하지 못하면 해외 투자도 성공하지 못합니다. 제가 요새 현대차를 걱정하는 건, 대우 말기랑 비슷해요. 국내에서 더 좋은 차 만들어서 서비스 하겠다는 생각보다는 해외 공장 늘리는 데 힘을 빼고 다니잖아요. 현대차가 사는 길은 (일부 시도가 있긴 하지만) 렉서스에 견줄 만한 고급차 만드는 거고, 하루빨리 경쟁력 있는 수준의 하이브리드 차 개발하는 쪽이거든요. 이런 건 엄청난 기술투자가 이뤄져야 하는데, 외국에서 할 수 있는 일이 아니거든요. 자동차 하나에 들어가는 부품이 무려 3만 개예요. 그러므로 국내 부품 업체 죽으면 현대차 자기도 죽어요. 지금 재벌들이 자기 발밑을 파고 있는 셈이거든요. 하청기업 자꾸 쥐어짜서 단기 이익만 노리다보면 자기 발밑이 없어져요. 그렇게 다 외국으로 가고나면, 그 부품들을 어떻게 조달할 거냐는 거죠.

장하준 GM이 망한 게 그것 때문 아닙니까?

정태인 1980년대 미국의 월드카 전략이 미국 자동차 회사들 망하게 한 거거든요. 소형차에서 일본차에 밀리니까, (시장접근성 무시하고 제조비용이) 싼 데를 찾아서 월드카를 만든다고 했는데 말은 그럴 듯했지만 결국 실패했어요. 시장접근성이 좋을수록 유리한 거예요. 그런 쪽에 투자하도록 해야 하거든요. 중요한 것은, (시간이 많이 걸린다고 하지만) 시간이 많이 걸릴수록 지금 시작하는 거예요.

인력과 네트워크만 갖춰놓으면 외국 기업 오지 말래도 옵니다. 그 좋은 예로 '텔레매틱스'라는 게 있는데, 네비게이션이 훨씬 진보한 것이에요. 수도권 어디에 그거 클러스터를 만들 계획을 세웠는데, IBM이 어떻게 알고 참여하고 싶다고 스스로 찾아온 거예요. 우리나라에서는 외자 유치 그러면 땅 싸게 주고, 세금 깎아주고 그런 뭔가 특혜를 줘야 온다고 생각하거든요. 그런데 실상은 그렇지 않거든요. 기업이 투자를 결정하는 요소는 그런 것보다는 시장접근성, 첨단기술 습득의 용이성, 경영하기 편리한 네트워크 시스템 같은 거예요. 우리가 제일 잘할 수 있는 게 이미 '값싼 노동'은 아니잖아요. 언젠가는 삼성과 현대가 협력해야 될 거에요. 자동차에서 반도체는 중요한 거니까 둘이 협력하면 시너지 효과 볼 수 있거든요. 그런데 서로 무서워서 협력 못해요. 상생하기 위해 이런 것들이 가능해진다면 저는 우리 경제 어렵지 않다고 봐요. 다만, 한미FTA 같이 황당한 정책은 없어야죠.

사회자 한미FTA 중단되면 상황이 좀 나아질까요?

장하준 일단 공간이 생기는 거죠.

정태인 저도 그 말씀에 찬성해요. 좌파들 그동안 뭐 했나 반성해야죠. (87년 체제 이후) 20년간 아주 지엽적인 문제만 파고들었거나, 너무 크고 추상적인데 얘기만 했든가 해서 중간이 비어 있고, 실제로 당장 정권을 잡았을 때 쓸 수 있는 정책 꾸러미가 풍부하지 못할 뿐더러 구체적이지 못합니다. 그런 것들을 해야죠. 뭐 그리 어려운 것도 아니고 관료 수준이 높아서 못 따라가는 것도 아니잖아요.

장하준 그 사람들은 만날 하는 일이고 이쪽에서는 안 해본 일이니까 그런 거지, 무슨 엄청난 노하우가 있어서 할 수 있는 게 아니죠.

정태인 아이디어도 지극히 제한되어 있고, 환경부처까지 시장만능주의에 물들어 있어요. 그게 굉장히 위험한 거거든요. 한미FTA 중지한다 해도 누굴 대통령으로 뽑는가가 중요하죠.

사회자 이번 대선정국에서는 여론조사 추이로 보아 한나라당이 다른 어느 때보다 집권할 가능성이 높다고 하는데, 잘 아시겠지만 경제 관련 공약이나 분위기 같은 것을 보면 그동안의 우려가 그대로 현실화될 가능성 크지 않습니까?

정태인 시장만능주의에다가 토건국가, 이건 최악이거든요. 한미FTA에서 끝나는 게 아니라 과거 체제로 돌아가자는 건데, 정말이지 이건 아니거든요. 한미FTA 찬성하는 쪽은 그걸로 어떻게 우리나라가 선진국이 되는지 정교한 논거를 대야 하고, 반대하는 쪽은 그에 따른 대안을 내놓고 성장과 분배를 어떻게 조화시킬 것이냐 하는 토론의 장이 활발하게 펼쳐져야 하는 거거든요. 대선 공약을 볼 때도 선입견을 버리고 보면 어느 게 현실적인 공약인지 알 수 있을 것입니다.

제가 5년 전 노무현 후보 정책에 관여했지만, 민주노동당 세 예비후보의 공약이 훨씬 구체적이에요. 일부는 선명성 경쟁하다 보니까 비현실인 게 있지만, 그때 갖고 있었던 정책보다 훨씬 구체적이고 이념적으로 일관돼 있다고 볼 수 있죠. 지금 얘기로는 "정권이 보수 쪽으로 넘어가서 신자유주의가 확실히 전개될 것"이라고 하는데, 하기에 따라서는 아닐 수도 있다는 거죠. 민주노동당이 한미FTA 반대하는 40퍼센트만 흡수하면 대통령 되는 거죠.

장하준 그게 아젠다가 되어야죠.

정태인 그걸 만들어야죠. 장하준 교수 같은 석학이 글을 계속 써줘야죠.

사회자 정리하는 차원에서 끝으로 한 말씀씩 해주시죠.

장하준 제가 바라는 건, 국정홍보처에서 하는 광고 식으로 "한미FTA는 대세기 때문에 이거 안 하면 북한이나 쿠바처럼 된다"는 식의 왜곡된 얘기는 그만하고 찬성하는 쪽에서 구체적으로 얘기하는 거죠. "개방하면 외부에서 좋은 기술 들어와서 생산성 1퍼센트 향상된다"는 식의 가정을 만들어놓고 얘기하면 안 되죠. 어떻게 해서 그렇게 할 수 있는지를 구체적으로 얘기해야 하는 거고요. 이 문제도 그렇고 투자 감소, 고용 불안, 양극화 이런 문제 다 굉장히 중요한데 자기한테 편리한 주가 같은 거 내세우면서 방어하려고만 하지 말고 다 같이 나라의 미래를 위해서 제대로 된 토론을 해봤으면 좋겠어요.

정태인 대선과 총선이 그런 토론 하라고 연이어 있는 거고, 그게 민주주의죠. 사실 텔레비전 토론 나가면 시간도 짧고 하니까 결국은 몇 가지 하다말고 말싸움하다 끝나는데, 《오마이뉴스》 같은 데서 장기 기획으로 판을 벌여 관심을 불러일으켰으면 좋겠어요. 사실 나라는 물론이고 우리들 각자의 미래가 걸려 있는 문제인데도 (구체적이고 작은 사안이라면 반응을 할 텐데) 워낙 큰 사안이라서 그런지 반응을 못하는 것 같아요. 그러니까 거기 들어가 있는 걸 세부적으로 나눠서 하나씩 뜯어 살펴보면, 반응을 이끌어낼 수 있잖겠어요. 기존 언론이 안 하면 인터넷 언론이 해야죠. 그러라고 만들어진 거고, 국민들이 밀어준 거니까요.

사회자 쉽지 않은 주제와 내용을 가지고 세 시간 가까이 말씀을 들었습니다. 《오마이뉴스》는 한미FTA가 이번 대선국면에서 뜨거운 이슈로 떠올라 올바른 선택이 이뤄지도록 최선을 다하겠습니다. 그리고 그 과정과 내용을 독자 여러분과 공유하도록 하겠습니다. 두 분 선생님, 긴 시간 수고하셨습니다.

독자를 먼저 생각하는 정직한 출판

시대의창이 '좋은 원고'와 '참신한 기획'을 찾습니다

쓰는 사람도 무엇을 쓰는지 모르고 쓰는,
그런 '차원 높은(?)' 원고 말고
여기저기서 한 줌씩 뜯어다가 오려 붙인,
그런 '누더기' 말고

마음의 창을 열고 읽으면
낡은 생각이 오래 묵은 껍질을 벗고 새롭게 열리는,
너와 나, 마침내 우리를 더불어 기쁘게 하는

땀으로 촉촉히 젖은 그런 정직한 원고,
그리고 그런 기획을 찾습니다.

시대의창은 모든 '정직한' 것들을 받들어 모십니다.

시대의창 WINDOW OF TIMES
분야 경제·경영 / 역사·문화 / 정치·사회
서울시 마포구 동교동 113-81 (4층) (우)121-816
Tel: 335-6125 Fax: 325-5607 http://www.sidaew.co.kr